高等学校教师岗前培训教材

丛书主编 刘纯龙

高校教师职业道德修养与规范

Professional ethics and standards for college teachers

主编 王柏文 刘纯龙 王迈悦

教师是教育事业发展的基础，是提高教育质量、办好人民满意教育的关键

教育的价值就在于唤醒每一个孩子心中的潜能，帮助他们找到隐藏在体内的特殊使命和注定要做的那件事

高等教育出版社·北京

内容简介

本书是高等学校教师岗前培训教材。全书共分8章，包括道德与教师职业道德、高校教师职业道德的新时代要求、高校教师职业道德规范、高校教师职业道德的内化、高校教师个体道德品质、高校教师高尚人格的塑造、高校教师道德行为选择与评价、高校教师职业道德建设，附录包括《中华人民共和国教育法》《中华人民共和国教师法》《中华人民共和国高等教育法》，以及《高等学校教师职业道德规范》《教育部关于高校教师师德失范行为处理的指导意见》《教育部关于全面落实研究生导师立德树人职责的意见》《中共中央、国务院关于全面深化新时代教师队伍建设改革的意见》《教育部关于建立健全高校师德建设长效机制的意见》《新时代高校教师职业行为十项准则》。

适合作为高等学校新教师岗前培训教材，也适合关心师德师风建设的广大高等教育在职教师，以及教育工作者阅读参考。

图书在版编目（ＣＩＰ）数据

高校教师职业道德修养与规范／王柏文，刘纯龙，王迈悦主编．--北京：高等教育出版社，2019.7（2023.4重印）

高校教师岗前培训教材／刘纯龙主编

ISBN 978-7-04-052253-2

Ⅰ.①高… Ⅱ.①王…②刘…③王… Ⅲ.①高等学校-教师-职业道德-教师培训-教材 Ⅳ.①G645.16

中国版本图书馆CIP数据核字（2019）第147064号

Gaoxiao Jiaoshi Zhiye Daode Xiuyang yu Guifan

策划编辑	杨利平	责任编辑	杨利平	封面设计	赵 阳	版式设计	张 杰
责任校对	刘丽娴	责任印制	赵义民				

出版发行	高等教育出版社	网　　址	http://www.hep.edu.cn
社　　址	北京市西城区德外大街4号		http://www.hep.com.cn
邮政编码	100120	网上订购	http://www.hepmall.com.cn
印　　刷	北京中科印刷有限公司		http://www.hepmall.com
开　　本	787mm×960mm　1/16		http://www.hepmall.cn
印　　张	13		
字　　数	240千字	版　　次	2019年7月第1版
购书热线	010-58581118	印　　次	2023年4月第5次印刷
咨询电话	400-810-0598	定　　价	31.00元

本书如有缺页、倒页、脱页等质量问题，请到所购图书销售部门联系调换
版权所有　侵权必究
物料号　52253-00

修 订 说 明

为了更好地贯彻习近平总书记在全国教育大会上的讲话精神，为了积极响应《中国教育现代化2035》实施要求，我们研究决定将现有高师培训教材进行修订，以更好地满足新时代师培教育的需要。

2012年12月颁布的《国务院关于加强教师队伍建设的意见》中明确指出："教师是教育事业发展的基础，是提高教育质量、办好人民满意教育的关键。"显然，提高高校教师队伍质量的重要性就显露出来了。在国家教委时期制定的《高等学校教师岗前培训暂行细则》和《高等学校教师岗前培训教学指导纲要》中就已经规定，为确保新补充到高等学校的教师能够更好地履行教师岗位职责，必须进行岗前教育理论、教师职业道德、教育法规和从教技能等内容的培训。为了更好地完成岗前培训工作，2003年我们组织编写了《高等教育学》《高等教育心理学》和《高等学校教师职业道德修养与高等教育法规》等教材。经过多年的教学实践，我们积累了许多编写教材的经验，发现了原教材中存在的不足。加之，随着我国高等教育改革的不断深入和学科的大发展，迫切需要在原有教材基础上进行完善和补充新的教育教学内容。本教材《高校教师职业道德修养与规范》就是在这样的背景下进一步修订完善的，教材彰显了以下特征。

1. 实用性更强。在编写过程中我们力求做到理论联系实际，在研究介绍学科基础知识的同时，又列举了大量的高等教育教学实例、阅读推荐，增强了实用性和指导性。教材不仅作为高校教师岗前培训教材，而且还可以作为教师必要的教育教学参考书，为教师的教育教学解惑答疑。

2. 内容上更新。在学科理论知识的选择上，我们本着与时俱进的精神，尽可能地吸收国内外研究的最新成果，以丰富和充实教师的教育教学内容，更好地实现教育教学的有效性。

本教材由王柏文教授（吉林师范大学）、刘纯龙主任（吉林省高师培训中心）和王迈悦老师（通化师范学院）主编。

本教材在编写过程中，参阅了许多相关教材和资料，借鉴了许多相关专家的研究成果，引用了许多相关的阅读文章，这些都为高校教师更好地开展教育教学开阔了视野、提升了理性思维。高等教育出版社对本教材的出版给予极大的支持和帮助。在此，我们全体编者一起向被参阅、借鉴和引用研究成果的专家和学者，以及出版社的编辑们表示衷心的感谢！当然，教材在编写过程中，难免有疏漏不足，敬请各位同行专家和广大读者批评指正！

吉林省高等学校师资培训中心
2019 年 3 月 17 日

前　　言

习近平总书记在全国高校思想政治工作会议上的讲话中明确指出："教师是人类灵魂的工程师，承担着神圣使命。传道者自己首先要明道、信道。高校教师要坚持教育者先受教育，努力成为先进思想文化的传播者、党执政的坚定支持者，更好担起学生健康成长指导者和引路人的责任。要加强师德师风建设，坚持教书和育人相统一，坚持言传和身教相统一，坚持潜心问道和关注社会相统一，坚持学术自由和学术规范相统一，引导广大教师以德立身、以德立学、以德施教。"中共中央、国务院印发《中国教育现代化2035》提出推进教育现代化的八大基本理念：更加注重以德为先，更加注重全面发展，更加注重面向人人，更加注重终身学习，更加注重因材施教，更加注重知行合一，更加注重融合发展，更加注重共建共享。同时，重点部署了面向教育现代化的十大战略任务。其中，第二大战略就是发展中国特色世界先进水平的优质教育。全面落实立德树人根本任务，广泛开展理想信念教育，厚植爱国主义情怀，加强品德修养。第七大战略就是建设高素质专业化创新型教师队伍。大力加强师德师风建设，将师德师风作为评价教师素质的第一标准，推动师德建设长效化、制度化。

在新时代新教育理念指导下，本教材围绕高校教师"立德树人"总基调而展开编写工作。首先，对道德与教师职业道德的内涵与本质进行了深入研究，使教师真正把握道德的精神所在。其次，进一步明确高校教师的职业道德修养与规范的内涵，使教师真正理解职业道德规范的基本要求。再次，从高校教师的道德内化、道德品质、人格塑造等角度出发，挖掘高校教师职业道德的行为选择及评价问题，实现教师真正的道德实践行为。最后，综合性地研究高校教师职业道德的建设问题。主要针对当前高校教师职业道德修养存在的问题，研究解决的对策（包括途径和方法），最终上升到教师职业道德建设的机制问题研究。

可以说，新时代广大教师贯彻党的教育方针，教书育人，为国家发展和民族振兴作出了重大贡献。2018年，习近平总书记在全国教育大会上指出：建设社会主义现代化强国，对教师队伍建设提出新的更高要求，也对全党全社会尊师重教提出新的更高要求。人民教师无上光荣。做老师就要执着于教书育人，有热爱教育的定力、淡泊名利的坚守。随着办学条件不断改善，教育投入要更多向教师倾斜，不断提高教师待遇,让广大教师安心从教、热心从教。对教师队伍中存在的问题,要坚决依法依纪予以严惩。新时代的呼唤,人民的呼唤,高校教师职业道德修养的美好春天将更加灿烂!

编 者
2019 年 3 月 7 日

目　　录

第一章　道德与教师职业道德 …………………………………………… 1
　　第一节　道德与职业道德 ……………………………………………… 1
　　第二节　教师职业与教师职业道德 …………………………………… 11

第二章　高校教师职业道德的新时代要求 ……………………………… 25
　　第一节　高校教师职业道德的特殊性及其构成 ……………………… 25
　　第二节　新时代高校教师职业行为十项准则 ………………………… 42
　　第三节　新时代争做"四有"好老师 ………………………………… 44

第三章　高校教师职业道德规范 ………………………………………… 46
　　第一节　爱国守法 ……………………………………………………… 49
　　第二节　敬业爱生 ……………………………………………………… 52
　　第三节　教书育人 ……………………………………………………… 56
　　第四节　严谨治学 ……………………………………………………… 59
　　第五节　服务社会 ……………………………………………………… 62
　　第六节　为人师表 ……………………………………………………… 66

第四章　高校教师职业道德的内化 ……………………………………… 71
　　第一节　教师职业道德内化的意义 …………………………………… 71
　　第二节　教师职业道德内化的过程 …………………………………… 74
　　第三节　教师职业道德内化的条件 …………………………………… 78
　　第四节　良心、义务在教师职业道德内化中的作用 ………………… 81

第五章　高校教师个体道德品质 ………………………………………… 85
　　第一节　教师个体道德 ………………………………………………… 85
　　第二节　教师个性心理品质 …………………………………………… 91

I

第六章　高校教师高尚人格的塑造 … 98
第一节　高校教师人格魅力的价值和特征 … 98
第二节　高校教师高尚人格的塑造 … 102

第七章　高校教师道德行为选择与评价 … 108
第一节　高校教师道德行为 … 108
第二节　高校教师道德行为的选择 … 114
第三节　高校教师道德行为的评价 … 118

第八章　高校教师职业道德建设 … 126
第一节　高校教师职业道德建设存在的问题及对策 … 126
第二节　高校教师职业道德建设的实施、途径和方法 … 134
第三节　高校教师职业道德建设的类型与机制 … 143

附　　录 … 149
中华人民共和国教育法 … 149
中华人民共和国教师法 … 158
中华人民共和国高等教育法 … 163
高等学校教师职业道德规范 … 172
教育部关于高校教师师德失范行为处理的指导意见 … 173
教育部关于全面落实研究生导师立德树人职责的意见 … 175
中共中央、国务院关于全面深化新时代教师队伍建设改革的意见 … 179
教育部关于建立健全高校师德建设长效机制的意见 … 189
新时代高校教师职业行为十项准则 … 193

参考文献 … 195

后记 … 196

第一章 道德与教师职业道德

内容提要

本章主要阐述道德、职业道德、教师职业道德以及高等学校教师职业道德等基本范畴的内涵以及它们之间的内在逻辑联系，以便学习者掌握有关教师职业道德的基础知识。同时，主要概述了高师职业道德修养的内涵、加强高师职业道德修养的重要性、加强高师职业道德修养的措施，以便学习者宏观认知有关高校教师职业道德的实质。

学习目标

1. 了解道德的含义、本质和作用。
2. 了解职业道德的含义和特点。
3. 掌握教师职业道德的含义、特点和作用。
4. 理解高等学校教师职业道德的特殊性、构成和作用。
5. 了解高师职业道德修养的内涵、重要性、措施。

承担着教书育人重要职责和使命的高等学校教师，其职业道德修养的程度至关重要。因为教师要教育人、完善人，首先必须不断完善自我，提高自身的道德修养水平。18世纪法国启蒙思想家和教育家卢梭曾说过：在敢于担当培养一个人的任务以前，自己就必须造就成一个人，自己就必须是一个值得推崇的模范。因此，作为高等学校教师，必须具备从事教书育人这种崇高职业的良好职业道德素质。

第一节 道德与职业道德

道德与职业道德是与高校教师职业道德之间存有密切而直接联系的伦理范

畴，是理解和掌握高校教师职业道德的必要前提和基础。高等学校教师加强职业道德修养，必须首先了解有关道德和职业道德的知识，以便从根本上把握教师职业道德的基本理论，更为深刻地理解教师职业道德理论的内在逻辑联系和各个方面的内容。

一、道德

（一）道德的含义

道德是以善恶为评价标准，依靠传统习惯、社会舆论和人们内心的信念所维持的，调整人与人之间以及个人与社会之间关系的行为规范的总和。从道德的这种规定性上看，理解道德的含义主要把握三点：

一是道德是调整个人与个人、个人与社会之间关系的行为规范。在社会生活中，为了满足不同的需要和利益，每个人都从事不同的活动，并与他人、社会之间发生各种各样的关系，产生各种各样的矛盾。为了维持社会的存在，保证社会生活的正常进行，就必须对人们的行为进行约束，对人们之间的关系进行调整。这种调整人们之间关系，约束人们行为的手段，除了政令、法律等带有强制性的手段之外，就是依靠传统习惯、社会舆论和内心信念等维持的行为规范和准则，即调整人们之间以及个人与社会之间关系的道德。

二是道德是以善恶为评价标准的行为规范。在社会领域中，由于人们的需要和动机的差异，人们的行为是千差万别的。那么，怎样评价人们的行为好坏呢？从道德的角度看，评价人们行为的标准就是善与恶。凡是好的行为就是善，坏的行为就是恶。当然，我们必须看到，人们具体行为的好与坏、善与恶具有相对性。一件事对自己是善，对别人可能就是恶，反之亦然。一般说，评价善恶的客观标准主要是看其行为是否对自己和他人都有利，是否符合社会发展趋势。

三是道德是依靠传统习惯、社会舆论和人们的内心信念维持的行为规范。道德的行为规范不同于社会政治的法律规范。法律规范是一种制度化的规范，由国家的立法机关制定，依靠国家权力机关，如政府、警察、法庭、监狱等强制力量执行。道德规范是通过传统习惯、社会舆论和人们的内心信念等评价方式来发挥作用的。传统习惯是人们在长期的社会生活中形成的行为方式和道德风尚。它本身就是道德的来源，也是评价善恶的重要标准。一般来说，人们认为符合传统习惯的行为就是善，否则就是恶。社会舆论是人们对某一事件公开表达一致的意见和看法。它是人们的知识水平、道德水平、价值观、信仰、需要和期望的反映。社会舆论通过这种大家一致表达的赞扬或批评意见，形成一种舆论氛围，使人们感受到心理压力，从而达到鼓励或限制人们的行为的目的。

内心信念是人们源自心灵深处的对道德义务的真诚信仰和强烈的责任感,是人们进行自我道德控制的精神力量。如果一个人具有道德信念,在行为上就会自觉约束自己,使行为不逾越道德规范。而一旦做出不符合道德规范的行为,就会受到良心的谴责,产生内疚和自责的情感。所以,内心信念是道德主体自我选择和调整行为的道德机制。

(二)道德的本质

道德的本质是什么?这一问题是个存疑颇多的问题。不同时代、不同阶级的思想家有不同的看法。其中具有代表性的观点有:

1. 客观唯心主义道德观

客观唯心主义道德观认为道德本质是上帝的意志和神的启示,是上帝和神通过圣人为人们制定的行为规范。中国汉代哲学家董仲舒从他的"天人合一""天人感应"观点出发,认为道德是人格神的"天"的旨意。他提出:"道之大原出于天,天不变,道亦不变"。[1] 即把封建社会的制度规范看成是"天"定的。如果人们的行为违背了天意,"天"就会通过灾害和怪异的事件对人们发出警告,或者对人们进行惩罚。所以,人们行为的好坏是与"天"相通,并且交互起着感应作用的。古代希腊哲学家柏拉图认为,人的道德是神把"善"的理念置于人的灵魂之中的结果。由于人是由神用不同的质料造成的,因而人的灵魂有不同的等级,不同等级灵魂的人具有不同的德性。例如,国家统治者是神用金子做成的,具有正义的德性;国家的保卫者武士是神用银子做成的,具有勇敢的德性;国家的生产者农民、手工业者等是神用铜、铁做成的,具有节制的德性。基督教神学认为,上帝是万物的创始者。人的道德来自上帝的意志。这种客观唯心主义的道德观把道德视为人格神的"天"或上帝的意志,没有能够正确说明道德的本质问题。

2. 主观唯心主义道德观

主观唯心主义道德观认为道德是人生来就有的天性。中国古代的孟子认为,人生下来就有善性。他说:"仁义礼智,非外铄我也,我固有之也"。[2] 就是说,仁义礼智这些道德意识不是外界对人的影响所形成,而是人生来就有的天性。德国哲学家康德认为,人是一种理性的动物,人先天具有的"实践理性",能够判断什么是善恶,人的善良行为根源于"人的灵魂"。这种主观唯心主义道德观把道德归结为先验的善良意志,否定了道德的社会基础和内容,从根本上歪曲了道德的本质。

---

[1] 董仲舒. 春秋繁露[M]. 周桂钿、朋星,等译. 济南:山东友谊出版社,2001.
[2] 焦循. 孟子正义·告子章句上(诸子集成本)[M]. 北京:中华书局,2006.

3. 旧唯物主义的道德观

旧唯物主义的道德观把道德的本质归结为人的先天欲望。他们认为人的本性是趋利避害，趋乐避苦的。能够满足人的欲望的行为、使人感到快乐的，就是善；不能满足人的欲望的行为、使人感到痛苦的，就是恶。因此，道德是由人的痛苦或快乐的感觉决定的。19 世纪德国唯物主义哲学家费尔巴哈认为，追求幸福的欲望是人生来就有的，因而应当成为一切道德的基础。他说："没有快乐感和不快乐感的地方，也就不会有善与恶的区别"。[①] 我国汉代的王充认为：为善恶之行，不在人之质性，在于岁之饥穰。由此观之，礼义之行，在食足也。这些旧唯物主义者虽然看到了物质利益、人的本性与道德的联系，但他们没有看到人的社会性，没有看到社会实践对道德形成的重要作用。因而也未能正确揭示道德的本质。

4. 马克思主义道德观

马克思在批判吸收历史上道德思想成果的基础上，运用辩证唯物主义和历史唯物主义的观点对道德问题进行了研究。认为道德在本质上既不是神的意志，也不是人心所固有的，更不是人的自然本性。道德是一种社会现象，是社会物质生活条件的反映。它属于社会意识形态范畴，受社会关系特别是社会经济关系（经济基础）的决定和制约。道德就是由一定社会的经济关系所决定的特殊意识形态。人类社会的存在和发展是以物质生产为基础的。为了进行物质生产，人们之间就必须结成一定的生产关系。在生产关系基础之上，又进一步形成了个人与个人、个人与社会的各种关系和矛盾，并产生了怎样看待这些关系，解决这些矛盾的态度和行为，产生了对这些行为的善恶评价。因此，也就逐渐形成了在一定的道德观念、道德情感、道德意志、道德信念支配下调整人们之间道德关系的行为规范。由此可见，道德深深植根于社会经济关系的土壤之中，它是一定社会经济关系的产物。有什么样的社会经济关系，就必然有什么样的道德；如果社会经济关系发生了变化，道德也必然或迟或早地随之发生变化。当然，我们在指出社会经济基础对道德起决定作用的同时，也必须看到生产力和科学技术对道德发展的影响。由于生产力和科学技术的不断向前发展，必然促进社会生产关系的改变，引起社会形态的变更，从而导致社会精神文明特别是道德风尚的改变。

（三）道德的作用

道德是人类社会发展到一定阶段的产物，它源于人的社会生活需要，又服

[①] 路德维希 费尔巴哈. 费尔巴哈哲学著作选集（上卷）[M]. 荣震华，李金山，译. 北京：三联书店，1959：589.

务于人的社会生活需要。道德的作用在于促进、保护社会经济生活、政治生活健康、平稳地发展。具体说，道德的作用主要有如下几方面：

1. 道德具有规范和约束人们行为的作用

道德作为调整人与人之间、个人与社会之间关系的规范，其本意在于约束人们的行为，把人们的行为限定在一定的范围之内，以达到维护社会共同利益的目的。但是，道德规范对人们行为的约束不同于法律的约束。法律对人们行为的约束具有强制性。如果谁触犯了法律，就要受到法律的制裁。道德约束不具有强制性，它通常是通过社会舆论、风俗习惯和人们内心的信念等手段，来唤醒人们心中的良知和羞耻感、内疚感，从而达到控制人们行为的目的。也正是由于道德规范约束不具有强制性，因而它对人们行为的约束作用是有限的。

2. 道德具有教育作用

在阶级社会中，统治阶级为了维护社会的安宁和稳定，都要对社会成员进行道德教育，使他们按照本阶级的道德规范和准则约束自己的行为，并尽量使道德规范和准则成为每个人的内在信念，达到自觉自愿的程度。这种道德教育在我们今天建立和发展社会主义市场经济的过程中更加重要。因为市场经济的建立和发展，正在逐步淘汰计划经济时代的旧的道德规范，但适应市场经济发展的新道德规范尚未系统完善。我们的社会正处于一定的道德危机之中，道德沦丧的现象时有发生，如假冒伪劣、卖淫嫖娼、见死不救、权力腐败等。这些现象严重扰乱了社会秩序，败坏了社会风气、影响着社会的稳定和发展。如果不加强道德教育，听任拜金主义、享乐主义、功利主义等思潮肆意泛滥，就会阻碍经济和社会的发展。因此，加大道德教育的力度，发挥道德教育的作用非常必要。

3. 道德具有调节作用

人们总是生活在一定的社会群体之中，每时每刻都发生着人与人之间以及个人与社会群体之间的关系，产生各种经济利益的矛盾。因此，就需要有一定的规范和准则来调节人们之间的利益关系，以保证社会个体和群体关系能够基本协调一致，维持人们共同生活的正常运转。道德调节的范围非常广，但从性质上看，它主要是调节社会之中的非对抗性的矛盾。另外，在调节个人与群体之间的利益矛盾时，它要求的是克制或牺牲个人利益而保证群体利益。

二、职业道德

（一）职业道德的含义和特点

人的社会生活包括三个方面：家庭生活、职业生活和公共生活。职业生活是人的最基本的实践活动，是社会不断向前发展的生命线。人的一生大半时间都是在职业生活中度过的。因此，职业生活是人们社会生活的主要方面。

职业道德是从事一定职业的人们在职业生活中所应遵循的道德规范以及与之相适应的道德观念、情操和品质。职业道德与人们的职业活动密切相关。由于从事某种特定职业的人们，有着共同的劳动方式，经受共同的职业训练，因此，往往具有共同的职业兴趣、爱好、习惯和心理特征，结成某种特殊的关系，形成特殊的职业责任和职业纪律，从而产生特殊的行为规范和道德要求。这种特殊的行为规范和道德要求就是职业道德。

职业道德是一般的社会道德在职业生活中的特殊要求。因此，它和一般的社会道德有所不同，具有自身的特点：

一是在内容上，职业道德具有职业性。它是着重反映职业义务、职业责任以及职业行为方面的道德准则。由于职业道德不是在一般意义的社会实践基础上形成的，而是在特定的职业实践基础上形成的。因此，它往往表现为某一职业特有的道德传统和道德习惯，表现为从事某一职业的人们所特有的道德心理和道德品质。这种为某一特定职业所具有的道德传统、道德心理往往会世代相传，从而造成不同职业的人们在道德品貌上的差异。例如，人们常说，某某人有干部派头、工人性格、农民意识、军人作风、书呆子等，实际上就是人们长期从事某种职业而形成的道德心理和道德行为方面的差异。

二是在形式上，职业道德具有多样性。职业道德的形式，因职业差异而不同。由于社会职业具有多样性，因而职业道德的形式也有很大差别。各种职业道德往往都不是只具有一些原则性的规定，而是非常具体地规定了职业的道德要求。它与不同职业的具体条件和从业者的接受能力相适应，比较容易使从职人员形成本职业所要求的道德习惯。

三是在调节范围上，职业道德具有有限性。职业道德是从事职业活动的人们的道德，它主要是用来约束从事本职业的人员行为的，而不能约束不属于本职业的人或本职业人员在本职业以外的行为。

职业道德主要调整两个方面的关系，一是从事同一职业人们的内部关系，二是他们同所接触的对象之间的关系。从历史上来看，各种职业集团，为了维护自己的利益，为了维护自己的职业信誉和职业尊严，不但要设法制定和巩固某些职业道德规范，以调整本职业集团内部的相互关系，而且要注意满足社会各个方面对本职业的要求。通过自己的职业活动，来调整本职业同社会各方面的关系。例如，一个医生，不但要热爱自己的职业，提高医疗技术，尊重同行从业人员，而且要发扬救死扶伤的精神，尽自己最大的努力为患者解除痛苦。职业道德主要是用来约束从事本职业的人员的。对于不属于本职业的人，或本职业人员在该职业之外的行为活动，它往往是起不到调节作用和约束作用的。

四是在功能上，职业道德能够使社会一般道德原则和规范"职业化"，同时又能使个人道德品质"成熟化"。

一般说来，某一社会或阶级的道德都只是原则性的规定，是对社会全体成员的普遍要求。这种普遍性的道德要求由于没有具体化为各种职业的规范，不能很好地发挥对各种职业人员的约束作用。而职业道德则不然，它一方面使社会道德原则和规范带上了本职业的活动特点，把道德原则和规范的作用延伸到各种职业活动之中。例如，文明礼貌这一道德规范，是每个人在处理人际关系时都应当遵循的，但是在职业道德中，一定要赋予它以职业活动特点的具体内容。另一方面，对于每一个从职人员来说，职业道德能够改变或进一步提高他们初步形成的道德状况，使他们的道德品质逐渐成熟。由于职业道德有着这两方面的作用，兼之它在内容和形式上有一般道德所不具有的特点，因而经常用它对本职业人员施加影响，就可以促进他们增强坚守本职的事业心和责任感，从而不仅积极钻研本职业务，而且还把自己的行为约束于职业秩序要求的范围内。这样做的结果，还可以使本职业内部人员加强团结协作，共同维护和发展本职业集体的利益，从而更好地调整人和人之间的关系。

（二）职业道德的形成与发展

职业道德是一个历史范畴。它的形成和发展依赖于社会的分工和生产的分工。

职业道德形成于原始社会末期。按照恩格斯肯定的摩尔根的社会分期法，原始社会包括蒙昧和野蛮两个时代。分工是从野蛮时代开始出现的。在野蛮时代，出现了两次社会大分工，即畜牧业和农业的分离；手工业和农业的分离。这两次社会大分工使劳动生产率得以提高，使财富不断增加，使生产场所逐渐扩大，社会开始出现日益频繁的社会交往和劳动产品交换活动，如用谷物交换牲畜，用牲畜交换生产工具等。在这种交往和交换活动中，就逐渐形成了一些行为习惯。这种行为习惯就是最早的职业道德萌芽。

社会发展到奴隶社会阶段时，原始社会两次社会大分工所形成的职业活动不仅得到了进一步巩固和发展，而且出现了第三次具有决定意义的社会大分工，即出现了专门从事产品交换的商业。同时，由于体力劳动和脑力劳动的分离，以及不可调和的阶级对立和斗争，在社会的上层建筑领域内也出现了明显的分工。当时社会的行业和职业多种多样。我国战国时期的《周礼·考工记》中，曾概括了当时的职业分工："国有六职"，即王公、士大夫、百工、商旅、农夫、妇功，而且对这六种不同职业的职责进行了说明。这种记载既是当时社会职业分工状况的反映，也是当时人们在社会职责上阶级界限的反映。由于人们从事不同的职业活动，而且有明显的阶级之分，因此，为了维护各自的利益，巩固行业的秩序，就产生了各自特殊的道德规范。由此，职业道德开始进入初步形成时期。

从历史上看，奴隶社会比较重视的是上层社会人们的职业道德，而对普通劳动者的职业道德则不大看重。进入封建社会以后，随着生产力和社会分工的进一步发展，社会上形成了一些比较稳定的职业，如政府官吏、教师、军人、农民、商人、医生、手工业者等。与此同时，职业道德也得到了相应发展。例如，在欧洲中世纪时期，各种不同的行会制定了各种不同的章程，规定了商品的价格、学徒数目和工作时间等，成为大家共同遵守的条规，以便调整手工业者之间的关系，这其中包含了职业道德的内容。在我国漫长的封建社会，各种职业道德都有较大的发展。以医德为例，唐代著名医学家孙思邈在《千金方·大医精诚篇》中，精辟地论述了医生道德的要求。他认为，医生应有高度的责任感，认识到"人命至重，有贵千金，一方济之，德逾于此"；医生的职责是治病救人。因此，"医人不得恃己所长，专心经略财物"等。医德如此，其他官吏道德、军人道德、商人道德、教师道德等，也发展到了比较完备的程度。

不过，在封建社会中，由于自然经济的束缚和封建等级专制的压迫，职业分工和职业道德未能得到充分发展。

人类社会进入资本主义时代以后，由于生产社会化程度的提高，科学技术进步，社会的分工和生产机构内部的分工越来越具体和明确，形成了新的更大规模的职业活动。与此相适应，资本主义时代的职业道德，不仅保留了以往社会的工、农、医、商、军、教等具有悠久传统的职业道德规范，而且形成了诸如律师、工程师、科学家、新闻记者、艺术家等新职业的职业道德规范。在同一职业活动中的不同人员，如同一企业的管理人员、技术人员和生产人员等，也各有不同的道德要求。因此，这一时期是职业道德空前发展的时期。

应该看到，尽管资本主义时代的职业道德不可避免地带有一定的局限性，但它也包含很多合理因素。如律师职业道德要求律师忠于法律，不得营私舞弊，不能做假证据等；商业道德中"文明经商，注重信誉"等，这些都是我们在建设社会主义职业道德中应该借鉴的。

在社会主义社会中，职业道德发展进入了一个崭新阶段。社会主义职业道德的形成有其特殊性。首先，社会主义职业道德是适应社会主义经济关系和建设事业客观要求产生的，它的职业活动目的是为了满足人民日益增长的美好生活需要，因而人们之间没有根本的利益冲突，人们之间以及各行业之间是平等协作、相互服务的关系，这就决定了社会主义职业道德根本原则是集体主义原则，是全心全意为人民服务。其次，社会主义职业道德是在社会主义道德原则和规范指导下形成和发展起来的。社会主义道德是一个完整的体系，从纵的方面看，它包括社会主义道德的基本原则、规范和范畴等不同层次；从横的方面看，它包括社会公德、职业道德、婚姻家庭道德三个领域。因此，社会主义职业道德是社会主义道德的一个组成部分。社会主义职业道德是社会主义道德在职业活动中的体现或具体化，它在社会主义道德指导下形成，并随着社会主义道德的发展而发展。再次，社会主义职业道德是人类职业道德在新的历史条件下的发展。社会主义职业道德不能凭空产生，它是在批判继承以往历史上职业道德传统基础上建立发展起来的。社会主义职业道德对社会主义的存在和发展具有重要的作用。一方面，它是促进社会主义现代化建设的精神力量。社会主义职业道德规定了不同职业的人们在不同工作岗位上的职业责任，如果每一个劳动者都能意识到自己的职责，并自觉地履行职业道德规范，维护职业纪律和荣誉，就能够在本职岗位上为社会做出自己的贡献，就能够推动现代化事业的发展。另一方面，它能够保证社会生活的稳定。在社会生活中，人们的职业联系是非常广泛的。处于不同职业、不同行业、不同单位的个体，如果都能按照职业道德规范要求自己，正确处理各种职业关系，就会减少纠纷和矛盾，有利于社会的稳定和发展。此外，社会主义职业道德还有利于劳动者的自我完善。职业道德是人们职业生活的指南，是促进人们自我完善的必要条件。在职业劳动中，每个人的能力是不同的，但只要树立崇高职业理想，具有坚定的道德意志，始终如一，坚持不懈地努力，就一定会使自己的品质得到提升，人格得到完善，实现自己的人生价值。

（三）职业活动对职业道德的制约作用

人们的职业活动对职业道德的制约作用主要表现在三个方面：

1. 职业分工的不同，影响着人们对人生道路的具体选择

一个人选择什么样的人生道路，确立什么样的人生目标，主要在于他对历史时代的认识，对社会义务的理解，对人生意义的认识。但是，职业或行业的分工不同，从事不同职业的人们对社会所承担的责任不同，也在很大程度上影响着人们对生活目标的确立和对人生道路的具体选择，影响着人们的人生观和道德理想。人们往往从自己长期直接从事的某一特定的职业实践及其所积累的生活经验出发，来看待人生的目的和意义，确立具体的志向和理想。因此，从事不同职业实践的人们，在确立人生目标、选择人生道路时，是有很大区别的。

2. 不同职业的不同利益和义务造成人们不同的"职业良心"

不同职业所具有的不同利益和义务，直接影响着人们的道德信念，及其用以评价行为的道德标准，从而造成人们之间不同的"职业良心"。在阶级社会里，从根本上说来，人们的道德观念和道德行为标准，是由他们当时所面临的

经济关系和所处的阶级地位决定的。他们对于个人和他人行为的道德评价，也主要是从自己的阶级地位和阶级利益出发的。但是，作为在特定职业中长期生活的人来说，他们除了处于一定的阶级地位，有着一定的阶级利益而外，也还有其特定的职业地位和职业利益。一个人一旦从事特定的职业，就直接承担着一定的职业责任，同所从事的职业的利益紧密地联系在一起。他们对一定职业的整体利益的认识，就是他们对具体社会义务的自觉。这种自觉，就是所谓"职业良心"。马克思主义认为，良心是由人的知识和全部生活方式来决定的。这就是说，人们的职业活动方式及其对职业的利益和义务的认识，对人们形成职业良心有着决定作用。人们有了这种职业良心，就能够自觉地甚至习惯性地根据所从事的职业的整体利益，以及自己对职业整体的义务，来评价自己和他人的职业行为。他们也能按照这种职业责任，在职业活动中自觉约束和调整自己的行为，以及对同业人的高尚行为感到同样的光荣，对同业人的不良行为感到同样的羞辱，对自己在职业活动中的过失感到内疚。

3. 职业活动的不同影响着人们的情趣、爱好以及性格和作风

职业实践的不同环境、内容和方式，以及同业内部的相互影响，也会强烈地影响着人们的情趣、爱好以及性格和作风。这些方面，虽然并不都是道德问题，但其中都包含着一定的道德涵养和道德情操，都从一个侧面反映着从事一定职业的人，在道德品质和道德境界上的特殊性。这就是说，职业道德不仅表现为一定职业范围的特殊道德准则和风尚习俗，而且还表现为从事这种职业的人所具有的特殊道德品质和人格特征。所以，从确切和完备的意义上来说，人的道德品质和人格特征中，总是包含有一定职业所要求的道德认识、道德情感、道德意志和道德习惯的。

【阅读推荐】

关于职业道德和社会主义职业道德，可以参阅百度百科中《职业道德与社会主义职业道德》一文。文中提到职业道德主要应包括的内容：忠于职守，乐于奉献；实事求是，不弄虚作假；依法行事，严守秘密；公正透明，服务社会。

文章还提到社会主义职业道德，认为它是社会主义社会各行各业的劳动者在职业活动中必须共同遵守的基本行为准则。它是判断人们职业行为优劣的具体标准，也是社会主义道德在职业生活中的反映。集体主义贯穿于社会主义职业道德规范的始终，是正确处理国家、集体、个人关系的最根本的准则，也是衡量个人职业行为和职业品质的基本准则，是社会主义社会的客观要求，是社会主义职业活动获得成功的保证。其中，为人民服务是社会主义职业道德的核

心规范，它是贯穿于全社会共同的职业道德之中的基本精神。

第二节　教师职业与教师职业道德

高等学校的教师肩负着为社会培养高级专门人才的重要使命。完成这种使命不仅要求高等学校教师具有渊博的学识，而且更需要具有高尚的道德。因为教师的道德品质制约着知识服务的对象和人才培养的方向。没有高尚道德的教师，不可能倾心进行教学和科研，不可能尽力为学生服务，不可能成为学生效仿和学习的楷模。因此，作为一名高等学校的教师，必须在拥有高深学问的同时，理解和把握教师职业道德内涵，着力提升自己的道德境界。

一、教师职业的社会意义和特殊性

（一）教师职业的社会意义

教师作为一种独立的职业，是随着社会生产力的进步、社会分工的出现而逐步形成的。在我国，虽然教师职业的出现可以追溯到殷商之前，但其真正成为一种职业是在春秋战国时期。在春秋战国时期，社会的经济、政治和文化教育都有了很大的发展。官府垄断教育的状况开始被打破，形成了私学兴盛和百家争鸣的学术繁荣局面。教师也不再是官职而成为一种独立的职业。当时的思想家、教育家孔子最先开创了私学，开始专门从事教育工作。在从事教育的过程中，孔子最先提出了"有教无类"的民主平等的教育对象论。同时，孔子还非常重视教师的职业道德修养问题，提出了不少有价值的师德思想，并身体力行，从而成为教师的一代楷模，万世师表。其后，在漫长的封建社会里，私塾和公学并行，皇宫太学中有达官显贵讲学，民间私塾中有名流儒士传道，这些讲学和传道的人就是中国古代的教师。

【阅读推荐】

为了更好地了解教师的内涵，可以在中国教师人才网上阅读《教师称谓的由来》一文。文中指出，在我们这个有着数千年文明和尊师传统的国度，从古代以来，老师的称谓便很多，其中尊称约有"师氏""西席""山长""师长""老师""先生"等。随着社会的进步和文化教育事业的发展，文官任教的人也逐渐多起来，因而教师便成为社会上一部分人的职业。由于"教"是传授知识的主要手段，因此，人们便逐渐把"教"和"师"合起来，成为"教师"。

虽然社会的职业无高低贵贱之分,但是,和社会上的其他职业相比,教师的职业却是一种崇高而神圣的职业。因为一个社会、一个国家、一个民族,如果没有从事教育事业的广大教师的辛勤劳动,就无法传承和发展自己的文明,就将永远处于无知无识的愚昧状态之中。正是由于教师在人类文明发展中的伟大作用,古往今来,人们都极力推崇和赞美教师。如中国古代的思想家荀子非常重视教师的地位,把天、地、君、亲、师并列在一起。他认为,社会是否尊重教师,关系到国家的兴亡。"国将兴,必贵师而重傅;贵师而重傅,则法度存。国将衰,必贱师而轻傅;贱师而轻傅,则人有快(放纵性情),人有快,则法度坏"。① 在现代,人们也赋予教师很高的赞誉。有人赞美教师是人类灵魂的工程师;有人赞美教师是百花园中的辛勤园丁;有人赞美教师是向野蛮和无知发动进攻的统帅,是人类文明的传播者和建设者,等等。所有这些都表明,教师的职业是崇高伟大的,教师是值得人们尊重的。

教师职业的崇高和神圣是与它的社会意义密切相关的。教师职业的社会意义在于:

第一,教师的职业活动对社会精神文明发展具有重要推动作用。教师是人类文明的传播者。人类社会发展是一个前后相继、连续不断的前进过程。在这一过程中,前人通过实践活动所积累的生产经验和创造的社会文明成果必须不断传给后代,后代只有在接受前人的文明成果基础上,才能有所前进、有所发展。这种文明的传承仅靠劳教合一、口耳相传的途径是远远不够的,根本的途径是通过专门从事教育活动的教师来实现。教师通过一定的教育手段,把人类的文明成果传授给年轻一代,使他们在较短的时间内,能够比较全面地继承前人创造的文明成果,并加以创新和发展,从而推进人类社会文明的不断进步。所以,教师的教育活动是人类文明得以发展的关键因素,教师对人类文明成果的继承和发展起着承前启后的作用。如果没有教师的教育活动,社会发展就会中断,人类文明就无法延续。

第二,教师的职业活动对物质文明建设具有重大促进作用。教育部门属于社会非物质生产部门,它不生产物质产品,但它与社会物质生产部门密切相关。因为物质生产领域的劳动者是由教育部门培养出来的。教师通过培养物质生产过程中的劳动者而与物质生产过程发生了密切联系。教师通过辛勤劳动,为社会物质生产部门培养了大批有知识、有技能的劳动者,这些劳动者为社会创造了巨大财富,从而促进了经济发展和社会进步。特别是在现代社会中,科学技术对物质生产的作用越来越突出,生产的竞争实质上就是科技的竞争,而科技

---

① 《荀子·大略》。

的竞争，就是人才的竞争，归根结底是教育的竞争。今天的教育，就是明天的科技，就是后天的生产，这种国际上普遍流行的看法真实地反映了教育对物质生产的意义。在现代社会中，物质财富的多寡与科学技术的发展成正比；劳动生产率与劳动者的受教育程度成正比。而科学技术的发展和劳动者的教育程度的提高，都直接连接着教师的劳动。因此说，教师的劳动对物质文明建设具有重大促进作用。

第三，教师的职业活动对个体的成长和发展具有主导作用。在社会生活中，个体的成长和发展受多种因素的影响，既有家庭教育的影响，也有学校教育和社会教育的影响；既有遗传的影响，也有环境的影响，等等。其中学校教育的影响是最主要的影响，学校教师的教育教学活动能够对个人产生无法估量的作用，甚至能够改变和决定一个人一生的命运。一个人从进入幼儿园开始，他的智力发展、知识的学习、人生观、世界观的形成、行为习惯和个性的养成，无不深受学校教师的影响。教师丰富的学识、高超的教艺、高尚的道德、良好的个性、顽强的意志、优雅的举止，都会在学生心灵中打下深刻的烙印，并使他们终身受益。作家魏巍在《我的老师》一文中写道：最使我难忘的是我小学的女教师蔡云芝先生，她爱我们。"课外的时候，她教我们跳舞，假日里，她把我们带到她家里和朋友的家里。在她朋友的园子里，她还让我们观察蜜蜂，也是在那时，我认识了蜂王，并且平生第一次吃了蜂蜜。她爱诗，并且爱用歌唱的音调教我们读诗，直到现在我还记得她读的音调，还能背诵她教我们的诗。今天想来，她对我的接近文学和爱好文学，是有着多么有益的影响！像这样的教师，我们怎么会不喜欢她并且愿意和她亲近呢？即使她写字的时候，我们也默默地看着她，连她握笔的姿势都急于模仿。"由此可见，教师一言一行、一举一动都会在学生的心灵深处留下痕迹，起着耳濡目染、潜移默化的作用。所以，教师对一个人的成长和发展的作用是确定无疑的。

【阅读推荐】

请阅读《教育问题案例研究》（人民教育出版社，2006年7月出版）中的一段材料。该材料叙述了第二次世界大战后，日本国民经济受到沉重打击，工矿业生产总指数只是战前平均数的13%，农业生产也降到最低水平，1954年水稻产量只有4 000多万石。这是明治时期以来最低的数字。加之战后447万军人被遣返回日本，日本人口骤增至7 647万，1946年又爆发经济危机，这一切致使日本经济处于崩溃的边缘。

材料中还指出，面对经济困境，选择经济发展道路时，日本将教育确立为经济发展的基石，把教育放在优先发展的战略地位上，加大了教育投入。1947年，日本政府为初中先后支出 31 亿多日元；1948 年度预算教育支出 57 亿日元；1950 年以后，日本地方财政赤字严重，在这种情况下，日本政府还是将义务教育经费增至 90 亿日元。日本中小学教育就达到普及的程度，入学率达 99.27%，同时高中教育得到了普及。教育的普及，及时为日本经济建设提供了大量的合格人才，促进了日本经济的恢复和后来的高速增长。1962 年，日本文部省调查局出版了题为《日本的成长与教育》的报告书，在报告书中说："战后经济发展的速度非常惊人，为世界所注视。造成这种情况的重要原因，可归结为教育的普及和发达。"日本文部省前大臣森善即一曾深刻地指出：日本是用教育的作用开采了人的脑力、心中的智慧资源和文化资源，以人的创造力资源来弥补自然资源的短缺。这其中教师的劳动和贡献是功不可没的。

(二) 教师职业的特殊性

和社会其他职业道德相比，教师职业道德有其自身的特点。形成这种特点的原因在于教师职业的特殊性。或者说，是教师职业的特殊性决定了教师职业道德的特点。因此，明确教师职业道德的特殊性必须清楚教师职业的特点。

1. 教师职业劳动的对象具有特殊性

教师的职业劳动不是物质生产领域，也不是服务性部门，他们工作的对象是正在成长中的儿童或青年。他们都是活生生的人。他们年龄特征不同、性格特点不一、家庭环境各异、个性心理品质千差万别，而且正处在发展变化时期。对他们进行教育不可能像生产物质产品那样，按照一定的工艺流程，统一操作。它需要教师根据不同的时间、不同的环境、不同的学生以及学生的不同特性，采取不同的教育方法和手段对其进行教育，才可能取得良好的教育效果。这样，就决定了教师职业劳动的艰巨性、复杂性以及创造性。不仅如此，教师职业劳动对象的特殊性还决定了教师职业劳动的示范性。社会心理学的研究表明，正在成长中的儿童和青年都有很强的模仿性，从幼儿园的儿童到大学里的青年都有模仿教师行为的倾向。他们把教师当作自己行为的榜样，有意或无意地进行模仿。模仿的内容包括教师的动作行为、言语表情、精神风貌、学识品德、工作作风等各个方面。甚至在一定意义上可以说，学生就是通过对教师的模仿而成长起来，并逐步实现社会化的。因此，教师为了培养教育好学生，就要注意自己职业劳动的示范性，塑造自己良好的人格和形象，做到"以身立教"。

2. 教师职业劳动目的和任务的特殊性

由于教师的劳动对象是正在成长中的儿童或青年，就决定了教师劳动的目的是把他们培养成为社会有用人才。教师的劳动任务就是向他们传授知识，开发他们的智能，培养他们的思想品德，使他们健康成长。教师的这种任务概括地说，就是"教书育人"。"教书育人"是教师最根本的职责和任务。我国唐代的韩愈在《师说》中对教师的职责和任务做了精辟的阐述："师者，所以传道、授业、解惑也"。这里的"传道"，就是传授做人的道理，培养人的思想品德，即育人；"授业"就是讲授文化知识，即教书；"解惑"，是指解答在做人和学习文化知识方面的疑难问题。这三个方面的任务概括起来就是教书育人。所以，教书育人就是教师不仅要向学生传授科学文化知识，提高他们的知识水平和能力，使他们学会如何做事，而且还要培养学生的思想道德品质，引导他们学会如何做人。这样，教师才算真正履行了自己的职责，达到了预期的目的。

3. **教师职业劳动工具和手段的特殊性**

社会上其他职业劳动使用的工具和手段与教师职业劳动使用的工具和手段具有不同的性质。因为教师进行工作时使用的主要不是物质性的教材、教具、仪器设备等，而是教师自身所具有的综合素质，包括教师的思想道德品质、个性心理素质、知识才能以及传授知识的本领和技巧等。教师的综合素质承担着劳动工具和手段的职能，教师主要是依靠自己的综合素质进行教书育人劳动的。教师工作质量如何，主要取决于教师本人所具有的综合素质的高低。而在教师综合素质中起主要作用的是思想道德素质。当然这里不是说业务素质、心理素质等无足轻重，而是说思想道德素质对教育效果的影响更大。例如，一位大学教师虽然知识水平很高，能力很强，但不认真履行教师职责，而且思想道德品质也不高，其对学生的影响非常消极，就无法达到教育学生的目的。因此，教师必须着力提高自己的综合素质，特别是思想道德素质。

4. **教师职业劳动中人际关系的特殊性**

教师职业劳动中人际关系的特殊性表现为两方面：一是这种关系非常复杂。在物质生产领域，虽然人们也必须和他人相互配合才能进行劳动，因而需要处理人们之间的关系。但物质生产领域的人们主要是与生产资料打交道，直接接触的是机器、设备、工具、原材料、产品等具体实物，其人际关系状况不直接影响劳动过程。而教师的劳动则不同，他面对的是方方面面的人际关系，如与劳动对象学生的关系、学生家长的关系、教师之间的关系、学校领导的关系、社会环境的关系，他的工作始终都要围绕着这些复杂的关系来进行。二是这种关系非常重要。由于教师劳动过程需要处理方方面面的人际关系，因而教师的劳动是个体劳动与整体劳动的统一。哪一方面关系没有处理好，都会直接影响到教师工作的成效。因此教师劳动过程中的人际关系具有非常重要的意义。而各方面人际关系处理得如何，主要取决于教师道德修养水平的高低。

5. **教师职业劳动成果的特殊性**

教师劳动的成果和社会其他生产者的劳动成果明显不同。教师的劳动成果是具有一定的科学文化知识和一定的思想品德素质的人。这种劳动成果具有其他劳动成果所无法比拟的社会价值和意义。因为教师培养出来的学生有思想、有知识、有道德，他们走向社会以后，能够自我发展、自我完善，对社会的各方面会产生广泛的影响和巨大的作用。这是其他任何一种产品都无法与之相比的。正是由于教师劳动成果的这种特殊性，教师必须对自己的劳动成果认真负责。

【阅读推荐】

请阅读《影响教育的100个经典案例》（中国传媒大学出版社出版）一书，该书记述了美国纽约州历史上第一位黑人州长罗杰·罗尔斯的故事：

罗杰·罗尔斯出生在纽约声名狼藉的大沙头贫民窟。这里环境肮脏，布满暴力，是偷渡者和流浪汉的聚集地。在这里出生的孩子，耳濡目染，他们从小逃学，打架，偷窃，甚至吸毒，长大后很少有人从事体面的职业。然而，罗杰·罗尔斯是个例外，他不仅考入了大学，而且当上了州长。有一次，在记者招待会上，一位记者对他提问："是什么把你推向州长宝座的？"然而，罗尔斯对自己的奋斗史只字未提，只谈到了他上小学时的校长——皮尔·保罗。当时，皮尔·保罗被聘为诺必塔小学的董事兼校长时，正值美国嬉皮士流行的时代。皮尔·保罗发现这里的穷孩子比"迷惘的一代"还要无所事事。学生们不与教师合作，旷课，斗殴，甚至砸烂教室的黑板。虽然皮尔·保罗想了很多办法来引导他们，可是没有奏效。后来，他发现这些孩子都很迷信。于是，他上课的时候就多了一项内容——给学生看手相。他用这个办法来鼓励学生。当罗尔斯从窗台上跳下，伸着小手走向讲台时，皮尔·保罗说："我一看你修长的小拇指就知道，将来你是纽约州的州长。"当时，罗尔斯大吃一惊，因为长这么大，只有他奶奶让他振奋过一次，说他可以成为5吨重的小船的船长。这一次，皮尔·保罗先生竟说他可以成为纽约州的州长，着实出乎他的预料。他记下了这句话，并且相信了它。从那天起，"纽约州州长"就像一面旗帜，罗尔斯的衣服不再沾满泥土，说话时也不再夹杂污言秽语。他开始挺直腰杆走路，在以后的40多年间，他没有一天不按州长的标准要求自己。51岁那年，他终于当上了州长。

二、教师职业道德的特点

教师职业的特殊性决定了教师职业道德的特殊性。教师的职业道德特殊性

表现为:

(一) 在道德意识上比其他职业道德要求更高

道德意识是指人们在道德活动中所形成的道德观念、道德情感、道德意志、道德信念和道德理论体系。教师的职业道德意识主要是指教师在职业劳动中形成和表现出来的一定的职业道德认识、职业道德情感、职业道德意志和职业道德信念。

道德意识是道德行为的思想根据。没有高尚的道德意识就不可能做出高尚的道德行为。所以,教师的职业道德意识是教师职业道德的基础。和社会其他职业道德意识相比,教师的职业道德意识的要求更高。这是因为教师的职责是传播人类文化、开发人类智能、塑造人类灵魂;教师劳动具有的示范性特点;教师劳动的主要工具和手段是自己的综合素质;教师对学生的教育不仅影响他们的一生,而且通过他们对整个社会产生广泛而深刻的影响。所以,各个时代、各个社会都非常重视教师职业道德的作用,对教师提出了比社会其他人更高的职业道德要求。而且大量的事实也充分证明,历史上无论哪个时代,哪个国家,教师的道德水平总是居于社会平均道德水平之上的。不管遭遇什么样的环境,受到什么样的待遇,教师总是凭着自己的职业良心,默默无闻地辛勤耕耘,尽心尽力地教书育人,担负起那份对社会对人民的神圣职责。因而教师的职业也总是受到人们的信任和尊重。

教师职业道德意识的高要求表现在多方面。从教师职业道德认识上看,教师必须充分认识教师职业道德的重要意义和特殊价值,掌握教师职业道德的基本原则和规范,从而为自觉履行教师职业道德要求和义务奠定理性的基础;从教师职业道德情感上看,教师要培养自己热爱并献身教育事业、热爱学生的深厚的职业情感;从教师职业道德信念和教师职业道德意志上看,教师无论在什么时候、什么条件下,都要有坚定地从事教育事业的信念,都要有足够的信心和勇气面对各方面的困难、诱惑和偏见,矢志不渝地献身教育事业。

总之,不论是在职业道德认识和职业道德情感方面,还是在职业道德信念和职业道德意志方面,社会对教师都有很高的期待和要求。所以,教师的职业道德意识明显高于其他职业的道德意识。

(二) 在道德行为上比其他职业道德有更强的示范性

道德行为是在道德意识支配下所表现出来的符合一定道德规范的行为。教师职业道德行为和其他职业道德行为相比有着更强烈的示范性。这种示范性表现在两个方面:

一是教师劳动的示范性特点决定了教师道德行为的示范性。大学教师的劳动对象是青年学生,由于青年学生正处在成长过程中,其模仿性特别强。教师的一举一动、一言一行,都会对学生产生很大的示范作用,使学生产生模仿行为。苏联教育家加里宁说过:"教师的世界观,他的品行,他的生活,他对每一现象的态度都是这样或那样地影响着全体学生。……他应该觉察到,他的一举一动都处在最严格的监督之下,世界上任何人也没有受着这样严格的监督"。[①] 由此可见,教师的言行举止不仅仅是个人的私事,它直接关系到学生教育问题。教师如何塑造自己,就是如何塑造学生。所以,教师要特别注意自己行为的示范性,把自己良好的道德行为展示给具有强烈模仿性的学生,发挥自己道德行为的示范效应。

二是教师职业劳动手段和工具的特殊性,决定了教师道德行为是对学生进行道德教育的一种有效的手段和工具。由于教师劳动手段和工具是教师本身的综合素质,而教师的综合素质之中就内在包含着教师的道德素质,教师道德行为是教师道德素质的外在体现。所以,教师的道德行为在教育工作中必然要发挥其教育手段和工具的作用。可以说,教师的道德行为是对学生进行教育最好的工具,尤其是对学生进行思想道德教育,它比任何言辞华丽的道德说教都更有说服力,更能打动学生,更能令学生遵从。因此,教师必须认识到自己道德行为对学生的这种影响作用,努力培养自己高尚的道德人格。

(三) 在道德影响上比其他职业道德更广泛、更深远

任何职业道德对社会都有一定的影响,但是,教师职业道德的影响远比其他职业道德的影响广泛和深远。教师对学生施加的道德影响广泛性是指教师道德既直接作用于学生,又会通过学生影响到其家庭和社会。学生毕业以后要从事各种各样的职业,他们的思想道德状况将会对整个社会产生非常广泛的影响。有人说,教师的道德人格如同太阳,如果照亮了学生,就会照亮整个社会。我国清代实业家盛宣怀提出:"唯师道立而善人多"。[②] 意思是说,只有教师道德高尚才能教化人民,才能改善社会道德风貌。所以,教师的道德状况对整个社会的影响是不可小觑的。特别是在教育普及的现代社会,每个人都要接受学校教育,都要受到教师的影响,那么,教师的道德素质将会越来越广泛地作用于社会的方方面面。

教师职业道德影响的深远性是指大学教师职业道德不仅影响处于青年时期的学生,而且影响他们一生的做人的品质,并进而影响到整个社会的发展和未来。所谓深,是说教师的职业道德能够影响到学生的灵魂深处,作用到学生的内心世界。每个学生的思想品质、道德境界、行为习惯、处世准则等都与教师的道德人格有着直接和密切联系。

---

① 加里宁. 论共产主义教育和教学[M]. 陈昌浩、沈颖,译. 北京:人民教育出版社,1957:177.
② 陈学询. 中国近代教育文选[M]. 人民教育出版社,1985:76.

人们之所以把教师称为"人类灵魂的工程师",就是因为教师的职业道德能够影响学生的内心深处,关系到学生人格的塑造。所谓远,主要是说教师的职业道德不仅影响学生的一时,而且影响学生的一生,并由此对整个社会未来发生重大的影响。苏联教育家加里宁有句名言:"如果一个教师很有威信,那么这个教师的影响就会在某些学生身上永远留下痕迹"。① 这就是说,教师的道德人格对学生的影响,不会像流星的光华一样,转瞬即逝。而是化为学生内在品质的一部分,永远伴随着学生并发挥着不竭的激励作用。我国伟大的文学家鲁迅先生在日本读书时,他的老师藤野先生对他的影响非常深刻。分别多年以后,鲁迅仍然深深怀念着藤野先生。鲁迅说:"……他的性格,在我的眼里和心里是伟大的,虽然他的姓名并不为许多人所知"。鲁迅在北京大学任教时,把藤野先生的照片挂在寓所办公桌对面的墙上,"每当夜间疲倦,正想偷懒时,仰面在灯光中瞥见他黑瘦的面貌,似乎正要说出抑扬顿挫的话来,便使我忽又良心发现,而且增加了勇气,于是点上一支烟,再继续写些为'正人君子'之流所深恶痛疾的文字"。② 从鲁迅先生的描述来看,藤野先生对鲁迅的教育和影响是深远的,他成为鲁迅先生后来文学创作发展的重要动力之一。

教师职业道德对学生影响的深远性也决定了对整个社会影响的长久性。教育事业是一项代表未来的事业,它培养的学生是社会未来的期望,是关系到社会未来发展的百年大计。因此,教师职业道德修养不能不引起我们的高度重视。

三、教师职业道德的功用

高等学校教师作为人类思想文化的传播者,各种人才的培养者,对于传播人类文明,开发人类智慧,塑造人类灵魂,影响人类未来起着重要的作用。教师的劳动,同社会进步、经济发展、国家兴盛紧密相连。教师的职业道德体现着广大人民群众的根本利益,反映着整个社会教师的利益,它对促进教师完成教书育人工作,陶冶学生的情操,推动社会精神文明有着重要的作用。加强师德建设是一项有利于学生、教师本人和社会发展等重要工作。

(一) 教师职业道德对学生的教育作用

教师是引领学生步入科学宝库的带头人。教师良好的、高尚的道德人格对于正在确定人生目标,探索和寻求人生真谛的青少年学生来说,具有十分重要的价值导向作用。主要表现在两个方面:

第一,有利于教育学生。教师是人类思想文化的传播者,同时,教师的高

---

① 加里宁. 论共产主义教育和教学[M]. 陈昌浩、沈颖,译. 北京:人民教育出版社,1957:177.
② 陈学询. 中国近代教育文选[M]. 北京:人民教育出版社,1985:76.

尚道德也会对学生产生强烈而持久的影响。教师不仅要用自己的知识去教育学生，而且要用自己的品格去影响学生，用自己的灵魂去感化和塑造学生的美好心灵。在教育过程中教师能够品行端正、严于律己，无形中会使教师成为学生心中特殊的崇拜者。因此，教师的高尚品德是学生最好的表率。

第二，有助于确立教师的威信。教师的威信是教学过程顺利进行不可缺少的条件，是一种无穷的精神感召力。但教师在学生中的威信，不是靠威吓、粗暴和考分等手段确立的，而是靠教师高尚的道德品质和精湛的教学业务建立的。教师在教学活动中，"身教"胜于"言教"。实践告诉我们，有威信的教师会使学生感到他值得尊敬、依靠和接近，是自己的保护神，乐意听从其教诲，从而使教师通过良好的职业道德发挥出重要的价值导向作用。

教师的个体形象深深地影响学生群体。人们经常赞誉教师工作的丰硕成果是"桃李满天下"。一个学生的成长，是受多位教师形象影响和作用的，由于现代科学技术的发展，学科分工越来越细，因此，教育青少年学生的任务，都是由不同经历、不同学历、不同专业、不同学科，不同职称的教师来承担的。简言之，就是说，一个学生的健康成长，是多位教师形象发生协同、交互效应的结晶。教师形象能够对学生德智体美劳等方面，发生全面的影响和作用。这是因为教师以及学生家长的思想道德，科学文化、行为作风等素质，由于受个人能力和条件的限制，其形象只能对学生言行的某些方面发生影响；而多位教师用自身形象的优势、特长，从不同专业、学科等角度，从不同侧面影响和作用于学生，就能使学生朝着德智体美劳全面发展的方向前进。教师树立良好的形象，就会对学生产生示范引导、规范标准、范围广泛等效应，培养出高质量的人才。教师形象不好，就会严重地影响广大学生的健康成长。因此，教师一定要为人师表，树立言传身教的良好作风。养成举止大方、仪表端庄的礼仪形象。不论在什么时间、什么地方、什么具体岗位上工作，都无一例外要用这些标准塑造自己的形象。

学生对教师易于产生师言可信、师行要学的心理状态。一般来讲，教师在科学技术文化知识的容量上和行为实践上，都比学生要先知先觉先为。由此，教师的一言一行、所作所为，就会受到学生的关注、尊重、信任，学生就易于产生师言可信、师行要学的心理状态。同时，由于青年学生尚缺乏对国情、社会的了解，辨别是非、真伪、善恶，美丑的能力不强，因而有一些学生存在的师言可信、师行要学的心理状态，比成年人更为突出。青年学生自身素质存在的这些特点是教师形象产生效应不可缺少的一个内驱动力。教师在人格上赢得学生的心，学生便会产生仰慕之情并心悦诚服、心甘情愿地接受老师的教育。这种现象就是教师的人格效应。教师不仅要精通专业知识，而且要精通现代教育理论，要不断调整、充实自己的知识结构。在教师高尚人格的影响下，学生为其崇高的品德所折服，为其卓越的才能所倾倒，为其广博的知识所陶醉，怎能不"亲其师、信其道"！因此，人格高尚的老师最受学生欢迎，能达到教书育人的最高境界。

良好的师生关系必须依靠深厚的师生情感来维系，教师对学生的关心与热爱，学生对教师的敬佩与爱戴，是产生师生情感的源泉，也是和谐师生关系存在的基础。桃李不言，下自成蹊。不断提高自身人格修养，这是教师适应时代发展的需要，也是全面实施素质教育对教师的要求。

（二）教师职业道德对自身的调节和教育作用

职业道德具有认识功能。教师职业道德的认识功能，是指在教育实践中，它所具有的通过道德判断、道德标准和道德理想等形式，客观地反映各种利益关系状态、教育规律的特点和任务要求，帮助教师正确对待自己的权利和义务，并借助于善与恶、利与害、正当与不正当、应该与不应该等概念来表现认识成果的功能。它的作用在于，向教师提供有关的道德知识，给教师选择行为提供依据。更重要的是，它能够帮助教师了解自己在社会中的地位与作用，认识个人与社会的利益关系，认识教师对自身、对国家、对民族、对教育事业以及对他人应负的社会责任、应有的行为模式、应具备的道德素质和道德人格，促使教师与社会和教育融为一体，增强教师遵守师德行为规范的自觉性，从而促使教师在为社会、为教育服务中创造与实现自己的人生价值。

这就说明，师德对教师起着调节和教育作用。所谓调节作用，指教师道德具有纠正人的行为和指导实际活动的能力；所谓教育作用，就是教育教师正确认识和对待教师的职业，认识到自己对他人、对集体、对社会的利益关系应尽的责任和义务，以及在此基础上形成的道德观念和判断力。

教师本人的道德素养，不仅会影响他人，也能反过来影响自身。教师自觉地提高自身的道德素养，能够有效地帮助自己增强自我心理调节的能力和水平，升华自己的人格，能在面对诸多的困惑和复杂的人际关系时，保持一种较高的精神境界。

（三）教师职业道德对社会的影响作用

1. 对精神文明建设的促进作用

教师职业道德通过三个渠道表现出来：通过培养学生的优良品德而影响社会道德；通过教师参加各种社会活动而影响社会道德；通过教师家庭生活和社会生活，促进社会主义新型人际关系的建立和发展。教师职业道德既是社会主义精神文明建设的重要组成部分，又在精神文明建设中发挥着特殊重要的作用。一是导向作用。良好的师德，对于引导、启发、教育学生成为"四有"新人，有着不可估量的作用。二是凝聚和约束作用。师德规范把教师凝聚成一个爱岗敬业、无私奉献的群体，师德规范又对教师的行为举止有着强烈的约束作用。这种约束作用，一般是通过检查、督促、激励、评价等方式来体现的。三是辐射作用。一方面，师德会通过教师对学生良好品德的培养影响社会风气的改变；另一方面，师德还会通过学生对其家庭的作用而影响社会风气。

2. 对物质文明的推动作用

师德是促进社会生产力发展的一个重要精神力量，因为教育是培养人的工具，而人是物质文明的创造者，是生产力中起决定作用的因素，经过教育的劳动者是高素质的劳动者。这样的劳动者有助于扩大再生产。在社会主义社会，教育以教育活动为中介，以自己的崇高师德为重要教育手段，通过培养"四有"新人，发展社会主义生产力，完善社会主义的生产关系，以推动社会主义物质文明建设。

3. 对社会生活的影响作用

教师道德是受社会经济条件制约的，同时它对社会经济条件具有一定的反作用。师德对教师群体具有调节功能。师德能起到调节教师群体的工作关系、调节其面临的各种人际关系的作用，对自身工作及其工作态度，对正确处理与他人的合作关系具有十分重要的意义，能促进团队的和谐发展。例如，教师通过个人的良好道德品质就会影响自己的家庭、朋友和邻居。教师在教育过程中所形成的优秀道德品质，不仅是教师职业道德的集中表现，反映了教师道德的基本特征和内容，而且是社会道德的一个重要方面，体现了整个社会道德的基本精神。这种蕴涵社会道德基本精神的教师职业道德，不会因教师离开职业生活而自动消失，它将表现在教师各方面生活之中。因此，一个在学校道德品质优秀的教师，在和家庭成员、朋友、亲属、邻居相处的时候，也同样会表现出高尚的道德风格，也会尊老爱幼、扶助孤寡，与家人共乐天伦，与邻居和睦相处，与朋友言而有信。这对社会道德水平的提高也是很有意义的。

教师职业道德对社会的影响作用，在一定程度上是通过亲自参加社会活动而影响社会的。现代社会的教师，特别是大学教师，不仅是学校教育的实施者，更是社会活动的积极参与者。他们在高度社会责任感的驱使下，广泛介入社会各方面的活动之中，努力为青年学生成长创造有利环境，为社会奉献教育工作者的一片爱心。他们有的主动参与社会调查，为纠正社会不良现象提出办法；有的通过公益讲演，传播科学知识和提倡社会公德；有的带学生到工厂、农村，进行社实践；有的结合科研项目，到企业或科研机构进行科学试验，等等。在这些社会活动中，教师高深的学识水平、热情的服务精神、高尚的道德人格等，必然产生良好的示范效应，对改善社会风气、净化社会环境起到一定的推动作用。

总之，良好的师德对社会发展具有促进功能。教师的道德建设是我国现阶段公民道德建设的重要组成部分。良好的师德能带动社会道德水平的提升，同时教师通过培养学生，能使自身良好的道德素养在社会上发扬光大。

（四）教师职业道德的规范约束作用

教师职业道德的规范约束功能，是指教师职业道德通过公约、条例、规范、守则等具体形式，来规范和约束教师的职业行为，使其符合社会的需要和职业发展的需要。主要表现在三个方面：

第一，教师职业道德规范是教师实现自身职能的重要保证。教师实现自身职能，并不是随意的事。教师是受社会的重托，按社会的要求来教书育人的，这就意味着教师的工作有着明确的目标要求。教师在实现教育目标的过程中，会涉及许多复杂的关系，会遇到各种矛盾和困难，教师要顺利进行教育活动，充分发挥自身的职能，除靠行政、法律手段调节外，更重要、更直接的是靠教师职业道德来加以规范和约束。

第二，教师的工作，从更广泛的意义上讲，是一项社会的工作。一方面要向社会提供"产品"，另一方面又要得到社会的广泛支持。教师职业道德规范能够激励教师爱岗敬业，忠于职守，严谨治学，诲人不倦，形成良好的教师形象。这样的教师才能得到社会的尊敬和理解，得到家长的支持与协作，从而为实现教育目标创造重要的条件。

第三，教师的职业道德规范能够促进教师自身的完善。帮助教师认识自己对国家、对社会负有的责任和应尽的义务，认识自己的劳动价值，增强教师的使命感和荣誉感。同时，作为行为规范，它时刻约束着教师的职业活动行为，对教师发生着经常的、深刻的影响，使每位教师形成坚定的职业信念和高度的工作责任感，成为教师自我监督、自我鞭策的动力，这些都将为教师的全面发展和自我完善形成坚定的基础。

【阅读推荐】

为了更好地理解高校教师职业道德修养问题，请拜读刘黎黎、赵婧撰写的《高校教师职业道德修养》一文（《文学教育》2018-4-24）。文中指出，高校教师职业道德修养是指高校教师在教育教学过程中进行的一系列的自律行为，它主要分为教学道德修养、科研道德修养和管理道德修养，三者相辅相成，不可或缺。同时，文中还提出了加强高师职业道德修养的措施。其主要内涵有五：一是高校教师要提高自己的思想认识和思想境界。二是高校教师要学会"内省""慎独"。三是高校教师要学会多实践、多沟通。四是高校教师要学会虚心学习、不断学习。五是高校教师要明确目标，并为之持之以恒。

同时，文章强调了教师的职业道德建设是势在必行的。文中具体指出如下措施：一是要抓好师德形象建设。二是建立奖罚制度。三是建立科学的教师职业道德评价体系。高校教师要从各个方面去提升自己的职业道德修养，学会以德育人，提高高校教师的职业道德水平，要从现在做起，要发扬这种精神，使更多祖国的花朵能够更好发展，培养新一代的先进人才。

思考题

1. 什么是道德？怎样看待道德的本质和作用？
2. 什么是职业道德？职业道德有哪些特点？
3. 教师的职业道德有何特点和功用？
4. 教师职业道德内容由哪些因素构成？

第二章 高校教师职业道德的新时代要求

> **内容提要**

本章着重阐述了高等学校教师职业道德的特殊性及构成，进一步理解高校教师职业道德的内涵和本质；阐述新时代高校教师职业行为十项准则，进一步理解新时代对高校教师职业道德和职业行为的新要求以及新时代争做"四有"好老师的标准。使广大高校教师更加清楚地认知教师的职业道德和职业行为。

> **学习目标**

1. 了解高等学校教师职业道德的特殊性及构成内容。
2. 掌握《高等学校教师职业行为十项准则》的基本要求。
3. 认知新时代争做"四有"好老师的标准。

第一节 高校教师职业道德的特殊性及其构成

高校教师职业道德是指高等学校教师在高等教育教学和科学研究过程中应该遵循的道德行为准则和规范以及与此相适应的道德观念、道德情操和道德品质。高等学校教师职业道德属于专业道德，其职业道德不仅和其他行业的职业道德不同，而且和中小学教师职业道德也存在一定的差异。

一、高校教师职业道德的特殊性

高等学校的教师承担着教学、科研和社会服务等重要职责。他们在职业劳动中表现出怎样的道德品行，不仅直接关系到教学、科研和社会服务的质量，而且很大程度上影响着大学生的思想道德面貌。重视高校教师职业道德，已成为当代世界各国高等学校教师培训的一项重要内容。

（一）高等教育的目的是把青年学生培养成具有科学文化知识、技术和高尚品德的人

这种教育的目的要求高校教师不仅通过自己的教育劳动向大学生传授人类世代积累和创造的文明成果，培养他们去攀登科学技术的高峰，成为履行社会主义各种重要职责的有用人才，而且教师要向青年一代播种人类理想的种子，使成长中的一代继往开来。正是高校教育劳动造就新人这一显著特点，使大学教师及其劳动理所当然地受到全社会的尊重。对教师和教育劳动的尊重，实质上是对人类文明和自身的尊重。可以说，没有教师的辛勤劳动，就不可能有人类社会的文明和更加文明昌盛的明天。大学教师对全社会负有崇高的职责和义务，教师的教育劳动行为本身与社会利益息息相关，具有重要的道德意义。正因为如此，每个社会都要求教师学明德尊，品德高尚，有高度的社会责任感。高校教师要把大学生培养成为有理想、有道德、有文化、有纪律的社会主义新人，首先应当使自己有理想、有道德、有文化、有纪律，具有高尚的职业道德。高等教育劳动的对象是有思想、有感情、有理智、有个性，作为社会整体一员的青年人。教师的教育和教学劳动，需要得到学生的积极配合才能产生效果。否则会事倍功半，甚至徒劳。学生既是教的客体，又是学的主体。教师要完成自己的教育任务，必须研究学生的心理、生理特点，尊重和调动学生的积极性，与学生建立良好的信任关系。教育过程中，只有在包含了学生的自我教育和积极学习的情况下，教育劳动才能收到良好的效果。

同时，学生在成为大学生之前，已经接受了中等教育并受到来自社会的各种影响。在成为大学生之后，除了大学集体对其产生影响外，还有各种因素对其发生作用（如生活环境、朋友、父母、书籍、电影等），这些影响因素，有与大学教师的影响一致的东西，也有与大学教师的影响相违背的东西，并有可能影响大学教育目标的实现。这在很大程度上决定了高等教育劳动的复杂性。大学教师要完成自己的教育和教学任务，就要纠正各种因素对学生的不良影响。

（二）大学教师是作为社会成年人的代表来教育学生的

大学生正处在人生观、道德观、世界观形成和确立时期，往往会从大学教师的言行中吸取自己的价值观念。因此，大学教师在教学和科研活动中抱怎样的态度，表现怎样的道德品行，直接影响大学生道德品质的形成和发展。教师个人的范例，教师的思想品行对青年学生心灵成长的影响，是任何教科书、任何道德箴言、任何惩罚和奖励制度都不能代替的一种教育力量。苏联教育家加里宁说：教师的世界观、他的品行、他的生活、他对每一现象的态度都这样或那样地影响着学生的成长，他的一举一动都处在严格地"监视"之中，世界上任何人也没有受着这样严格地监督。因而，大学教师应好好检点自己，努力使自己具备高尚的道德品质和思想情操。

教师通过自己的教育活动对学生施加影响，把知识、品德、才能传授给学生。除了教材、教学设备这些教育劳动的辅助工具外，主要是教师的个性，即教师的知识水平、思维能力、道德品质和情感意志。大学教师的劳动效果，不仅取决于他具有的知识水平和思维能力，而且取决于它的世界观和道德面貌。因而，大学教师经常提高自己的道德素养，是提高教育质量的重要方面。教师是否全心全意地搞好教学工作，尽心尽力提高教育质量，很大程度上依靠教师的个人自觉性和责任心，外界难以直接监督检查。另外，现代高等教育又是一种需要密切配合的集体协作劳动，高等教育劳动过程中对学生产生影响的是整个大学教师集体。对大学生进行的德育、智育、体育等方面的教育，需要各学科、各专业教师的相互配合。教师教育劳动的这种既是个体又是集体的对立统一的形式，使高等教育劳动中的道德因素显得十分重要。

（三）高等教育劳动的时空为教师提供了较大的个人自由度

教育劳动的时间，一部分是限定的，如上课、下课、教学进度等，都有确定的限度。而其余大量的时间，由教育劳动者个体决定，在支配使用方面是自由自觉的。目前，我国高校中的大部分任课教师采取非坐班制工作形式，大学教师可在家中或图书馆、实验室进行备课或研究工作。教师备 1 节课可以花 10 小时、20 小时甚至更多的时间，也可以用 5 分钟、10 分钟草率了事。教师可以利用课余时间进行备课、走访或组织学生活动；也可以用工作时间闲聊、自由活动。教育劳动时空的灵活性，使外界难以对一个大学教师的劳动以干与不干、干多干少、努力与应付为标准直接加以评价。高等教育劳动不仅需要各种科学的教学管理制度来约束，而且更需要依靠教师自觉的劳动态度。因此，教师工作的责任心和对学生、对社会的职业义务感，成为教育劳动过程中保证教师劳动与质量的重要机制。

（四）高校教育劳动的人际关系多而重要

正确调节和处理好人际关系，是顺利完成教育和教学任务的必要条件。学生处在学生集体、教师集体、学校领导、学生家长、社会环境等共同作用之下，因而，一个大学教师要完成自己的教育和教学任务，不仅要处理好与学生的关系，而且要处理好与其他教师、教师集体、校长、家长及社会有关方面的各种人际关系。人际关系状况直接影响着教学和科研劳动效果。在高等教育过程中，众多人际关系的矛盾和冲突是不可避免的。因而，一个大学教师要顺利完成教育和教学任务，必须遵守教师职业道德的要求，正确调节和处理好这些方面的关系。

此外，高校教育劳动是一种要求创造性很强的劳动。这种创造性表现在：一方面，教师向学生传授的科学文化知识和生产技能具有深、广、新的特点。现代大学教师处在自然科学和社会科学研究的前沿，不仅要在教学科研中掌握和运用与学科有关的新知识、新技术，而且自己要自觉探索新知识、创造新技艺。另一方面，高等教育劳动中教师向学生传授知识，培养学生各种能力的过程，本身需要教师开展创造性的工作。由于学生的个性、教学内容、客观条件、教师自己的特点等是千差万别的，因而，教师的教育和教学工作的具体方式方法也是千变万化的。教学理论、教学方法和教学大纲，只为教学工作提出一般的要求，并不能为教师解决各种问题、完成各项任务指出捷径。教育和教学工作不存在行之有效的"标准行为""最佳方案"。一种教学方法对一些学生有效，而对另一些学生可能无效。这个教师的好经验对另一个教师可能不适应。因此，完成每一项任务都需要教师有独立的思考能力和解决问题的能力，要求教师具有筹划和预见自己行为结果的本领，创造性地开展工作。这就要求大学教师对自己的教育劳动抱有强烈的事业心，创造性地投入自己的工作。

高等教育劳动，是为社会培养出接受过高等教育的人，他们将成为社会各行各业的专业和管理人才，在整个社会生活中起重要作用。大学教师在教育劳动中对他们的影响（包括思想品德和文化知识等方面）并不因为教育过程的结束而随之消失，而是继续对他们产生着重大影响。不仅常常影响他们本人的一生，而且还会通过他们去影响他们的子女和社会上的其他人。一个大学教师要对学生的一生负责，对整个社会负责，就不仅要在教育劳动中教给学生真才实学，而且应表现出优秀的道德品质，给学生以良好的心灵影响。

综上所述，可以清楚地看到高等教育劳动的目的、对象、手段、方式、方法、结果等，都与教师及教师的自觉能动性有关。正是高等教育劳动具有诸多的特殊性，使得高等教育的职业道德在高等教育劳动中占有重要地位，有其重要性。没有高校教师的职业道德，就不会有有效的高等教育劳动。

【阅读推荐】

请阅读搜狐网上的一个材料："具有较高的道德水平，能以身作则教导学生的大学教师最受欢迎"。这个材料是搜狐与《中国青年报》联合推出的在线调查。调查中，有两万五千多人参与了调查活动。其中，在"在您看来，大学教师的哪些行为是最不能接受的"一题里，得票最高的是"学术水平低，碌碌无为"，占17.16%；其次是"性骚扰、嫖娼等不正当性行为"，占16.63%；位居第三的是"学术腐败，剽窃他人学术成果"，占14.86%。另外，在"您认为，教师应该具有的最基本的行为和道德标准是"一题里，25.81%的人首选"具有较高的道德水平，能以身作则教导学生"；其次是"客观公正地对待每一个学生，不偏私"，占20.91%；第三是"学风高尚，能抵抗学术界的腐败之风"，占16.44%。

从这个调查材料可以看出，大众对大学教师的期望更多的是做好教书育人的本职工作。同时，有学术创新。大众对大学教师最不能接受的则是学术平庸。

二、高校教师职业道德的构成

高等学校教师的职业道德主要由八个要素构成：教师的职业理想、职业责任、职业态度、职业纪律、职业良心、职业作风、职业荣誉、职业技能。这八个要素分别从不同的侧面反映了教师职业道德的特殊本质和规律，同时又相互联系、相互影响，形成了一个严谨的教师职业道德结构模式。把握这一模式，对于我们理解教师职业道德具有重要意义。

（一）教师的职业理想

职业理想是职业道德的重要组成部分。所谓职业理想，是指人们对于未来工作类别的选择以及在工作上达到何种成就的向往和追求。不同的职业有不同的职业理想，不同的职业理想对于人们的行为选择具有不同的作用。作为教师来说，其职业理想就是对教师职业的选择和对教育工作成就的向往和追求。教师的职业理想对教师具有巨大的导向和激励作用。有无崇高的教师职业理想，决定着教师的工作态度好坏，决定着教师工作成就的大小，决定着教师职业道德修养程度的高低。

就现实情况看，有些教师缺少教师职业理想，他们对于教师职业的选择是不情愿的。对于教师职业的性质也缺乏正确认识，认为教师职业也和社会其他职业一样，没有什么特殊，都是一种谋生的手段。而且教师职业和其他职业相比，又非常平淡和清苦，因而对教师职业缺少热情和投入，在一定程度上影响了教育教学质量。

对待教师职业选择，我们要注意处理好三个方面的问题：

第一，把社会需要和个人理想结合起来。在社会生活中，每个人都有自己的理想和愿望，都希望选择自己理想的职业，但是社会需要经常和个人的理想发生矛盾，使个人的愿望无法满足。在这种情况下，个人就应该以社会需要为首要选择，把个人的选择融于社会需要之中。而且个人的选择也只有与社会需要相一致，才能变为现实。从这个意义上说，社会需要制约着个人的选择。社会需要是社会发展的客观要求，反映着整个社会的愿望，因此，个人要正确认识社会需要和自己选择的关系，要使自己的选择尽量服从社会需要。应该看到，教师的职业是社会一种非常重要的职业，而且随着我国科教兴国战略的实施和现代化的发展，教育在社会中的重要性日益突出。没有教育培养的大批高质量的人才，科教兴国战略的实施和现代化事业的发展就无从谈起。因此，我们选择教师的职业就是社会的需要。我们应该为自己的这种选择感到高兴和自豪。

第二，正确对待教师的地位和待遇。一般来说，人们在进行职业选择时，某种职业在社会中的地位和待遇是主要参考因素。地位和待遇比较高的职业往往会受到人们的青睐，成为人们选择的对象。反之，地位和待遇比较差的职业，人们则避而远之。应该说，从地位和待遇出发进行职业选择本无可厚非，因为追求利益是人的本性，是人们行为的根本动力。对于教师职业的选择也是如此。教师也是人，也具有人的七情六欲，具有人的需要和要求。如果没有一定的地位和待遇，人们也不可能选择教师职业。但是，选择教师职业的人必须清楚，尽管教师职业平平淡淡，地位不高，待遇不厚，但为了社会需要，为了实现现代化，我们选择教师职业不能把目光仅仅局限在地位和待遇上。做教师就意味着奉献，意味着牺牲，就要有比较高的精神境界。当然，我们还要看到，改革开放以来，随着国家经济实力的增长，我国教师的物质待遇得到了很大改善，工资收入越来越高，住房面积越来越大，社会对教师的地位和作用认识也越来越高，尊师重教的风气越来越浓。在这种情况下，我们选择教师职业是非常明智的。

第三，正确看待教师的苦与乐。面对教师职业的选择，有些人望而却步的原因之一就是怕苦。我们承认，教师的工作确实比较辛苦。教师的劳动既是脑力劳动，又是体力劳动，是体力和脑力的双支出。教师不仅要备课、讲课、批改作业，而且还要做学生思想工作，进行科学研究，整日操劳，没有清闲。每每人们这样评价教师及其工作：老师就是在困难中奋斗的人，你身居斗室，想着替国家分忧；两袖清风，时时为学生操劳；讲学谈心、家访辅导，老师的工作是辛苦的，从来闲不住自己的脚步；每当日沉星移，仍在灯光下批改作业，为了培养后代，含辛茹苦，整日操劳。这种评价是比较切合实际的，它真实地反映了教师工作辛苦的实际情况。但是，教师职业既有辛苦的一面，也有幸福的一面。从事教师职业的人，会得到其他职业体验不到的欢乐。当教师通过辛勤劳动赢得了学生欢迎和爱戴时、当教师的科学研究成果获得社会承认时、当教师看到自己培养的学生成为社会有用之才时，都会感到由衷的高兴和无比的欢欣。总之，教师的工作是平凡中蕴涵着伟大，辛苦中透露出幸福。只要我们辩证地看待教师职业，就不会为自己的选择后悔。

(二) 教师的职业责任

职业责任是指从事职业活动的人必须承担的职责和任务。它一般是通过具有法律和行政效力的职业章程或职业合同来规定的。一个人能否履行自己的职业责任，是判定其能力和道德的主要标准。

教师的职业责任就是教师必须承担的职责和义务。在社会主义条件下，教师的职责和义务就是培养社会主义现代化事业的建设者和接班人。但是，我们必须认识到，教师职业责任的履行不同于其他职业，其他职业责任的履行往往都是依靠外在的强制力量去推动，并与某种权利或报酬相联系的，而教师职业责任的履行带有更多的道德色彩，它要求教师把职业责任变成自觉的道德义务，为培养学生而无私奉献。为此，就要求教师做到四个负责：

对学生负责。就是教师要按照教育方针，从德、智、体、美、劳各个方面培养学生，使学生健康成长。具体说，就是做好教书育人工作。在教育过程中，教师不仅要向学生传授知识，帮助他们掌握必要的技能，而且还要对学生进行思想品德教育，塑造学生的灵魂。教师要把教书育人看作自己的天职去努力完成。而要做好教书育人工作，就需要教师具有崇高的奉献精神，有忘我的牺牲精神。否则，教书育人就是一句空话。

对学生家长负责。学校是教育、培养学生的主要场所，学生家长把学生送到学校，是希望学生在学校更好接受教育，将来能够有所成就，成为社会有用之才。这是对学校和教师的信任。因此，教师要清楚认识到自己肩负的教育责任，对学生家长负责，把学生培养好，做让家长放心和信赖的好教师。而要做到一点，就需要教师经常和学生家长联系，及时沟通有关学生各方面的信息，并就学生的问题和家长磋商，使家庭教育与学校教育相互配合，协调一致。

对教师集体负责。现代学校教育是教师集体协作的教育，需要教师集体中的个体之间相互配合。因此，教师个人要服从教师集体，对教师集体负责。每个教师都要按照教师集体培养方案和具体要求去教育学生、培养学生。如果教师各行其是、各搞一套，就会使学生无所适从，教师集体制定的培养方案就无法落实，学生也不可能按照培养目标的要求健康成长。

对社会负责。这是对教师职业责任的高层次要求。对社会负责，从根本上说，就是为社会培养合格的人才。如果教师培养出来的学生符合社会需要，成为社会有用的人才，就会对社会发展起到积极的作用，就是对社会最大的负责。反之，培养出来的学生不合格或者是危险品，就会对社会发展起消极作用，甚至会带来危害。因此，履行教师责任，就要努力为社会培养合格学生。

【阅读推荐】

请阅读《中国青年报》上刊登的《学生考试不及格大学老师写下道歉信》的材料。本文讲的是由于超过一半的学生考试不及格，中国青年政治学院教师杨支柱给自己的学生公开写了一封道歉信，在信中他真诚检讨了自己教学的失误，同时也指出了学生在学习上存在的种种问题。此事引起很大反响。在这封道歉信中，杨支柱老师指出，这次《民法分则》期末考试，总评成绩不及格的高达8人，超过50%。本人与不及格的同学同样难过，因为这无异于宣布本人本学期的教学工作不合格，也将导致不及格的同学不得不重修，并被迫交纳重修费。为此，本人要向不及格的学生道歉。如果再一次出现这样的考试结果，本人将开除自己的教职。

杨支柱老师一番道歉后，话锋一转：当学生们平静下来不再因为不及格而痛恨我本人时，本人希望师生双方都能够从这次不及格中吸取教训。通观这个道歉信，我们可以把杨支柱老师讲的这个教训归纳概括如下：一是不及格的学生对于那些需要自己归纳而不能在教材的某个地方找到现成答案的试题回答得虽然不好，但对于教材里有现成答案的基础知识回答得更差。其实质就是不及格的同学没有按杨老师的要求在听课前预习，部分同学甚至在考试前没看过教材，仅仅凭着上课的时候听得似懂非懂而且已经遗忘了不少的那点东西就来应考了。学生们缺少学习自觉性。二是杨老师觉得自己也有很大的责任，高估了学生的自学能力和学习自觉性，没有对学生看书的情况专门进行检查、监督。

(三) 教师的职业态度

职业态度是指人们对自身职业劳动的看法和采取的行为。它是个体对自己职业的一种比较稳定的心理倾向。教师的职业态度就是教师对自身职业劳动的看法和采取的行为。简言之，就是教师的教育劳动态度。

教师的职业态度是教师职业道德的具体体现。一个具有高尚职业道德的教师，必有端正、积极的职业态度。而具有端正、积极的职业态度的教师，也必有高尚的职业道德。因此，教师的职业态度是显示教师职业道德的重要方面。

在社会主义社会，教师积极的职业态度就是努力培养社会主义现代化的建设者和接班人。这种积极的职业态度表现在以下三个方面：

一是要有高度的责任感。教师要把教育事业看成自己的事业,把培养学生当作自己的神圣义务和职责,以积极主动的态度对待教育工作。教师的高度责任感来自对教育事业的热爱和对学生的热爱,只有热爱才能产生责任意识,才能竭尽全力地工作,就像父母由于爱孩子才努力为他们负责一样。教师有了高度的责任感,才能全心全意投入教育工作,才能全心全意为学生服务。

二是要有从事教育工作的光荣感与自豪感。一个教师是否具有积极的职业态度,与其从事教育工作的光荣感和自豪感直接相关。如果认为从事教育工作是神圣的职业,可以实现自我的人生价值,可以为社会做出更大的贡献,就必然会对自己从事的教师职业感到自豪和光荣,就会产生积极的职业态度。否则,不仅不会产生自豪光荣感,而且还会产生自卑感和失落感。所以,树立积极的职业态度,关键是端正教师的价值观、人生观。

三是要有肯于吃苦的精神。树立积极的职业态度,必须要有肯于吃苦的精神。因为教师的职业是一种非常辛苦的职业,从备课到讲课,从学生学习到学生生活,从教育科研到学术研究,哪一样都需要付出巨大的艰辛,都需要耗费心血和汗水。如果没有肯于吃苦的精神,不愿意进行艰苦的劳动,就不可能有积极的态度。现在,有些人不了解教师的工作,以为教师工作清闲、不操心、不费力、每年还有寒暑假、工作稳定、收入不少,其实这是一种误解。没有肯于吃苦的精神,没有任劳任怨的工作态度,要真正当好一名教师是不可能的。

(四) 教师的职业纪律

职业纪律是职业劳动者必须遵守的行为规范。这种行为规范是维持职业活动正常秩序,保证职业责任落实的重要措施。职业纪律常常表现为规章、制度等形式。

职业纪律和职业道德是不同的范畴,二者具有一定的区别。职业纪律由专门机构执行和检查,对职业劳动者具有强制性的约束作用,违反职业纪律要受到一定的惩罚。而职业道德是用榜样倡导某种行为,它依靠社会舆论和个人内心的道德信念发挥作用。违反职业道德会受到社会舆论和良心的谴责但不会受到惩罚。但是,二者又具有统一性,它们都是对职业活动的共同要求。自觉遵守职业纪律的人必然有很高的职业道德修养,具有很高职业道德修养的人也必能严守职业纪律。因此,职业纪律也就构成了职业道德的要素之一。

教师的职业道德要求其必须严格遵守职业纪律。教师的职业纪律就是教师在从事职业劳动中应该遵守的各种规章、制度、守则、条例等。教师的职业纪律是完成教育活动正常进行的必要保证。没有严肃的教师职业纪律,就不能约束教师承担职业责任,完成教书育人的任务。从现实情况看,虽然大多数教师能够较好地遵守职业纪律，但也有部分教师由于没有正确的独立、自由、利益、权利等观念，不能严格按照教师职业纪律要求自己，因而出现了一些违背教师职业纪律的现象。如随意缺课、上课不守时间、课堂上接电话、学术造假，剽窃他人科研成果、打骂学生、乱罚款、乱收费、上班时间经商或做兼职工作，等等。这些行为不仅干扰了正常教学秩序，而且也败坏了教师的崇高形象，对学生产生了许多不良影响。因此加强教师职业道德建设，必须使教师严格遵守职业纪律。那么，教师如何才能作到遵守职业纪律呢？

第一，要重视职业纪律。有些教师之所以不能严格遵守职业纪律，主要是对教师职业纪律重视不够。在他们看来，上课迟到、接电话、上班期间干点私活等都是小事，不值得大惊小怪。其实，这是一种认识的误区。俗话说："没有规矩不成方圆。"任何一种职业都必须有它的规矩，都需要对其成员加强约束。否则，就无法使这种职业活动正常有序地继续下去。教师的职业尤其如此。教师负有教书育人的责任，没有一定的职业纪律就无法保证正常的教育教学工作秩序。而且教师还要教育学生遵守纪律，服从学校的规章制度，如果教师本人不守纪律，又何谈教育学生！所以，作为教师首先要加强对职业纪律的认识，重视教师的职业纪律。

第二，要有教师角色意识，并不断强化这种角色意识。所谓有教师角色意识，就是要时刻想到自己扮演的是一名教师的角色，按照教师角色规范约束自己。每当自己出现某种想法或做出某种举动时，都要考虑到是否符合教师的角色，是否符合教师的职业纪律的要求，是否会对学生产生不好的影响。如果能够时刻意识到自己的教师角色，就不会出现违背教师职业纪律的现象。有些教师之所以屡屡违反纪律，其根源就在于缺少教师的角色意识，把自己视为普通百姓。因此，要自觉遵守教师职业纪律，就必须强化教师的角色意识。

第三，要培养自己遵守职业纪律的良好习惯。纪律是一种约束，是对个人自由的一种限制，因此，对刚刚参加教育工作的教师来说，开始会感到很不自在。但是，职业纪律又是必须遵守的，容不得个人随意破坏。在这种情况下，最好的办法就是培养自己自觉遵守职业纪律的良好习惯。一旦养成了遵章守纪的习惯，就不会感到纪律是对自己的约束。而个人遵守职业纪律良好习惯的养成，有赖于个人坚强的意志品质。只有以顽强的意志力，克服各种困难，持之以恒，才能养成遵守职业纪律的习惯。例如，河北省有一位优秀教师在执教20年间，除因病住院外，从未迟到过一次，也从未请过一次事假。用他自己的话说，我已经形成了习惯，在我的头脑中，不管遇到什么事情，从来没有想到上班迟到或请假。显然，如果没有顽强的意志力是不可能做到这一点的。由此可见，培养良好的遵守职业纪律习惯非常重要。

（五）教师的职业良心

职业良心是人们在履行对他人、对社会的职业义务过程中形成的道德责任感和道德自我评价能力，是一定的职业道德观念、职业道德情感、职业道德意志、职业道德信念在个人意识中的统一。它是一种道德意识现象，是职业劳动者对职业责任的自觉意识。

所谓教师的职业良心，就是教师在对学生、学生家长、同事以及对社会、学校、职业履行义务过程中所形成的特殊道德责任感和道德自我评价能力。教师的职业良心在教师职业道德体系中具有特殊的意义。因为教师的劳动是一种有别于其他职业的特殊劳动，是培养"人"的劳动。而"人"培养得如何，是无法做出准确定量检验的。因此，教师劳动质量的好坏，主要靠教师的自我评价。这种自我评价的准则就是教师的职业良心。例如，教师备课是否到位，讲课是否认真，补课是否及时，学生的思想工作做没做，做得是否细致深入，学生的生活困难解决没有，解决到何种程度，等等。这些工作的内在动力就是教师的职业良心。具有高度职业良心的教师会自觉认真地履行自己的职责，并力求把工作做好。如果工作没有作好，他们就会感到内疚，受到良心的谴责；而职业良心比较差的教师则不然，他们在工作中往往会偷工减料，敷衍了事，反而感到心安理得。由此可见，教师干的都是"良心活"。教师有无职业良心是大不一样的，良心可以左右教师的行为。所以，加强教师职业道德建设，必须重视培养和强化教师的职业良心。

培养和强化教师的职业良心，应该从以下三方面着手：

首先，要具有对教育事业高度的责任感。对教育事业高度负责的精神是催生教师职业良心的主要动力。如果一个教师根本不热爱教育事业，就谈不上对教育事业负责，也就不可能产生教师的职业良心。例如，面对一个劣等生的存在，没有教师职业良心的教师会习以为常，不以为然，而一个对教育事业高度负责的教师，则会感到愧疚，感到良心不安。这是教师的职业责任感产生的不同工作态度。因此，培养教师的责任感是增强教师职业良心的必要前提。

其次，要具有高尚的师德品质。高尚的师德品质和教师的职业良心具有内在的必然联系。如果一个教师具有热爱教育事业，关心学生，勤奋工作，忘我奉献等优良师德品质，他就必然具有教师的职业良心。当发现自己做出了有损于教育事业或不利于学生的事情，他就会感到良心上的愧疚，就会千方百计采取措施进行弥补。而一个师德品质很差的教师则会不以为然，认为无所谓，甚至找借口为自己开脱过失，根本不会产生良心上的不安。所以，高尚的师德品质是培养教师职业良心的基础。

最后，要有知耻心、自尊心、自爱心。这些都是教师职业良心的重要构成要素。如果一个教师不知羞耻，没有自尊，缺少自爱，就根本谈不上职业良心。因此，增强教师的职业良心就要培养教师的知耻心、自尊心、自爱心。

（六）教师的职业作风

职业作风是人们在一定的职业活动中表现出来的一贯的态度和行为。职业作风的优劣，取决于职业劳动者的职业思想和目标。有什么样的职业思想和目标，就有什么样的职业作风。例如，国家公务员以为人民服务为指导思想和目标，就会形成恪尽职守、廉洁奉公、团结协作的工作作风；反之，以谋取私利为指导思想和目标，就会形成巧取豪夺、不顾廉耻、卖官鬻爵、违法乱纪等恶劣作风。可见，职业思想和目标对职业作风的形成至为关键。

教师的职业作风是教师在自身职业活动中表现出来的一贯的态度和行为。为了形成良好的教师职业作风，教师需要在正确的指导思想和目标指引下做到以下几点：

第一，实事求是、坚持真理。教师工作作风上的实事求是、坚持真理就是在教育实践中全面了解学生情况，有针对性地进行教育工作。在教育学生时要讲真话，办实事，言行一致，表里如一，做到公道正派。在传授知识过程中要勇于坚持真理，批判错误，使学生学到真知实学。对于教师自己造成的错误，要采取实事求是的态度，公开向学生说明，不文过饰非。

第二，工作积极、认真负责。教师工作积极就是积极承担工作任务，对工作一丝不苟、兢兢业业，埋头苦干、任劳任怨，把自己的时间和精力都投入到工作中去。认真负责，主要是要求教师对学生的成长和成才负责。教师既要向学生传授文化科学知识，又要关心学生的思想和生活，做到既教书又育人。

第三，发扬民主，团结互助。教师作风的民主就是尊重学生、信任学生、理解学生。在教育教学过程中，经常和学生交流，了解学生的想法，虚心听取学生意见，不搞一言堂。团结互助，一方面是指教师之间要相互关爱，和睦相处，在思想、工作、生活等方面相互帮助；另一方面是指教师与学生之间的相互关心、相互帮助。特别是教师要和学生建立友好关系，关爱学生，这样，才能有效开展教育教学工作。

第四，诚实坦白，平等待人。诚实坦白是指教师做人要诚恳实在，不隐瞒自己的看法和观点，敢于说真话。无论是对学生、同事，还是学校领导，都正直无欺，坦坦荡荡。平等待人是指教师在人际交往中以平等态度对待他人，上交不谄，下交不傲，对所有的交往对象一视同仁。特别是对待学生，不能因其学习好坏、家庭出身贵贱等因素而采取不同的态度。

（七）教师的职业荣誉

职业荣誉包括两方面内容：一方面是指社会用以评价劳动者行为的社会价值尺度，也就是对劳动者履行职业责任的道德行为的赞扬；另一方面是指劳动者对自己职业活动所具有的社会价值的自我意识，也就是在职业良心中所包含的自爱和自尊。概言之，就是对职业行为的社会价值做出公正的客观评价和主观意向。

职业荣誉和职业义务有着不可分割的联系。所谓职业义务，就是职业劳动者必须履行的职责和任务。职业义务的履行是获得职业荣誉的前提和条件，没有履行职业义务就谈不上职业荣誉。职业劳动者只有在履行职业义务时积极认真，并取得了比较突出的成绩，才能为社会认可，获得相应的职业荣誉。

教师的职业荣誉就是教师在履行职业义务后，社会对教师所给予的肯定和赞扬以及教师个人所产生的荣誉感和自豪感。由于教师职业的特殊性和教师对社会的巨大贡献，社会对教师给予了很高的评价和荣誉，如"人类灵魂的工程师""辛勤的园丁""太阳底下最神圣的事业"，等等。同时，对一些在教育事业上做出突出贡献的优秀教师，国家还给予优厚的待遇和荣誉。这种对教师工作的肯定和赞扬，使教师产生了自我意识和情感体验，形成了教师的荣誉感。教师的荣誉感对于教师履行职业义务，为社会主义现代化培养人才有着巨大的激励作用；同时，它还可以帮助教师对自己职业行为的后果做出高尚还是耻辱的评价，有助于教师分清是非，改正错误，培养高尚人格。因此，每个教师都应该努力创造自己的职业荣誉。创造职业荣誉应注意以下三个方面：一是要认真履行自己的职业义务；二是要有良好的职业素质；三是要有团结协作的精神。

（八）教师的职业技能

职业技能是指从事一定职业的人们应当具备的技术和能力。它是从事职业工作的必要前提和条件，也是职业工作者实现职业理想，追求高尚职业道德的具体内容。因为追求高尚的职业道德，不仅需要职业工作者身体力行，积极工作，而且还必须具备高超的职业技能。否则，高尚的职业道德就无从表现，职业道德的感召力就无从谈起。所以，高超的职业技能有深刻的道德意义，是职业道德建设的重要内容。

教师的职业技能集中表现为教师教书育人的能力，这种能力反映在教师教书育人的活动结果之中。因此，作为一名教师，要追求高尚的职业道德，就要努力提高自己教书育人的能力。那么，教师如何提高自己教书育人的能力呢？

首先，要掌握教育规律。作为培养学生的教师，必须懂得教育规律。否则，只凭经验进行教育工作，其效果非常有限，有时甚至会出现南辕北辙之结果。

教师工作越努力，可能效果越不好。所以，教师必须学习教育学、心理学、德育等方面的知识，掌握学生心理活动规律和教学规律，提高自己的教育能力。这样，从事教育工作才能得心应手，事半功倍。

其次，要刻苦钻研业务，不断更新知识。教师工作水平取决于教师的业务水平。没有业务水平或业务水平不高的教师，决不能成为一位好教师。所以，要做一名好教师，必须刻苦钻研业务，不断提高自己的业务水平。而不断提高自己的业务水平，就需要不断加强学习，不断更新知识。当今时代是知识经济时代，科学技术正在突飞猛进地发展，知识更新速度不断加快。根据有关资料统计，现在，每7~10年人类知识总量就要翻一番，这种知识总量增加的速度，意味着知识正在不断地加速新陈代谢的步伐。如果不加强学习，就必然成为时代的落伍者。因此，加强学习，不断更新知识，充实自己的头脑，提升自己的素质，是当代教师的一项重要任务。

再次，要掌握管理知识和技能。管理知识和技能是教师职业技能的重要组成部分。作为教师，如果不具有管理方面的知识和技能，既无法组织教学，保证正常的教学秩序，也无法组织学生活动，取得预期的效果。特别是做班主任工作的教师，要使班级井然有序，和而不乱，学习和各项活动都能名列前茅，没有一定的管理知识和技能是很难达到的。所以，掌握管理知识和技能对于履行教师职责非常必要。

最后，加强实践，不断创新。教师职业技能的形成，其前提是必须掌握一定的科学文化知识，没有科学文化知识的学习和掌握，职业技能就无从谈起。但是，掌握了科学文化知识并不意味着就具备了相应的职业技能。职业技能是在科学文化知识的指导下，经过实践而形成的，没有实践的磨砺，没有经验的积累，就没有职业技能的形成。因此，教师必须加强实践，通过理论和实践结合，提高自己的职业技能。同时，在实践中还要进行深入研究和探索，不断创新，使自己的职业技能向更高的境界攀升。

【阅读推荐】

请阅读《中国教育报》(1994年9月10日)上的题为《勇于拼搏，不断进取》一文。该文叙述了首都医科大学的一位工作者徐群渊同志颇丰的科研成就：1963年徐群渊同志大学毕业后被分配到首都医科大学工作，一直从事神经生物学前沿课题的研究。20世纪70年代末，他着力研究脑边缘系统参与运动控制的核团——伏隔核的纤维联系；80年代围绕"参与运动控制和学习的脊髓向小脑传入神经通路"进行研究；80年代末又开展了"神经组织变化和再生"方面的研究。数年来，他发表论文50余篇，在瑞典出专著一本，研究成果已达到国际先进水平，在国际上享有较高的声誉。他的文章被世界同行多次引用，曾多次应邀参加大型神经科学国际会议做专题报告，研究成果多次获奖，并获国家教委优秀科技工作者和北京市劳动模范称号。先后编写了《神经外科学》《人体解剖学》《神经解剖学》等专著和《临床神经解剖学基础》《神经系统生理学》等译著。这些著作是专业人员、研究生、本科生的重要用书。80年代他担任首都医科大学校长时，只有44岁。面对繁重的工作，徐群渊同志说："一天是24小时，这个常数对谁都一样。但把有限常数的分分秒秒都用在有价值的工作上，其相对值就会远远超出。"

三、高等学校教师加强职业道德修养的意义

（一）对转变社会不良风气具有重要意义

改革开放以来，我国在政治、经济、文化等各个方面都发生了巨大变化，取得了举世瞩目的成就。但与此同时，也付出了环境污染、资源浪费、道德滑坡等方面惨重的代价。特别是我国政治体制改革的严重滞后，导致了以权谋私、贪污受贿、政府官员不作为、乱作为等腐败现象大量出现，直接败坏了社会风气和道德环境，使社会不良风气像大气中弥漫的雾霾一样，严重危害着中国社会肌体，腐蚀着人们的道德良心。在高等学校，有些教师受社会不良风气的侵蚀，在价值观方面出现了迷茫和扭曲。片面追求利益和功利，成为一部分高等学校领导和教师的价值取向。在教育工作中，有的学校办学指导思想不正，"行业敛财"现象屡禁不止。如采用虚假宣传招生，不讲诚信，不兑现教育上的承诺；在学校管理方面，把学生视为"财源"，巧立名目乱收费、高收费等。从教师方面看，有的教师缺少为人师表、爱岗敬业的职业道德，教学马虎，敷衍塞责，不尽职责。有的言行不正，执教不公。有的科研造假，剽窃他人科研成果。有的向学生索要钱物，有的和学生乱搞两性关系，等等。所有这些现象表明，高等学校已经不再是一块净土，它也成了社会不良风气污染的重灾区之一。因此，转变社会不良风气，是加强高等学校教师职业道德修养的一个重要方面。只有高等学校教师具有高度的责任意识和道德修养水平，才能更好地约束自己，用正确的价值观指导自己的行为，保证完成教书育人任务。同时，我们还要看到，教师职业道德不仅直接影响教育行业的风气，同时对整个社会风气也具有广泛影响，服务社会是高等学校重要职能之一。如果高等学校教师具有良好职业道德，那么，通过参加社会活动，教师的素质、品质、形象和风貌就会对社会风气产生积极影响。对改变社会不良风气起到一定

作用。另外，还要看到，高等学校教师的道德风貌通过他们培养的学生而影响到整个社会。高等学校教师培养的对象是大学生、硕士生甚至是博士生，这些学生都是社会高层次人才，是社会的精英阶层，他们毕业后到国家各个领域工作，其道德水平将对社会风气的好坏产生重要影响。所以，改变中国当代不良社会风气，高等学校教师职业道德建设是一个不可忽视的重要方面。

（二）对提高高等学校教师素质具有重要意义

高等学校教师的素质包括教师身体素质、心理素质、道德品质、专业知识和审美能力等多方面内容。为了使高等学校教师能够胜任教育教学工作，达到教书育人的目的，必须努力提高他们的素质。提高教师的素质不是提高某一方面或某几方面的素质，是各个方面的素质协调发展。在教师各个方面素质中，教师职业道德素质处于重要地位，具有方向性、导向性作用。一般来说，教师职业道德素质是与教师其他方面素质发展成正比的。因为教师职业道德素质在深层次上内在影响着教师对自身其他素质"想不想""愿意不愿意""自觉不自觉""主动不主动"提高的问题。良好的教师职业道德内含着爱岗敬业、为人师表、精益求精地做好教育工作的精神需求，这种需求会动员和鼓励教师为胜任教师工作而自觉进行专业的学习和提高。所以，良好的教师职业道德是教师其他方面素质得以提高的源源不断的精神动力。

我们现在已经进入到知识经济时代，新知识、新理论、新技术、新发明层出不穷，知识更新的速度日渐加快。因此，高等学校教师仅靠在学校读书时获得的理论和技能很难适应教育教学的需要。同时，由于社会生产力不断提高，社会对人才的规格质量的需求也在不断提高。高等学校教师要培养适应社会需要的人才，就必须不断更新知识，提高能力，否则就难以胜任教师岗位的要求。而教师要适应当代不断提高的从教素质的要求，莫过于自身内在的源源不断的精神动力，这种精神动力的能源就在于教师的职业道德修养。因此，加强高等学校教师职业道德的建设对提高高等学校教师的素质同样具有重要作用。

（三）对高等学校实施素质教育具有重要意义

目前，我们国家确立的教育改革目标是全面推进素质教育。素质教育是以提高民族素质为宗旨的教育，它是依据《教育法》规定的国家教育方针，着眼于受教育者及社会长远发展的要求，以面向全体学生、全面提高学生的基本素质为根本宗旨，以注重培养受教育者的态度、能力，促进他们在德、智、体、美、劳等方面生动、活泼、主动发展为基本特征的教育。素质教育是以尊重学生主体性和主动精神，注重开发人的智慧潜能，注重形成人的健全个性为根本特征的教育。素质教育是对应试教育模式的一种纠正，相对于应试教育来讲，素质教育是符合教育规律的更高层次、更高水平、更高质量的教育。

高等学校素质教育的推进，关键在于教师素质。教师素质的核心是教师的职业道德，而教师的职业道德又主要体现在教师的事业心和责任感方面。因此，要保证在高等学校中实施素质教育，就要求高等学校教师具有很强的事业心和责任感。教师职业道德是教师的事业心、责任感生发、培育、强化、升华的重要因素。这不仅是因为事业心和责任感本身就是教师职业道德的重要内容，而且还因为教师职业道德作为一种道德体系，其所包含的许多规范及道德问题的阐释，都直接或间接地与倡扬教师的事业心、责任感有关。任何一种职业道德体系无不包含着对事业心、责任感的道德论证和价值诠释，无不透示着事业心、责任感在职业中"何以必要"的道理和"如何锤炼与体现"的指导。它能使教师从中获得对事业心、责任感的理性认识，懂得它的价值意义，扫除遮蔽事业心、责任感生成发展和提升的尘埃，进而把它融入自己的职业生活，成为自己的职业操守和人生操守。因此，教师职业道德是实施高等学校素质教育的重要保证。

【阅读推荐】

请阅读新华网题为《警钟为谁而鸣？弑师案后再追问》的文章。该文章记述了2008年10月28日晚6点40分左右发生的事情：中国政法大学昌平校区端升楼201教室内，该校法学院教授程春明正准备上课，政管学院大四学生付成励手持菜刀冲入教室砍伤了他，程春明所中的两刀在颈部右侧偏上处，刀口约1尺长、2寸深。颈动脉、颈椎被砍断，失血过多，不治身亡。悲剧发生后，各种传言开始出现。有学生在校园网上发帖称，程春明曾与嫌疑人的女朋友保持暧昧关系，但这种说法一直未得到校方的证实。不断发生的极端事件，一次又一次提醒人们关注社会病造成的校园伤害。

该文章还指出，为什么作为法学精神的传播地，政法大学会出现如此惨烈的悲剧？文章中列举了几位专家做出的各自的解释：一是中国政法大学中国青少年犯罪研究所所长皮艺军的解释。认为，虽然这宗弑师案的原因和内情还在探究中，但从外在表现看，这不能淡化为一宗简单的校园暴力事件，而是社会病在校园的一种具体体现。认为，如今人与人之间，特别是陌生人之间存在难以化解的敌意，缺少沟通和对话，这是很致命的危机。二是一位知名教育学者分析说，近年来我国各大学都进行了程度不一的扩招，而教师队伍变动不大，这使得师生关系变得疏离。同时，社会上一些不良风气开始侵蚀校园，使师生关系变得不再单纯。三是中央民族大学一位教授分析说，少部分高校教育工作者师德败坏是不可否认的事实。如现在导师的权力太大，很难被限制和监控，掌握经费、项目及文章推荐权，教师开始剥削学生。这样，很容易引起学生的反感，甚至反击。对此，文章最后提出了举措：应该在学校设立师德督导巡视组，进行不定期的问卷调查，建立师德监督网站，对教师师德加以示范和警戒，营造师德建设的良好氛围，不断鼓励教师自我加压，严格自律，对不合格的老师予以"一票否决"。

第二节 新时代高校教师职业行为十项准则

教师是人类灵魂的工程师，是人类文明的传承者。长期以来，广大教师贯彻党的教育方针，教书育人，呕心沥血，默默奉献，为国家发展和民族振兴作出了重大贡献。新时代对广大教师落实立德树人根本任务提出新的更高要求，为进一步增强教师的责任感、使命感、荣誉感，规范职业行为，明确师德底线，引导广大教师努力成为有理想信念、有道德情操、有扎实学识、有仁爱之心的好老师，着力培养德智体美劳全面发展的社会主义建设者和接班人，教育部于2018年印发了《新时代高校教师职业行为十项准则》。

1. 坚定政治方向

坚持以习近平新时代中国特色社会主义思想为指导，拥护中国共产党的领导，贯彻党的教育方针；不得在教育教学活动中及其他场合有损害党中央权威、违背党的路线方针政策的言行。

2. 自觉爱国守法

忠于祖国，忠于人民，恪守宪法原则，遵守法律法规，依法履行教师职责；不得损害国家利益、社会公共利益，或违背社会公序良俗。

3. 传播优秀文化

带头践行社会主义核心价值观，弘扬真善美，传递正能量；不得通过课堂、论坛、讲座、信息网络及其他渠道发表、转发错误观点，或编造散布虚假信息、不良信息。

4. 潜心教书育人

落实立德树人根本任务，遵循教育规律和学生成长规律，因材施教，教学相长；不得违反教学纪律，敷衍教学，或擅自从事影响教育教学本职工作的兼职兼薪行为。

5. 关心爱护学生

严慈相济，诲人不倦，真心关爱学生，严格要求学生，做学生良师益友；不得要求学生从事与教学、科研、社会服务无关的事宜。

6. 坚持言行雅正

为人师表，以身作则，举止文明，作风正派，自重自爱；不得与学生发生任何不正当关系，严禁任何形式的猥亵、性骚扰行为。

7. 遵守学术规范

严谨治学，力戒浮躁，潜心问道，勇于探索，坚守学术良知，反对学术不端；不得抄袭剽窃、篡改侵吞他人学术成果，或滥用学术资源和学术影响。

8. 秉持公平诚信

坚持原则，处事公道，光明磊落，为人正直；不得在招生、考试、推优、保研、就业及绩效考核、岗位聘用、职称评聘、评优评奖等工作中徇私舞弊、弄虚作假。

9. 坚守廉洁自律

严于律己，清廉从教；不得索要、收受学生及家长财物，不得参加由学生及家长付费的宴请、旅游、娱乐休闲等活动，或利用家长资源谋取私利。

10. 积极奉献社会

履行社会责任，贡献聪明才智，树立正确义利观；不得假公济私，擅自利用学校名义或校名、校徽、专利、场所等资源谋取个人利益。

对此，许多专家解读了新时代教师职业行为十项准则。他们共同的声音就是守住教书育人的底线。归结起来，要点如下：一是教师要坚持正确的政治方向，要以新时代中国特色社会主义思想为指导，践行社会主义核心价值观，以身作则，做学生的榜样，才能引领帮助学生把握好人生方向，"扣好人生的第一颗扣子"。高等学校的教师更要正确认识世界和中国发展大势，坚持以马克思主义为指导，抵制一切反马克思主义和反社会主义以及损害国家利益的言行。二是教师要充分认识教师职业的神圣使命。即教师是从事塑造人的心灵，培养人的事业。三是教师要具有高尚的道德情操，树立良好的师德师风。即教师要坚持教书和育人相统一、言传和身教相统一。高等学校的教师要坚持党的领导，坚持以马克思主义为指导，为学生一生成长奠定科学的思想基础，要坚持不懈培育优良校风和学风，专心问道和关注社会相统一、学术自由和学术规范相统一、坚持实事求是、理论联系实际的作风。四是教师要不断学习，提高自己的人文素养和专业水平。即增长学识，提高人文素养。让教书育人成为毕生的事业。五是确立师德建设在教师队伍建设中的突出地位，明确师德建设是教师队伍建设的第一要务。为此，要在全社会大力宣传教师的地位和作用，充分展现当代教师的精神风貌，弘扬高尚师德。六是确立师德师风在教师业绩考核中的突出地位，明确师德师风是教师队伍考核的第一标准。各级教育行政部门和各级各类学校要充分发挥师德考核的激励作用，对师德考核不合格者年度考核应评定为不合格，并在职称评定、评优等活动中实行"一票否决"。七是确立师德管理在教师队伍管理中的突出地位，明确师德管理是教师队伍管理的第一责任。各地要结合实际，制订本地师德建设规划和实施方案。充分发挥教育工会等教师行业组织在师德建设中的积极作用。健全监督机制，要将师德建设纳入教育督导评估体系，构建学校、教师、学生、家长和社会广泛参与的师德监督体系。

第三节 新时代争做"四有"好老师

2014年第30个教师节前夕，习近平总书记考察北京师范大学时勉励广大师生争做"四有好老师"。即有理想信念、有道德情操、有扎实学识、有仁爱之心。

一是要有理想信念。老师肩负着培养下一代的重要责任。正确理想信念是教书育人、播种未来的指路明灯。心中要有国家和民族，要明确意识到肩负的国家使命和社会责任。始终同党和人民站在一起，自觉做中国特色社会主义的坚定信仰者和忠实实践者，忠诚于党和人民的教育事业，自觉把党的教育方针贯彻到教学管理工作全过程，严肃认真对待自己的职责。做中国特色社会主义共同理想和中华民族伟大复兴中国梦的积极传播者，帮助学生筑梦、追梦、圆梦，让学生成为实现我们民族梦想的正能量。

二是要有道德情操。老师的人格力量和人格魅力是成功教育的重要条件。老师对学生的影响，离不开老师的学识和能力，更离不开老师为人处世、于国于民、于公于私所持的价值观。要率先垂范、以身作则，引导和帮助学生把握好人生方向，特别是引导和帮助学生"扣好人生的第一颗扣子"。执着于教书育人，对所从事职业的忠诚和热爱。干一行爱一行，做老师就要热爱教育工作，不能把教育岗位仅仅作为一个养家糊口的职业。有了为事业奋斗的志向，才能在老师这个岗位上干得有滋有味，干出好成绩。

三是要有扎实学识。扎实的知识功底、过硬的教学能力、勤勉的教学态度、科学的教学方法是老师的基本素质，其中知识是根本基础。在信息时代做好老师，自己所知道的必须大大超过要教给学生的，不仅要有胜任教学的专业知识，还要有广博的通用知识和宽阔的胸怀视野。始终处于学习状态，站在知识发展前沿，刻苦钻研、严谨笃学，不断充实、拓展、提高自己，在各个方面给学生以帮助和指导。

四是要有仁爱之心。爱心是学生打开知识之门、启迪心智的开始，爱心能够滋润学生美丽的心灵之花。老师的爱，既包括爱岗位、爱学生，也包括爱一切美好的事物。要用爱培育爱、激发爱、传播爱，通过真情、真心、真诚拉近与学生的距离，滋润学生的心田，使自己成为学生的好朋友和贴心人。把自己的温暖和情感倾注到每一个学生身上，用欣赏增强学生的信心，用信任树立学生的自尊，让每一个学生都健康成长，让每一个学生都享受成功的喜悦。尊重学生、理解学生、宽容学生，使学生充满自信、昂首挺胸，又通过尊重学生的言传身教教育学生尊重他人。

教师是"人类灵魂的工程师"，我们将来要无愧于这一光荣的称号。在今后的教学中，将进一步深入学习贯彻总书记重要讲话精神，把全部精力和满腔真情献给教育事业，必须努力教书育人。教书是手段，育人是目的，在对学生、对国家高度负责的同时，坚决履行教师的职业道德规范，处处为人师表，做一名新时代的"四有好老师"。

【阅读推荐】

新时代如何做一名"四有"好老师，请阅读王志芳撰写的《做一名新时代的"四有"教师》一文。文中指出，教师应该从以下几个方面提高自己的能力，并不断地完善自己。一是做好老师，要有理想信念。因为信念就像一粒种子，会在你的心田里生根发芽，不断长大。二是做好老师，要有道德情操。三是做好老师，要有扎实学识。四是做好老师，要有仁爱之心。仁爱之心是作为教师必须具备的。

思考题

1. 新时代高校教师职业行为十项准则内容有哪些？
2. 对新时代高校教师职业行为十项准则，谈谈你自己的看法。
3. 新时代如何争做"四有好老师"？
4. 高校教师职业道德的特殊性和重要性表现在哪里？

第三章　高校教师职业道德规范

内容提要

本章阐述了《高等学校教师职业道德规范》规定的爱国守法、敬业爱生、教书育人、严谨治学、服务社会、为人师表的基本内涵和意义，并根据规范对高校教师职业道德行为提出了要求。

学习目标

1. 了解《高等学校教师职业道德规范》的基本内容。
2. 掌握《高等学校教师职业道德规范》的基本要求。

为贯彻落实党的十七届六中全会精神，全面提升高校师德水平，教育部、中国教科文卫体工会全国委员会于2011年12月23日制定了《高等学校教师职业道德规范》。规范的制定与实施对引导高校教师自觉践行社会主义核心价值体系，加强自身修养，提高高等教育质量等都具有十分重要的意义。

我国的教师职业道德原则体现在我们的教育方针中。1957年，毛泽东提出："我们的教育方针，应该使受教育者在德育、智育、体育几方面都得到发展，成为有社会主义觉悟的有文化的劳动者。"[1] 1983年邓小平提出："教育要面向现代化、面向世界、面向未来"。[2] 1995年《中华人民共和国教育法》明确规定了我国的教育方针："教育要为社会主义现代化建设服务，要与生产劳动相结合，培养德智体美等方面全面发展的社会主义事业的建设者和接班人。"《国家中长期教育改革与发展规划纲要（2010—2020年）》强调："全面贯彻党的教育方针，坚持教育为社会主义现代化建设服务，为人民服务，与生产劳动和社

---

[1] 毛泽东. 毛泽东文集：第7卷[M]. 北京：人民出版社，1999：226.
[2] 邓小平. 邓小平文选：第3卷[M]. 北京：人民出版社，1993.

会实践相结合，培养德智体美全面发展的社会主义建设者和接班人。"并确立了"坚持以人为本，德育为先，能力为重，全面发展"的具体要求，全面推进素质教育。

新时代，高校教师具有更加突出的职业角色：一是教育者，教书育人是教师工作的天职。二是研究者，研究学问是教师工作的本事。三是服务者，服务社会是教师工作的要求。相应地，新时代高校教师的角色发生转换：由教学主体向平等师生关系转换；由知识传授向导学方向转换；从知识传授向全面综合素质提高转换。

高校教师职业道德原则是非常重要的。它必须反映一定社会经济关系、阶级利益对教育的基本要求。必须体现高等教育活动发展的客观规律，体现青年学生身心发展规律和人的全面发展的需要。

高校教师职业道德的原则包括：爱国主义、集体主义、社会主义、人道主义。

爱国主义。高校教师职业道德的首要和核心内容就是坚持爱国主义原则，大力弘扬爱国主义精神。具体地，加深对爱国主义道德原则的认识；培养爱国主义道德情感；坚持爱国主义道德并将之转化到实际工作中；增强民族自尊心、自信心和自豪感。

集体主义。高校教师要关心和维护集体利益，遵守集体纪律，爱护集体荣誉，正确处理个人利益与集体利益的关系；正确处理好集体成员之间的关系，相互尊重、平等待人，正确对待竞争与合作，正确处理内部矛盾，加强团结。

社会主义。高校教师必须反映社会主义经济关系、政治制度对教育的基本要求，体现社会主义教育制度的本质和社会发展的根本利益。具体地，必须坚持马克思主义为指导；必须坚持中国共产党的领导；树立社会主义的世界观、人生观和价值观。

人道主义。高校教师要尊重学生的人格尊严，教师不应当有任何侮辱学生人格、贬损学生尊严的言行；关心学生，爱护学生，特别是对犯过错误的学生，更应该施以人道主义的伦理关怀；创造有利于学生自我教育、自我发展的环境；保障学生的自由和权益。

【阅读推荐】

请阅读人民网上刊发的《让大学贫困生演讲比穷是公开侮辱》一文。文章主要叙述了沈阳某大学的学生要想获得贫困生资格，必须当众演讲接受投票，得票高的才有资格得到助学金。对此,学校称这是为了让结果更公平。同时,学校负责人也表示,贫困生认定工作一直是学院的一项重要工作,力争做到公平、公正、公开,认定标准则是申请学生提交的贫困认定材料。贫困生分为特殊困难、困难和一般困难三个等级,每个等级的人数都是有定额的。因此,学校才想以一个公平的方式进行认定。

这样做为什么不好?该文章总结了两点原因:一是伤害学生的自尊。困难的家境常常是一个学生最不愿启齿的隐私,在全班同学面前讲家里有多困难,会让学生产生低人一等的感觉,太伤自尊了!二是对学生的一种侮辱。当一个人被贴上穷人的标签,并且接收社会的"赏赐"以后,其实也是在把他今后的生活格式化了。这对学生的身心健康发展只有百害而无一益,让这些贫困生抬不起头来。

具体地说,《高等学校教师职业道德规范》文本共六条:概括为24个字:爱国守法、敬业爱生、教书育人、严谨治学、服务社会、为人师表。

爱国守法。热爱祖国,热爱人民,拥护中国共产党领导,拥护中国特色社会主义制度。遵守宪法和法律法规,贯彻党和国家教育方针,依法履行教师职责,维护社会稳定和校园和谐。不得有损害国家利益和不利于学生健康成长的言行。

敬业爱生。忠诚人民教育事业,树立崇高职业理想,以人才培养、科学研究、社会服务和文化传承创新为己任。恪尽职守,甘于奉献。终身学习,刻苦钻研。真心关爱学生,严格要求学生,公正对待学生,做学生良师益友。不得损害学生和学校的合法权益。

教书育人。坚持育人为本,立德树人。遵循教育规律,实施素质教育。注重学思结合,知行合一,因材施教,不断提高教育质量。严慈相济,教学相长,诲人不倦。尊重学生个性,促进学生全面发展。不拒绝学生的合理要求。不得从事影响教育教学工作的兼职。

严谨治学。弘扬科学精神,勇于探索,追求真理,修正错误,精益求精。实事求是,发扬民主,团结合作,协同创新。秉持学术良知,恪守学术规范。尊重他人劳动和学术成果,维护学术自由和学术尊严。诚实守信,力戒浮躁。坚决抵制学术失范和学术不端行为。

服务社会。勇担社会责任,为国家富强、民族振兴和人类进步服务。传播优秀文化,普及科学知识。热心公益,服务大众。主动参与社会实践,自觉承担社会义务,积极提供专业服务。坚决反对滥用学术资源和学术影响。

为人师表。学为人师,行为世范。淡泊名利,志存高远。树立优良学风教风,以高尚师德、人格魅力和学识风范教育感染学生。模范遵守社会公德,维护社会正义，引领社会风尚。言行雅正，举止文明。自尊自律，清廉从教，以身作则。自觉抵制有损教师职业声誉的行为。

第一节 爱 国 守 法

爱国守法规范的要求：热爱祖国，热爱人民，拥护中国共产党领导，拥护中国特色社会主义制度。遵守宪法和法律法规，贯彻党和国家的教育方针，依法履行教师职责，维护社会稳定和校园和谐。不得有损害国家利益和不利于学生健康成长的言行。这主要是针对当前少数高校教师思想政治意识淡薄的问题，明确提出"不得有损害国家利益和不利于学生健康成长的言行"。这一条的重点是规范了高校教师与国家的关系，对高校教师在政治上提出了要求。把爱国守法列为第一条，充分反映了中国特色和时代要求。爱国守法是高校教师的基本责任，爱国守法是高校教师应有的道德担当，爱国是教师职业道德的内在属性。

一、爱国守法的内涵与意义

爱国守法是《高等学校教师职业道德规范》的首要规定。

爱国守法作为公民道德建设的一个基本的道德规范，是每位公民必须遵守的道德准则，反映了公民个人与国家、与祖国、与社会的关系，是社会主义道德体系中最基本的规范。它包括两方面的内容：一是爱国，二是守法。高校教师作为有知识的公民，更应带头遵守公民道德规范，成为公民道德建设的引领者。为此，高校教师应该充分认识到，在我国，国家属于人民，人民是国家的主人。所以，公民应该爱国。守法就是遵守国家宪法和各种法律法规。高校教师应当把爱国守法当作自己的基本的行为准则，成为一个符合国家发展需要，符合社会公民道德建设发展趋势的合格的公民。

爱国守法是我国法律法规做出的明确要求。我国《宪法》规定，中国公民必须遵守宪法和法律，有维护祖国的安全、荣誉和利益的义务。《教师法》规定，教师要遵守《宪法》、法律和职业道德，贯彻国家的教育方针，遵守规章制度，要对学生进行宪法所确定的基本原则的教育和爱国主义、民族团结的教育和法制教育；《高等教育法》规定，高校教师必须首先要遵守《宪法》和法律，热爱教育事业，具有良好的思想品德。守法，作为法律的要求，是公民必须遵守的行为底线；守法作为道德规范，则启迪公民自觉地意识到个人行为不仅必须守法，同时也应当守法，从而增强公民道德上的守法自觉性与主动性，充分发挥道德的自律功能。

爱国守法是高校教师的基本责任。高校是我国实施科教兴国战略和人才强国战略的重要支撑,高校教师肩负着培养人才、科技创新、服务社会和文明传承的重要使命。在当前国际竞争日趋加剧、我国正进入全面建成小康社会和加快推进社会主义现代化、实现中华民族伟大复兴的历史时期,爱国守法,更是高校教师报效祖国、服务人民的必然要求,是高校教师应该承担的基本社会责任。高校教师应该把个人权利与个人义务结合起来,把尊重个人合法权益与承担社会责任结合起来,承担起建设法治国家的道德责任,为形成我国改革开放和经济发展良好的人文环境和社会秩序做出应有的贡献。

爱国守法是高校教师应有的道德担当。一个合格的高校教师应该是一个有道德责任感的教师。在所有的道德责任中,爱国守法占有首要的地位。高校教师是培养德智体美劳全面发展的社会主义建设者和接班人的主要承担者和依靠者,在价值多元化、利益格局多元化的今天,高校教师对大学生的健康成长的作用日益凸显。这就需要高校教师积极去引导大学生树立正确的世界观、人生观和价值观,自觉维护党和国家利益,自觉做到爱国守法。高校教师应当以自身的行动为大学生做出榜样,自觉抵制违反国家法律、有损国家形象和人民根本利益的言行,为国家持续稳定与和谐发展做出应有的贡献。

二、爱国守法的基本要求

爱国守法是一个具体的历史的范畴,不同时期有不同的内容和主题。在现阶段,强调爱国守法更应具备时代特征和特点。按照《高等学校教师职业道德规范》的要求,高校教师坚持做到爱国守法主要应体现在以下两个方面:

爱国即热爱祖国。做到爱国,就要求我们的高校教师能够自觉传承中华民族几千年来凝结起来、积淀起来的优良传统,对祖国和人民要有一种纯洁的感情。纯洁在于在它是一种奉献。纯洁就不是等价交换、讨价还价,而是自觉地把祖国和人民的利益看得高于一切,重于一切,只要祖国和人民需要,就把自己的一切无条件、无保留地奉献出来;同时,作为高校教师,还要做到拥护中国共产党领导,拥护中国特色社会主义制度,这是师德规范对高校教师的政治性要求,也是我国高校教师应该做到的理性的道德自觉。党领导人民建立了新中国,党又领导人民选择了中国走向辉煌未来的中国特色社会主义必由之路。我们的高校教师就是要把这样的感情与认识落实到行动上,积极教育和引导大学生树立爱国主义信念,培养他们的爱国主义情感,弘扬爱国主义精神,努力学习,积极进取,将来为祖国的建设和发展做出应有的贡献。

守法是一个现代国家对公民的起码要求，也是一个公民的基本行为准则。守法，就是要做到自觉遵守法纪。一个现代化的国家必然是法制国家，不仅要立好法、执好法，还在于守好法。高校教师作为一个公民，要自觉守国家的宪法和法律、法规，自觉贯彻党和国家教育方针。同时还要做到严格遵守学校的各项规章制度，认真执行学校的教学计划，积极地履行教师聘约，努力完成各项教学任务。要利用课堂教学和各种途径对学生进行宪法所确定的基本原则教育和爱国主义、民族团结的教育，进行法制教育以及思想品德、文化、科学技术教育，组织、带领学生开展有益的社会活动。守法要求教师从教育的方法、手段、内容都符合法律的规定，不得有损害国家利益和不利于学生健康成长的言行。要敢于制止有害于学生的行为或者其他侵犯学生合法权益的行为，敢于批评和抵制与此有关的各种不良社会现象，为大学生全面发展创造条件。

【阅读推荐 1】

请阅读中央教科所所长袁振国在教育部人事司和《中国教育报》联合推出的高校教师职业道德规范讨论会上的讲话《承担社会责任，担当学生表率》（资料来源：求是理论网）。讲话中指出，爱国守法是高校教师的基本责任。高校是我国实施科教兴国战略和人才强国战略的重要支撑，高校教师肩负着培养人才、科技创新、服务社会和文明传承的重要使命，特别在当前国际竞争日趋加剧、我国正进入全面建成小康社会和现代化建设的关键时期，爱国守法，是高校教师服务国家、服务人民的必然要求，是高校教师应该承担的基本社会责任。爱国守法是高校教师应有的道德担当。高校教师是培养德智体美劳全面发展的社会主义建设者和接班人的主要承担者和依靠者。袁振国所长讲话的最后特别强调：引导学生树立正确的世界观、人生观和价值观，自觉维护党和国家利益，高校教师应当成为榜样。

【阅读推荐 2】

请阅读《辽宁日报》于 2014 年 11 月 14 日刊发的一篇文章《辽宁日报致信全国高校教师:别在课堂上抹黑中国》。文章称，在这次策划推出之前，报社采编在省内外几大高校中进行了为期两个多月的调查，并用了半个月的时间，在高校比较集中的城市听了将近 100 堂大学专业课。公开信中指出"抹黑中国"的现象一定程度存在，有的还很过分。

公开信揭露高校教师课堂言论的种种乱象，简单归纳如下：一是缺乏理论认同。有的老师用戏谑的方式讲思想理论课，对党的创新理论不屑一顾，动辄把实践中的具体问题归结为理论的失败。二是缺乏政治认同。有的老师传递肤浅的"留学感"，追捧西方"三权分立"，认为中国应该走西方道路，把发展中的问题视为政治基因缺陷。三是缺乏情感认同。有的老师把自己生活中的不如意变成课堂上的牢骚，让学生做无聊的"仲裁"；把"我就是不入党"视为个性，显示自己"有骨气"；把社会上的顺口溜和网络上的灰色段子当作论据，吓唬学生"社会险恶"，劝导学生"厚黑保身"。

针对高校教师课堂言论的种种乱象，文章分析了其中的原因：当前，知识分子队伍规模不断扩大、构成复杂多元，自我意识、个体意识强化，利益诉求和政治诉求交织，出现了少数人与党和政府疏远疏离的倾向，甚至出现了个别同党和政府离心离德的人。为此，文章强调，要引导人们更加全面客观地认识当代中国、看待外部世界。要按照习近平总书记提出的要"四个讲清楚"：一要讲清楚每个国家和民族的历史传统、文化积淀，基本国情不同，其发展道路必然有着自己的特色；二要讲清楚中华文化积淀着中华民族最深沉的精神追求，是中华民族生生不息、发展壮大的丰厚滋养；三要讲清楚中华优秀传统文化是中华民族的突出优势，是我们最深厚的文化软实力；四要讲清楚中国特色社会主义植根于中华文化沃土、反映中国人民意愿、适应中国和时代发展进步要求，有着深厚历史渊源和广泛现实的基础。

第二节 敬业爱生

敬业爱生规范的要求：忠诚人民教育事业，树立崇高职业理想，以人才培养、科学研究、社会服务和文化传承创新为己任。恪尽职守，甘于奉献。终身学习，刻苦钻研。真心关爱学生，严格要求学生，公正对待学生，做学生良师益友。不得损害学生和学校的合法权益。

这一规范主要是针对当前高校师生关系中存在的问题，突出强调"公正对待学生""不得损害学生和学校的合法权益"。这一条的重点是规范了教师与学生的关系。

一、敬业爱生的内涵与意义

敬业爱生是高校教师的基本职责所在。

敬业就是敬重自己的职业，将工作当成自己的事，具体表现为忠于职守、尽职尽责、认真做好本职工作。爱生就是要求教师要关爱自己的学生。应当用自己满腔的爱去关心、尊重学生，耐心细致地指导学生，沟通和学生的思想感情，使自己成为学生爱戴的人。如果说敬业是作为教师应有的从业的理智的话，那么爱生则是作为教师应有的从业的情感。敬业是爱生的基础，爱生是敬业的前提。不敬业，谈不上爱生，不爱生，就谈不上敬业，二者相互作用，缺一不可。被人事部、教育部授予"全国模范教师"荣誉称号的北京大学已故教授孟二冬就是这样一位杰出的代表。

【阅读推荐】

请阅读炎黄祭祀网上的一篇文章《发挥师德作用，做一名合格的高校教师》。该文章记述了一个朴实无华的名字，一位普通教师的形象，他没有惊天动地的壮举，但他爱岗敬业、为人师表的风范令人感动。他，就是北大中文系古代文学教研室的博士生导师孟二冬教授。

文章描述了孟二冬教授在新疆石河子大学支教给本科生上课时全身心地投入，备课授课一丝不苟；甘于寂寞、潜心治学，为完成一部具有重大史料文献价值的专著，七年如一日，完成了100多万字的《登科记考补正》。文章高度评价孟二冬教授：一是把对党和人民的热爱，全部凝聚在工作中。淡泊名利、无私奉献的崇高品德、无比丰富的心灵和高尚的情怀。二是默默无闻地实践着一个共产党员和人民教师的价值标准，用自己的行动再次诠释了人生的真谛。最后，文章强调，我们学习孟二冬，就是要学习他处处以共产党员的先进性标准要求自己，为党和人民的教育事业淡泊名利、无私奉献的精神；学习他爱岗敬业、为人师表，为教书育人恪尽职守、呕心沥血的精神；学习他崇尚师德、治学严谨，为追求学术锲而不舍、求真务实的精神；学习他珍爱生命、坚忍不拔，为战胜疾病不屈不挠、积极乐观的精神。

敬业爱生是高校教师职业道德的核心内容，是教育活动有效开展的前提，是成为一个好教师的关键所在。教育是一项神圣的事业，事业的意义在于献身，需要教师全身心地投入到教育中去，在全部工作中始终保持充沛的工作热情，而对学生的爱则是这种献身精神的具体要求，是教师在工作实践中应有的道德追求。大学教师面对的是一个充满求知渴望、对未来充满希冀的年轻群体，教师的职责决定大学教师必须时刻保持充沛的工作激情，不断献智奉爱。但是，现在有的大学教师存在职业倦怠、精神懈怠和心浮气躁之风，有的教师甚至认为成天围着讲台转没有价值,备课、上课不认真,各项工作不积极主动,严重影响教学水平的提高。这种教学态度和精神状态,是谈不上敬业爱生的,是高校教师缺少应有职业道德追求的突出表现。

敬业爱生是高校教师创造新业绩的必由之路。前一段时间,北大一名副教授开出了一份工资单,公然在网上叫起了苦,在全国引起了不小的轰动。有指责的,有褒奖的,对教师这个职业给出了不同的理解。其实这件事意义不在于北大的教授与副教授的工资差距,而在于说明大学教师的职业有苦也有乐,在于说明教师的工作是神圣的,也是艰辛的。选择了教师职业就等于选择了艰辛与挑战。作为教师要完成工作任务,当然是要付出艰辛的劳动的,但是苦中有乐,乐在其中。如果我们的高校教师能够以敬业爱生为职业追求,自觉树立崇高职业理想,牢记课堂神圣、育人神圣、学术神圣,就能守得住寂寞,经得起诱惑,不断燃起工作激情,激发刻苦钻研和改革创新的欲望与能力,不断超越自我,就能在敬业爱生中创造新的工作业绩,实现人生价值,享受被学生、被社会敬重与爱戴的快乐。

二、敬业爱生的基本要求

敬业的基本要求就是要求教师做到忠诚于人民的教育事业,以人才培养、科学研究、社会服务和文化传承创新为己任。在当前形势下,高校教师尤其应摒弃心态浮躁、学术功利化、轻教厌教等不良风气,做到恪尽职守,甘于奉献。做到终身学习,刻苦钻研,乐教勤业,勇于创新,积极进取,将敬业精神内化为一种道德自觉。

敬业要通过一系具体行动表现出来。首先要牢固树立职业理想,职业理想是敬业精神的思想基础;其次要准确设定岗位目标,有了岗位目标,才能做到敬业乐业,创造性地开展工作;再次是要自觉遵守职业纪律,进一步弄清楚《规范》中的禁止性的规定,不得损害学生和学校的合法权益;最后要全面提高自己的从业技能,不断提高教育教学水平,成为本单位的业务骨干和标兵。敬业包含两层境界:一是为谋生而敬业。这种敬业的道德因素较少,个人利益色彩较多,很难持久。二是为真正认识到自己工作的意义而敬业。这是高一层次的敬业,是真正的敬业,具有持久动力。爱因斯坦说:"对待科学事业有三种人,第一类人是把科学当成娱乐,为满足自己智力上的优越感和成功欲的人;第二类人是把科学当作手段,为满足自己的名利欲的人;第三类人是把科学当作生命,试图用自己的努力解释和改造世界而无私奉献的人。"

爱生就是要真心实意地去关爱每一名学生,努力成为他们的良师益友,用自己的人格魅力和学识风范感染学生,成为他们健康成长的引路人。台湾著名教育家高震东先生曾说过：爱自己的孩子是人，爱别人的孩子是神。而我们更有理由说，爱自己的孩子是本能，爱别人的孩子是神圣。一个教师教育对象是学生，实现自己的个人价值与职业理想的也是学生。没有学生，教师就失去了教育对象，他的职业理想就会落空。因此，教师没有理由不爱自己的学生。教育过程是师生间的认识、情感等心理交流的过程。爱则是实现师生间心理交融、沟通师生间心灵的桥梁。爱生就要倾注全部的心血，在学习、思想品德、工作、身体、生活等各个方面，全面关爱学生。努力做学生的良师益友，做到师生之间息息相通，建立起真挚、热忱和相互尊重、谅解、体贴的师生关系。当然，对学生的爱绝不意味着溺爱和迁就，而是要做到严慈相济、严而有度、严而有恒、严而有方。爱是一种伟大的力量，没有爱便没有教育。爱生，还要做到诲人不倦，这是更高一层的道德要求。教师在任何情况下，都要对学生满腔热情，不厌其烦地对其进行诱导，使之充满积极向上的信心与勇气，努力成为一个对国家和社会有用的人。

热爱学生带有一定的层次性：关心学生、爱护学生、尊重学生、信任学生。热爱学生是建立民主、平等、和谐师生关系的基础；热爱学生是做好教育工作的重要条件。和谐师生关系具有三个台阶：第一个台阶：是朋友，打破师道尊严。第二个台阶：是知音，学生有心里话对你说。第三个台阶：教师是榜样用人格魅力吸引学生，以高尚情操影响学生。真情兮，煦煦春风胜母爱；师魂兮，浩荡日月齐放彩。然而，高校教师在敬业爱生方面还存在不少问题：一是缺乏崇高的职业理想和职业信念。职业理想定位较低，职业信念不够坚定。个别教师过分强调经济利益，以利益多少决定从业的态度。二是从业不到位，教书不到位，育人不到位，科研不到位。当然，严格要求学生，平等对待学生也是有要求的。即严而合理，严而有度，严而有方，严而有恒。

【阅读推荐】

请阅读求是理论网上刊发的东北师范大学校长史宁中在教育部人事司和《中国教育报》联合推出的高师职业道德规范讨论会上的发言《忠诚教育事业，真心关爱学生》一文。文中史校长重点指出，"敬业"是一项职业对其从业者设定的原则性道德规范。对于高校教师，"敬业"的基本价值取向就是要忠诚于人民的教育事业，以人才培养、科学研究、社会服务和文化传承创新为己任。当前，高校教师要坚决摒弃心态浮躁、学术功利化、轻教厌教等流弊，恪尽职守，乐教勤业，勇于创新，堪为师表，将"敬业"精神内化为一种道德自觉。史校长还认为，"爱生"就是要真心关爱每一名学生，努力成为学生的良师益友，用自己的人格魅力和学识风范教育感染学生，做他们健康成长的指导者和引路人。一名优秀的高校教师首先要是一个充满爱心的人，把追求理想、塑造心灵、传承知识当成人生的最大追求。

第三节　教 书 育 人

教书育人规范的要求：坚持育人为本，立德树人。遵循教育规律，实施素质教育。注重学思结合，知行合一，因材施教，不断提高教育质量。严慈相济，教学相长，诲人不倦。尊重学生个性，促进学生全面发展。不拒绝学生的合理要求。不得从事影响教育教学工作的兼职。这一规范主要是针对当前部分高校教师存在的轻教学、轻育人的问题，以及社会兼职过多影响教学的现象，明确提出"不拒绝学生的合理要求，不得从事影响教育教学工作的兼职"。这一条的重点是规范教师的教育教学行为。

一、教书育人的内涵与意义

何谓"教书育人"？教书：是指在课堂上向学生传授系统的科学文化知识，培养学生的科学文化素质，发展学生的智能。育人：是指教师通过课上课下教学活动和师生相互作用的过程以及教师的行为对学生进行的一些显性的或潜在的思想政治和道德方面的教育，以促进学生的全面发展。教书是关键，育人是核心。首先，教书和育人并非是彼此分离、互不相干的两个过程，而是一个完整的教育过程的两个方面。其次，教书本身的确包含着育人的意义，教好书确实是育人的基础。但是，如果按照教书可以自然而然地做育人工作这样的指导思想进行教书育人活动，这种"育人"往往是不自觉的、无意识的、被动的，因而常常落空。最后，"教书育人"的核心是"育人"。因为"教书"是我们的职业，对这种职业的要求是"育人"，就是要求我们在"教书"的过程中"育人"。即培养"高素质的人"。徐特立说："教师是人师与经师的合一"[①]。就人师而言，师德要求应包括以下几方面：以诚为首，以德高为人师表，以善教去育人之魂，以真才实学去传授真理。国学大师陈寅恪先生的"四不讲"：前人讲过的，不讲；近人讲过的，不讲；外国人讲过的，不讲；我自己过去讲过的，不讲。我们可能

---

① 徐特立．徐特立教育文集[M]．北京：人民教育出版社，1986．

做不到陈先生"四不讲"的高度,但至少应该朝着这个方向努力,"虽不能至,但心向往之",要争取使学生听完课之后有所收获,不虚度时光。"教书育人",教书必须育人才能体现身教重于言教,教书体现技艺,育人体现品德,知书要达理,有德又有才。知书不达理,有才而无德,既是对教育功能的曲解,更是对教育本质的误读。

教书育人,就是要求教师要根据社会发展的需要和学生身心发展的规律,在教育教学过程中自觉地把教学和教育结合起来,尽职尽责,既传授科学文化知识,又进行思想品德教育,把学生培养成为德、智、体、美、劳诸方面全面发展的人。这既是教师的基本职责,又是教师应当遵守的道德规范。教书和育人是不可分割的统一体者,相互作用,相互渗透,相辅相成。著名教育家竺可桢说过:教者,传授知识也;育者,培养思想品德也。教中有育,育中有教。教书育人不仅是教育的本质要求,也是师德的基本要求,更是教师的责任和义务。

人才培养是教育的根本任务。落实党中央提出的科教兴国、人才强国的战略,要造就数以亿计的高素质劳动者、数以千万计的专门人才和一大批拔尖创新人才,高校教师责无旁贷、任重道远。

从人才成长的规律和社会发展的需求来看,德和才是不可偏废的。高校培养的人才首先有一个为谁服务、怎样服务的问题,其次才是服务能力和水平的问题。高校教师的根本职责就是要教书育人,使学生牢固树立起为国家和社会发展服务、为人民服务的理想信念,同时又具备为国家、为人民服务的实际本领,并在工作中不断提高服务的水平,从而为国家的经济和社会发展做出自己应有的贡献。

中华民族自古就有"三不朽"之说,即"立德、立功、立言"。"立德"之所以被摆在首要位置,就是因为无论什么时候,立德都是安身立命、为人处事、建功立业的基础,因此,"立德树人"成为历代教育家们大力倡导的理念。

爱因斯坦曾经在其名篇《培育独立思考的教育》中告诫说:"用专业知识教育人是不够的,通过专业教育,他可以成为一个有用的机器,但是不能成为一个和谐发展的人。"这话是对受教育者说的,更是对教育工作者说的,这样的观点值得我们深思。多年前,中央就提出,要让学生在德智体美劳各方面都得到全面发展,成为有理想、有道德、有文化、有纪律的社会主义建设者和接班人。可是我们一些高校教师并未真正理解其深刻内涵和特殊意义。有的教师责任心不强,教书育人意识淡薄,缺乏爱心;有的学风浮躁,治学不够严谨,急功近利;有的自我要求不严,言行不够规范,不能做到为人师表;个别教师甚至师德失范、学术不端,严重损害人民教师的职业声誉。这些问题的存在，虽不是主流，但必须高度重视，采取切实措施加以解决。

二、教书育人的基本要求

教书育人不是一句空话，是辩证统一的整体。教书是育人的手段，育人是教书的目的，并赋予育人于教书过程之中。

要做到教书育人，首先要教好书，真正做到"能教书、会教书、教好书"。要教好书必须做到想读书、多读书、会读书。在社会浮躁风气的影响下，现在我们许多大学教师不愿读书，或者少读书，即使读也是消遣读书，功利化读书。读书切忌功利化，只有非功利的读书才能让人有绵密的思绪、纯真的情感、淡定的心态和高于生活的深刻领悟。在学习和钻研教师业务知识的同时，教师还须在实践中去积累教育理论与实践的知识。教师要加强教育科学研究，关注教育新动态，吸收教育新观念，顺应时代的要求和学生的特点。基础知识要广泛深厚，专业知识要扎实系统，教育科学和心理科学等方面的知识要全面准确，否则就算不上素质过硬的教师，因而也无从担负得起培养德、智、体、美、劳等全面发展的一代创新人才的重任。其次，教师要教好书还要掌握一定的教育教学技巧和方法。在大学任教，仅有渊博的专业学识是不够的，用科学方法把知识传授给学生是至关重要的。所以，在具备渊博的专业学识基础上，大学教师还要努力掌握教学方法和技巧，以达到教书育人的目的。

要做到教书育人，还要在教好书的同时做好育人工作。教师要做好育人工作，就要关心爱护学生，在传授专业知识的同时，以自身的道德行为和人格魅力，言传身教，引导学生寻找自己生命的意义，实现人生应有的价值追求，塑造自身完美的人格。在这个过程中，教师要做到全面贯彻党和国家教育方针，自觉遵守教育法律法规，依法履行教师职责权利。要做到教书育人，还要尊重学生个性，促进学生的全面发展。我国著名教育专家、北京师范大学顾明远教授就曾说过，我们现在提倡优质教育与教育均衡发展，但教育均衡发展不等于平均发展，发展优质教育不能只是一种模式。在他看来，人是有差异的，社会需要的人才是多样的，因此，一定不能忘记差异性的教育。要为不同的学生提供最适合于他们的教育，才是最大的公平。在发展优质教育的时候，要特别重视因材施教，培养不同的人才。差异性教育实质就是要尊重学生的个性。高校教师在要教书育人的过程中要尊重大学生的个性，把大学生培养成德才兼备的人才。

【阅读推荐】

请阅读求是理论网上田建国（山东省人民政府）撰写的《以学生为根本，用真爱去育人》一文。文中强调，学生是教育的中心，也是教育的目的；学生是教育的出发点，也是教育的归宿；学生是教育的基础，也是教育的根本，一切教育必须以学生为本，这是现代教育的基本价值。真正的教育是以学生为本的教育，让学生体验美好，体验崇高，体验成功，培养积极的人生态度，鲜明的价值判断，丰富的思想体系。以学生为本的本源价值，是坚持育人首位。以学生为本的核心目标，是为了每一个学生的终身发展。以学生为本的基本内涵，是尊重学生主体。学生是权利主体、行为主体、生命主体、个性主体。文章还认为，教师尊重学生的主体地位，就要了解学生主体需要，激发学生主体创造力。以学生为本的本质灵魂，是热爱学生。大爱是教师的灵魂，就是一切为了学生。教师要以大爱之心，引领学生健康成长。

第四节　严 谨 治 学

严谨治学规范要求：弘扬科学精神，勇于探索，追求真理，修正错误，精益求精。实事求是，发扬民主，团结合作，协同创新。秉持学术良知，恪守学术规范。尊重他人劳动和学术成果，维护学术自由和学术尊严。诚实守信，力戒浮躁。坚决抵制学术失范和学术不端行为。这主要是针对在科研工作中弄虚作假、抄袭剽窃，侵占他人劳动成果的不端行为，明确提出"坚决抵制学术失范和学术不端行为"。这一条的重点是规范高校教师的学术研究行为。

何谓严谨治学？严谨，即严肃、严格、严密、谨慎、慎重、认真；治学，即学习、教学和科研。严谨治学，就是要钻研业务，就是精益求精，不断提高教育质量。

严谨治学要求教师做到：刻苦学习、求知，勇于探求新理论、新知识，做到锲而不舍，学而不厌，掌握渊博的科学文化知识；认真细致地向学生传授科学文化知识，坚持真理，求真务实，做到诲人不倦。其中，最重要的就是实事求是精神。

概言之，严谨治学的培养途径涉及：一是提高认识，严格要求；二是勇于钻研，虚心求教；三是把握机会，锻炼自我；四是恪守学术道德规范。《教育部关于严肃处理高等学校学术不端行为的通知》规定：高等学校对下列学术不端行为，必须进行严肃处理：① 抄袭、剽窃、侵吞他人学术成果；② 篡改他人学术成果；③ 伪造或者篡改数据、文献，捏造事实；④ 伪造注释；⑤ 未参加创作，在他人学术成果上署名；⑥ 未经他人许可，不当使用他人署名；⑦ 其他学术不端行为。高等学校党委和行政部门要根据学术不端行为的性质和情节轻重，依照法律法规及有关规定对学术不端行为人给予警告直至开除等行政处分；触犯国家法律的，移送司法机关处理；对于其所从事的学术工作，可采取暂停、终止科研项目并追缴已拨付的项目经费、取消其获得的学术奖励和学术荣誉，以及在一定期限内取消其申请科研项目和学术奖励资格等处理措施。查处结果要在一定范围内公开，接受群众监督。

一、严谨治学的内涵与意义

严谨治学是教师从教的必备素质。

严谨治学是由教师的职业性质决定的。教师是一种特殊的职业，是一个特殊的岗位。教师的劳动是塑造人的劳动，是从事劳动力再生产、科学知识再生产和社会成员再生产的一种特殊劳动。高校教师既要向学生传授高深知识，又要教会学生正直做人。当代大学生的复杂性、多样性、多变性，决定了高校教师必须严谨治学，不断探索创新，因材施教。因人而异，方能使不同的学生都能有效地获取知识，都能有所提高，有所进步，有所发展。另外，知识的无穷性、交叉性、复杂性，也决定了教师必须严谨治学、必须探索创新。因为教师的脑力劳动并非像工厂里靠一张图纸、一个模具进行操作即可，而是要靠自己的再思考、再加工、再创造。教师要把书本上的知识变成生动有趣的、学生容易接受和吸收的知识，才能取得良好的教学效果。

严谨治学是由教师的教与学过程的矛盾性决定的。教师在教育教学过程中，时刻会遇到教与学的矛盾。在这对矛盾中，教师的学是矛盾的主要方面，因为学是为了教，学是教的前提和基础。教师的任务是教书育人，学识和才能是教师从教的必备条件。教师首先必须勤奋学习，做到"术业有专攻"，学在前，教在后。捷克教育家夸美纽斯曾经指出：不学无术的教师，消极地指导别人的人，是没有躯体的人影，是无雨的云、无水的源、无光的灯，因而是空洞无物的。教师不仅要具备丰富系统的知识，还要具备会传授知识的技能；不仅要向学生传授系统的科学文化知识，还要培养他们的学习态度、学习方法和学习能力；不仅要传递给学生不懈求知、自我更新的科学态度和坚定信念，而且自身还必须身体力行，从而最大限度地开发生命潜能，使一生成为教不自满、学不厌倦、教学互补、生生不息的动态过程。

严谨治学是由高校教师肩负着培养高素质人才的重要使命决定的。当今世界，科学技术突飞猛进，知识更新不断加快，国力竞争日趋激烈。教育在综合国力的形成中处于基础地位，国力的强弱越来越取决于劳动者的素质，取决于各类人才的质量和数量。为此，教师特别是高校教师要具备创新精神和创新能力，转变教育观念，改进教学方法，培养学生的科学精神和创新能力，让他们的创造性得到充分发挥。这更需要教师努力钻研业务，做到严谨治学。所以说，严谨治学是关系到能否教育出好学生、培养出高素质人才的大问题，是衡量教师职业道德水准高低的一个重要的尺度。

二、严谨治学的基本要求

　　高校教师坚持做到"严谨治学"，首先要大力弘扬科学精神，用科学精神武装头脑，指导教学实践，在教学实践中传播科学知识、科学方法、科学思想、科学精神，形成讲科学、爱科学的良好风气。科学精神是科学本性的展现和延伸，它反映着科学的哲学和文化意蕴，是科学的根本和灵魂。科学精神充分体现了科学的自主意识、价值取向、精神气质、认知模式、道德律令和行为准则，是从事科学研究的人们特别是大学教师应该具有的精神。在当前世界科技迅猛发展国际交流越来越密切的今天，要在激荡的各种文化思潮中辨真去伪、弃恶扬善，弘扬科学精神则显得尤为重要而紧迫。弘扬科学精神要做到勇于探索，追求真理，修正错误，精益求精。弘扬科学精神就要自觉树立正确的人生观、价值观，抵制各种愚昧、迷信和歪理邪说的侵袭和影响。

　　高校教师坚持做到"严谨治学"，还要坚持做到实事求是，发扬民主，团结合作，协同创新。所谓协同创新，就是围绕创新的目标，多主体、多因素共同协助、相互补充、配合协作。协同的结果使个体获益，整体加强，共同发展。通过协同创新，可以最大限度地利用各种创新教育资源，并将其转化为培养人才的优势，转化为提高质量的催化剂。通过协同创新，将高水平的研究成果直接转换为培养人才的教学资源，以高水平的科研支撑高质量的教学，建立寓教于研的人才培养模式，培养应用型创新人才，服务经济社会发展。积极推进协同创新，要求学科之间、高校之间、高校与经济社会发展之间以及高校内部科研与人才培养之间的有效协同。要始终坚持人才培养、学科发展、科学研究、文化传承和机制创新一体化的协同创新思路。以提升科研创新能力为突破口，通过协同，提升高校人才的创新精神，提升学科的创造能力，提升科研成果的创新水平，从而产生一大批标志性的科研成果，形成一批高水平的创新团队，培养一批高素质的创新人才，为高等教育内涵式发展和质量的全面提高，为建设创新型国家做出积极贡献。

高校教师坚持做到"严谨治学"还必须能够自觉秉持学术良知,恪守学术规范。长期以来,广大高校教师坚持理论联系实际,为人师表、严谨治学、潜心研究、献身科学、积极进取、锐意创新,体现了崇高师德,树立了良好学术风气,为教学科研事业做出了重要贡献。但近年来,一些发生在少数人身上的学术不端行为,如抄袭、剽窃、侵吞他人学术成果等严重败坏学术风气,损害学校和教师形象的学术不端行为屡禁不止,这固然与高校的学术评价体系与管理机制有关,但与某些高校教师缺乏学术道德直接相关。要防止学术不端行为,除了不断改革和完善科研评估和管理体制外,加强高校教师的道德建设,不断提高科研人员的学术道德水平更具迫切性。要有效地抵制学术不端风气的侵袭和影响,高校教师就要自觉坚持严谨自律的治学态度,脚踏实地,潜心钻研,求真务实,精益求精。要强化精品意识,提高科研质量,拒绝急功近利,抵御浮躁之风,坚守学术道德,反对学术腐败,捍卫学术尊严,做良好学术风气的维护者、优良学术道德的传承者、优秀学术精品的创造者。

【阅读推荐】

请阅读求是理论网上杨德广(上海师范大学)撰写的《弘扬科学精神,努力探索创新》一文。该文中明确指出,学生的复杂性、多样性、多变性,决定了教师必须严谨治学,必须探索创新。另外,知识的无穷性、交叉性、复杂性,也决定了教师必须严谨治学、必须探索创新。教师要把书本上的知识变成生动有趣的、学生容易接受和吸收的知识,才能取得良好的教学效果。高等学校是知识传授、应用和创新的主要基地,又是培养创新人才的摇篮。因此,高校教师必须坚持"严谨治学""弘扬科学精神,努力探索创新",才能培养出具有创新精神的人才。

第五节 服务社会

服务社会的规范要求:勇担社会责任,为国家富强、民族振兴和人类进步服务。传播优秀文化,普及科学知识。热心公益,服务大众。主动参与社会实践,自觉承担社会义务,积极提供专业服务。坚决反对滥用学术资源和学术影响。这主要是针对高校中不当使用学术资源和学术影响的现象,明确提出"坚决反对滥用学术资源和学术影响"。这一条的重点是规范高校教师与社会的关系。

高校教师社会服务具有一定的道德意义。高校教师的社会服务不仅是高校履行社会赋予高校使命的重要形式，也是社会主义市场经济条件下科学技术高速发展的客观需要，是加快知识向生产力的直接转化，实现"产、学、研"一体化，实现知识增值的重要环节。与此同时，它还有利于激发教师自身职业潜能，有助于促进校际学术交流。

一、服务社会的内涵与意义

何谓服务社会？高校教师社会服务，是指高校教师以自己的学科专长为基础，除完成高校本职工作外，根据社会需求，服务于社会企事业单位、学术组织的兼职劳动统称为高校教师的社会服务。高校教师社会服务的类型包括：按服务领域分：智力支持、信息咨询、技术转让、自主转让；按服务方式分：物质型服务、精神型服务等；按服务与被服务关系分：直接服务、间接服务。

教学、科研和服务是高校的三大职能。教学职能在中世纪大学产生的时候就已经存在，科学研究职能在19世纪初期德国的柏林大学得到确立，而社会服务职能则于19世纪下半叶形成于美国高等教育。一个多世纪以来，社会服务职能伴随着美国高等教育国际影响的提升和世界经济、科技的发展为世界各国高等学校效仿学习。与前两种职能相比，服务社会强调的是高校作为一个学术组织直接为社会做出的多方面的贡献。一般来说，高校服务社会有广义和狭义之分。广义服务社会是指高校作为一个学术组织为社会做出的所有贡献，包括直接的和间接的贡献；狭义的服务社会则是指高等学校在保证正常的教学、科研及人才培养的情况下，依托高校所具有的教学、科研、人才和知识等方面的优势向社会提供直接性的服务，以促进经济和社会发展。

服务社会有利于高等教育实现又好又快地发展。强化高校社会服务功能有利于高校围绕国家特别是地方经济社会发展需要，建立学校与社会的良性互动机制，开发服务社会的新成果，开辟服务社会的新途径，开创服务社会的新格局，在教育、科研、信息咨询等领域提高服务社会的质量、水平和效益。与此同时，高校在服务社会的过程中，又可以得到更多的社会资源的支持，进而改善学校的办学条件，提高学校的教学质量和科研水平，形成高校与社会关系的良性循环。另外，强化高校的社会服务职能，还可以使高校的教学和科研更加贴近社会生活的实际，改变高等教育与社会实际相脱离的倾向，继续深化高校教学改革，优化课堂教学效果，从而推动高等教育实现跨越式发展。

服务社会有利于体现高校在培育和弘扬社会主义核心价值观过程中的引领作用。高校作为知识、思想、道德、价值的聚集地，知识分子云集，各种思想相互碰撞、融合，新文化、新思想层出不穷。因此，高校在社会主义核心价值观的培育和弘扬中占据着特殊地位，发挥着引领和示范作用。这种引领和示范作用突出体现在高校通过教师的不懈努力，把核心价值观传授给大学生，并通过教师自觉加强师德建设，努力形成高尚的道德情操，注重对大学生进行言传身教，带头践行社会主义核心价值观，为大学生做好表率，从而促使大学生形成正确的世界观、人生观和价值观，为中国特色社会主义事业培养出更多建设者和接班人。

服务社会有利于发挥高校在经济社会发展中的促进作用。强化高校社会服务功能，首先在于高校能够为经济社会发展培养大量的合格人才。人才培养是基础。高素质人才的匮乏是制约我国经济发展的重要因素，发挥高校优势，培养出大量高素质的创新人才，以破解我国经济社会发展"瓶颈"制约。强化高校社会服务功能，还在于高校能够为经济社会发展提供更多的科技服务。科技服务是核心。经济的增长，主要取决于科技的更新和进步，只有创新和提升科技服务的质量，才能提高我国经济发展的质量和速度。在这方面，高校具有得天独厚的条件，只要形成有效的激励和保障机制，其积极性一定会得到充分调动，作用得到充分体现。再有，强化高校社会服务功能，有利于为经济社会发展提供信息服务。信息服务是通道。高校能够为我国经济发展提供高效、快捷、准确的信息服务。高校拥有丰富的文献资源，存有大量的图书、期刊、研究报告、学位论文，可以从中加工整理出大量的企业实用的知识信息。另外，高校计算机及网络设备得到了广泛应用，许多高校之间也实现了联网。这些现代技术的应用，加速了文献信息的交流，为信息服务提供了强有力的硬件保障。

我国高校教师向来具有追求真理、矢志报国、服务社会的光荣传统。110多年前老交大执教人之一张元济先生，通过创办我国高校最早的出版机构南洋公学译书院，出版严复首译的《国富论》，为变革之际的中国提供思想武器。当55年之后交通大学西迁之际，我国电机工程泰斗、曾培养钱学森等杰出学子的钟兆琳教授第一个站出来，积极响应国家号召，走在西迁师生最前列，在大西北黄土高原奉献终生。西安交大在自然科学领域的优势与西安千年古都的文化底蕴之人文科学的结合，成为我国高校的一颗璀璨的明珠。改革开放以来，随着高教事业的发展和人才强国战略的推进，高校广大教师更自觉地肩负起历史责任，勇于改革创新，为建设中国特色社会主义建功立业。事实表明，只有那些把国家民族福祉、人类社会进步看得高于一切，热心社会公益、勇担社会责任、甘于无私奉献的高校教师，才能得到广大受教育者的衷心爱戴，成为青年学生的尊崇的榜样。

二、服务社会的基本要求

高校服务社会的主体是教师。充分发挥高校的服务社会功能，学校的整体规划与措施是不可缺少的，但更多的是如何调动和发挥广大教师在服务社会中的主体作用。在这方面，如何引导和教育教师提高对服务社会的认识，增强道德上的自觉，将明确的认识转化为积极的自觉实践是至关重要的。

充分发挥高校广大教师在服务社会中的主体作用，首先要求广大高校教师要勇于承担社会责任，不断强化为国家富强、民族振兴和人类进步服务的意识。作为一种道德情感，社会责任感，体现为一个人对社会、对他人的责任意识。承担社会责任是我们这个社会最需要的道德品质之一。"天下兴亡，匹夫有责！"顾炎武的这一名言影响了一代又一代的仁人志士。作为后人更应该树立"振兴中华，从我做起"的志向。当前在社会主义市场经济条件下，高校教师要成为一个有社会责任感的人，不仅要注重思想道德的传承，还应突出创新精神。坚持道德上正确的主张，坚持实践正义原则，坚持不懈地为社会做出奉献，从而，不断超越自我、完善自我，不断开拓事业的新境界。

充分发挥高校广大教师在服务社会中的主体作用，还要求高校教师把心思花在教学和科研上，让教育教学促进科学研究，使科学研究支撑教育教学，从而为传播优秀文化、普及科学知识创造有利条件。当前，有些高校教师"老板化"，学生"雇员化"的倾向值得注意。教师"老板化"与教师适当地从事第二职业是有区别的，二者不能混为一谈。教师从事第二职业，在不影响教师职业的前提下应该是允许的，开展第二职业在一定程度上会拓宽教师服务社会的渠道，扩大服务社会的效应。但第二职业如果冲击了教师的本职工作，教师把心思都花在教学和科研以外的第二职业上，甚至有个别教师利用学校无形资产和实验条件，开办变相的个人企业，直接雇用自己的学生，从事与教学、科研无关的牟利活动等则是应该坚决反对的。高校教师只有进一步提高自己的专业化水平，积极开展专业教学与科学研究，才能不断获取新的信息，掌握新的理论与方法，实现对教育实践认识的新飞跃。这样，教师的教育观念会得到转变，科研能力会得到提高，专业能力会得到发展，服务社会的能力也会随之得到全面提升。

充分发挥高校广大教师在服务社会中的主体作用，还要在广大教师中倡导热心公益、服务大众的良好道德风尚。热心公益、服务大众是社会责任感的集中表现，是学有所成的高校教师用知识感恩社会、回馈社会的重要途径。热心公益事业是我国优良传统的延续，更是构建社会主义和谐社会的内在要求。公益活动的内容很多，包括社区服务、环境保护、知识传播、公共福利、社会援助等。作为高校教师通过公益活动来服务社会主要应该侧重理论与知识方面，因为高校教师在服务社会方面的优势在于知识的积累与学术研究专长。教师在服务社会上也应该扬长避短。教师积极参与各种学术理论研究活动，有的是直接服务于社会的,为社会的经济发展与技术进步做出理论上的论证与支撑;有的是间接服务于社会的,即利用学术理论活动在公众中的影响,提高社会的知名度,引起有关部门与决策者的注意,从而改进社会管理工作。在参与社会公益活动的过程中,教师既承担着社会责任,帮助他人,又使自身的价值在奉献中得以提升。同时,要坚决反对滥用学术资源的不良倾向。高校教师应该做讲诚信、讲规矩的模范,珍惜学术资源,维护学术尊严,恪守学术规范,保持正面的学术形象。

【阅读推荐】

请阅读人民网上李曙明撰写的《高等院校应大力增强社会服务功能》一文。文中强调,当前,增强社会服务功能、参与经济社会发展是高等教育的重要历史使命,如何履行这一重大的历史使命,需要我们不断实践和探索。这里,可以归纳如下:一是正确处理教学、科研和社会服务的关系。认为,当前,高等教育提倡发挥高校的社会服务功能,并不仅仅只是要求高校在科研和教学之外,去寻找社会服务项目,拓展社会服务的途径,发挥知识即时应用价值。更不是以社会服务项目来代替原来的教学和科研,而是指把社会服务的理念渗透于教学科研之中,发挥高校教学和科研的社会服务功能。二是正确处理为谁服务和怎样服务。高等教育社会服务的内容应当是有选择的。高校参与社会服务并不是一味迎合与满足社会主体对高等教育无限制的要求。高校教师直接参与社会服务,这当然是一件好事。但是,有的高校教师和学生利用自己的优势地位,花费了大量的时间和精力在社会服务项目上,甚至严重地影响了教学,这也是不可取的。高校的社会服务,要积极利用自己的优势资源,结合时代要求,服务社会发展。三是积极发展高校和企业以及相关组织的合作。一方面可以使高校的科研更符合企业和社会的需要,更快地转化成为现实的生产力,更好地为经济和社会发展作贡献;另一方面,高等教育机构希望通过与企业合作,更好地培养企业和社会所需的人才,便于学生就业。

第六节 为 人 师 表

为人师表规范的要求:学为人师,行为世范。淡泊名利,志存高远。树立优良学风教风,以高尚师德、人格魅力和学识风范教育感染学生。模范遵守社会公德,维护社会正义,引领社会风尚。言行雅正,举止文明。自尊自律,清廉从教，以身作则。自觉抵制有损教师职业声誉的行为。这一条的重点是规范高校教师的社会道德责任。要求切实维护人民教师的良好职业形象，明确提出"自觉抵制有损教师职业声誉的行为"。

一、为人师表的内涵与意义

教师为人师表是我国优秀的文化传统。我国古代早就有"师表"的提法。"师表"一词，出自《史记·太史公自序》，意思与"师范"相同，是指学习的榜样。为人师表原是对官、师的共同要求，后来主要用于对教师的要求。《韩诗外传》中说："智如泉涌，行可以为表仪者，人师也。"要求教师的智慧要像泉水一样，永不枯竭，教师的品行可以作为学生的表率和榜样。传统的师表内涵是以品、学为核心。"品"即品行，"学"就是学识与技能素质。提倡教师既要做"经"师，又要做"人"师。既要培养高水平的学生，又要使学生品行端正，具有良好的道德素养。在新时代，为人师表又被赋予了新的内涵，更多的是强调教师示范作用的重要性，要求教师在师德师风、行为举止方面作"四有老师"，给学生以积极的影响。

为人师表对大学生健康成长具有重要作用。爱因斯坦说，使学生对教师尊敬的唯一源泉在于教师的德与才。在学生的心目中，教师是社会规范、道德的化身。教师不经意的一个眼神和举止，就可能对学生产生深刻的影响。学生由于佩服知识渊博、治学严谨的教师而容易接受这些教师的教诲，加之当代学生可塑性大，教师的一言一行都会给学生留下深刻的印象。因此，教师应该具有良好的师德师风，通过行为举止的示范作用，使学生的智慧得到良好的发展，使学生的道德水准得到全面提升，成为一个积极向上的有追求的大学生。

为人师表对教师自身具有激励作用。为人师表是一种重要的激励力量，对教师的自身发展有着重要的意义。陶行知说，要学生做的事，教职员躬亲共做；要学生学的知识，教职员躬亲共学；要学生守的规则，教职员躬亲共守。为人师表对教师的激励作用主要表现在两个方面：一方面，为人师表可以引导教师正确协调各方面的利益关系，激励教师积极主动、高质量地完成教育任务。教师为人师表所显现出来的诚实正直、公正廉洁、谦虚严谨的高尚品德，以及敬业、乐群、爱生，树立无私奉献的精神，正确处理各种利益关系等，会激励教师更好地为人师表。另一方面，为人师表有助于树立教师威信，调动教师的积极性。教师威信对教育效果有着重要的影响，教师威信越高，其教育效果越好，教育过程的优化正是在具有崇高威信教师的积极努力下实现的。

为人师表对教师的律己作用也是十分突出的。教师为人师表，源于实现教育目的的需要，体现出严格的自我要求，具有律己性。严于律己，就是从思想、品德、行动上从严要求自己，能经常自省、自察，自我批评和自我约束，有过必改，有错必纠。古人说：君子责己，小人责人。从古至今，都把能否严于律己，当作衡量一个人道德修养高低的标准。严于律己是保持良好师表的根本保证。教师严于律己，能够从两方面对教师产生积极的影响：一方面，律己的教师能够勤奋学习，刻苦钻研，知识渊博，从而得到学生的尊重。学生最轻视的就是那些知识储存少，不懂装懂的教师。另一方面，律己的教师能够加强自身修养，做到言行一致，给学生以良好的影响。教师自觉约束自己去严格遵守纪律、执行制度。上至国家法律法规、社会道德规范，下至学校的校规校纪、职业行为准则，教师都能严格遵守，认真执行，给学生做出良好榜样。

为人师表对社会风气具有改善功能。为人师表是一种重要的教育手段，它对改善社会风气也有着重要的意义。乌申斯基说："教师个人的范例，对于青年人的心灵，是任何东西都不可能代替的最有用的太阳。"大学生在校学习期间，从老师那里耳濡目染、潜移默化地获取许多精神上、文化上、道德上、行为习惯上的营养，给学生全面人格发展带来重要影响。教师的影响一经内化到学生的个体人格中，并落实到行动上，便会形成一种精神力量。当学生走向社会，就会对社会产生巨大影响。而且教师的为人师表的良好品行，还间接地影响到学生家长、亲戚及其好友，也可以直接影响到社会与之发生联系的各行各业人员，从而影响到社会环境，净化社会风气，对社会道德文明建设起到巨大的推动作用，进而促进社会风气的改善。

二、为人师表的基本要求

教师为人师表的基本要求：教师要具有诚实正直的品质；教师要具有勤奋好学的作风；教师要具有务实创新的精神；教师要具有礼貌待人的素养。

为人师表，在新时代有着鲜明的时代要求。教育家叶圣陶说："教育工作者的全部工作就是为人师表。"[1] 即做教师的人，必须要规范自身的言谈举止，以自己的"言"为学生之师，以自己的"行"为学生之"范"。教师在学生心目中，常常像一面镜子，无论是学识、思想、境界、品德还是好恶，都会直接影响学生。大到对国家的认识，小到对日常生活小事的理解，教师在课上或课下，所发表的积极或消极的主观见解，表现出的高尚或庸俗的具体行动，无形中都会对学生起到导向和表率作用。

师德师风不仅是教师个人的品行问题，也是教师群体形象问题。个人师德

---

[1] 叶圣陶. 叶圣陶教育名篇选[M]. 朱永新，编. 北京：人民教育出版社，2014.

师风不好，虽然会在一定程度上造成不良的影响，毕竟还只是小范围的事。但无数老师聚合起来就是一个整体，一个具有特殊作用的教育群体。如果高校教师群体风气不好，又会反馈到中小学的教育群体，这时的大学师德师风问题就会演变为整个教育行业的道德问题，这时的不良师风就演变为教育行业的不正之风了。整体教育群体与社会上的不良风气沆瀣一气，其危害性则是不可估量的。

做到为人师表，人民教师特别是高校教师要有坦荡的胸怀，实事求是的态度。在大学生中，有威信的教师肯定有较丰富的知识，是守纪律、讲文明、尊重人、有道德的典范，因而在师生情感交流与合作上具有亲和力。教师无小节，处处皆楷模。人们说，好教师是一首诗，含蓄但不晦涩。好教师是一幅画，清淡却很高雅。好教师是一棵松，正直而不媚俗。好教师是一座无字碑，不留文字而意味长存。教师自己不具有的东西，当然也无法给予别人。教师良好的思想道德品质，对学生思想道德品质的形成起奠基作用。教师的敬业精神，好学的态度，高尚的品德，一定会对世界观、人生观、价值观正在形成中的大学生产生积极的带动作用，收到不教而教的神奇效果。

做到为人师表应该严格规范自己的言行。一个为人师表的人，应该是一个衣着得体、言行规范的人。现在社会上有的人以讲脏话、粗话、荤话为荣，以为这样说话很有"味儿"，个别高校教师也受此熏染，课堂上偶尔讲点黄段子，以为可以调节课堂气氛，增强吸引力，其实这是完全错误的。要知道，世界上再没有任何人受着像教师这样的严格监督，也没有任何人对学生的心灵产生如教师一样的深远的影响。作为一名教师只有做到事事、时时、处处严格要求自己，做到模范遵守社会公德，衣着整洁得体，语言规范健康，举止文明礼貌，才能赢得学生的尊敬甚至崇拜。孔子说过：其身正，不令而行；其身不正，虽令不从。就是这个道理。当年蔡元培先生十分注意自己的言表，他每次去学校给师生讲话和上课，必定要换上浆洗得十分清爽的衣服，把每一颗纽扣扣上以后，还要对着镜子整理一番。进入演讲厅或教室前，也习惯整一整衣冠。这种讲究整洁的好习惯对学生是一种无形的教育。

做到为人师表，教师要做到作风正派，廉洁奉公，自觉抵制不良之风的影响，不利用职务之便谋取私利。教师不是生活在真空之中，社会不良风气时时会侵蚀着教育机体，影响人们健康的心灵。高校教师处于知识的崇高与权力的诱惑的交互作用的集合点上，在这样一个价值取向日益多元化的社会环境下，高校教师更应该率先坚守教育理想，勇于担当塑造社会良知的使命，自觉抵制有损教师职业声誉的行为，不做任何违反教师职业道德规范的事情，树立起良好的师表形象，为整体教师职业道德水平的提高做出努力。

【阅读推荐】

请阅读中国论文网上赵建宇撰写的《浅析我国高校教师"失德"现象原因》一文。文章概括了高校教师"失德"现象的现状：首先，高校教师在学术科研方面的失德案例频繁出现。其次，有的高校教师不能坚持学术操守，铭记"课堂教学有纪律"，而在课堂上散播不利于学生健康成长的言行。高校教师的"失德"现象虽属教师队伍中的极少数，但性质恶劣，严重损害了高校教师的整体社会形象。同时，文章分析了高校教师"失德"现象的原因：一是教师本身失去了对自己的职业信守，丧失了自我约束的意愿。二是高校大环境忽略了师德教育。三是整治高校教师失德行为的不力。那么，如何解决呢？文章总结指出：一是建立师德信仰，对职业道德持敬畏心态。二是提升高校教师的主体地位，鼓励教师自我监管。三是鼓励大学生独立参与监督高校教师。四是自上而下的相关法规政策是必要的补益。

思考题

1. 制定和实施高校教师职业道德规范的意义何在？
2. 高等学校教师职业道德规范包括哪些主要内容？
3. 如何准确把握《规范》倡导性的要求和禁止性的规定？

第四章 高校教师职业道德的内化

内容提要

高等学校教师职业道德内化是阐述高等学校教师如何将高等学校教师职业道德转化为个体职业道德品质问题。本章具体阐述了教师职业道德内化的意义、过程和教师职业道德内化需要的条件以及教师的良心、义务在教师职业道德内化中的作用。

学习目标

1. 深刻理解高等学校教师职业道德内化的意义。
2. 了解高等学校教师职业道德内化的具体过程。
3. 掌握高等学校教师职业道德内化的条件。
4. 明确良心、义务在高等学校教师职业道德内化过程中的作用。

高等学校教师职业道德规范提出的是教师在职业活动中应该遵守的道德要求，教师仅仅在理性上理解和掌握这些道德要求是不够的，因为道德认识和道德行为并不是等同的。掌握道德规范并不等于能够把道德规范付诸实施，身体力行。要使这些道德规范变为教师的道德品质和行为，还必须通过内化过程。所以，本章将对道德内化问题进行概括阐述。

第一节 教师职业道德内化的意义

教师职业道德内化就是教师职业道德由他律走向自律的需要；就是教师道德人格完善的需要；就是实现教师现代化的需要。

一、教师职业道德内化是教师职业道德由他律走向自律的需要

道德他律是指在道德上依赖外在的力量约束自己，个体履行道德规范、做

出道德行为是非自觉的或被迫的；道德自律是指在道德上个体自己约束自己，自觉地践行道德规范的要求。这是两种完全不同的道德境界和道德状态。道德教育的目的就是使个体的道德由他律达到自律，把外在的道德规定变为自觉的道德行为。教师的职业道德特点尤其需要教师自律的道德行为。因为教师的职业是培养人的职业，这种职业劳动虽然有统一的教育信念和教育价值目标，需要集体合作，但劳动的方式基本属于个体劳动。在整个教育教学过程中，教师自己备课、自己写教案、自己批作业、自己讲课、自己辅导，其态度、方式、方法的选择总是自主的，是一个自我控制系统，是由教师凭借自己的职业道德修养水平和良心来调节的。因此，道德修养中的"慎独"境界，对教师来说就显得非常必要和可贵。如果教师能够在无人在场、无人过问、无人监督、无人评价的情况下，仍然自觉按照职业道德的要求严格约束自己、检查自己，就意味着教师的道德修养达到了"慎独"境界，达到了自律的程度。由此可见，教师职业的特点决定了其道德自律的重要性，教师职业道德的内化，就是由他律向自律转化的过程。只有完成了这一内化过程，教师的职业道德才能成为教师个体道德。

二、教师职业道德内化是教师道德人格完善的需要

人格是人与其他动物相区别的内在规定性，是个人做人的尊严、价值和品质的总和。道德人格是个体人格的道德性规定，是个人的脾气习性与后天道德实践活动所形成的道德品质和情操的统一。道德人格有高尚的、良好的、平庸的、卑劣的等高低不同的层次。

教师作为人类灵魂的工程师，应该具有高尚、良好的道德人格。这是培养学生良好道德人格的必要前提条件之一。我们不能设想，一个道德人格卑劣的教师能够培养出人格高尚的学生。只有教师的人格高尚，才有学生的高尚人格，这是不言自明的道理。教育实践表明，教师的人格对学生的影响作用是非常巨大、非常深远的。教师的人格是照亮青少年学生心灵最灿烂的阳光。教师的世界观、人生观、道德品质，以至一言一行、一举一动都会在学生心灵中留下深刻的印象，起着潜移默化的影响作用。正如加里宁所说，"教育者影响受教育者的不仅是所教的某些知识，而且，还有他的行为、生活方式以及对日常生活的态度。"教师不仅用自己的学识教人，而且要用自己的品格影响学生；不仅要用语言去传授知识，而且还要用自己的灵魂去感化学生和塑造学生的心灵。所以，教师必须认识到自己人格在教育学生中的作用。

道德内化是教师造就自己高尚人格的必要途径。有的教师在工作实践中，能够遵守职业纪律，按时完成自己的本职任务，但动机只是为了避免领导批评，

或者为了获得奖金。这样的教师不会具有持久的工作动力,一旦没有外在的约束和激励,就可能放弃努力。因为他的职业道德还是他律的道德,他对道德规范的遵守是靠外在条件的约束,而不是自觉自愿的行为。所以,要使教师的职业道德由他律转向自律,形成高尚的道德人格,就必须把教师职业道德内化为教师的自我认同、自我需要。

三、教师职业道德内化是实现教师现代化的需要

教育面向现代化是时代发展的必然要求。教育面向现代化,要求教师必须实现现代化。因为教师是教育现代化的主体,没有教师的现代化,教育的现代化就无从谈起。教师的现代化是指教师的心理素质、精神面貌以及行为特征具备现代社会和教育发展所要求的品质。在职业道德方面,就是指教师具有与现代文明和教育相应的道德思想观念和价值取向。

改革开放以来,我国社会的政治、经济、文化等各方面都发生了巨大变化,特别是青年一代的思想观念,更是与时俱进。他们注重现实,视野开阔,思想活跃,追求新异,不拘一格,价值取向多元化。在这种情况下,教师如果不更新观念,积极参与现代社会实践,塑造适合现代化教育的人格,就很难完成教书育人的任务。因此,教师要实现现代化,成为合格教育工作者,就要通过内化的途径,将现代人所具有心理素质、思想观念、行为方式和价值标准转化为自身的品质。

【阅读推荐】

请阅读百度文库中题为《教师职业道德强化有什么意义?》一文。文章中指出,作为教育事业改革与发展的主导力量和决定性因素,新时代,必须进一步加强教师职业道德建设。这里,概括地讲,一是加强教师职业道德建设,有利于提高教师素质。社会对人才质量规格的要求在不断提高,这需要教师在教育实践中不断进取,勤奋学习,刻苦钻研,勇于创新,精益求精,继续提高。二是加强教师职业道德建设,有利于提高教师的责任感。当教师职业道德规范和原则内化为教师个体品质后便成为一种内在力量,促使教师自觉地以满腔热忱投入到教育工作中,用辛勤的劳动培养社会所需要的人才,全面履行自己的职责。三是加强教师职业道德建设,有利于推动社会精神文明建设。文章最后指出,随着经济的高速发展和物质生活水平的不断提高,广大群众开始以前所未有的热情关注教育、重视教育,对教育提出了更高的目标、更严的要求,这无疑有利于教育的蓬勃发展。因此,必须强化教师职业道德建设,推动社会精神

文明建设。

第二节　教师职业道德内化的过程

教师职业道德内化的过程，就是要提高教师的职业道德认识，培养教师的职业道德情感，坚定教师职业道德信念，砥砺教师职业道德意志，养成教师职业道德行为习惯。

一、提高教师的职业道德认识

教师职业道德认识是指教师对教育劳动中客观存在的道德关系以及处理这些关系的原则、规范的认识。它包括职业道德观念的形成、职业道德知识和概念的掌握、职业道德判断能力的提高和职业道德信念的形成等。

教师职业道德内化的过程，首先是提高道德认识。它要求教师掌握职业道德的基本知识，领会职业道德的基本要求，从理论上明确是非、善恶、美丑的区别。职业道德认识过程和一般认识过程一样，也要经历从感性认识到理性认识，再从理性认识到实践两个阶段。即教师在职业道德感性经验的基础上，学习、理解职业道德概念，然后在职业道德实践中进一步把握道德关系和道德行为的本质，理解职业道德原则和规范，以指导自己的职业活动或者分析、看待社会道德现象。

其次是培养道德评价能力。所谓道德评价就是运用已经掌握的道德标准对自己和他人的行为进行道德分析和判断，是道德认识的具体化过程。通过道德评价，可以使人们明辨是非，区分善恶，分清美丑，加深对道德理论的认识，形成正确的道德信念。

提高道德认识是道德内化的必要前提。道德行为习惯只有奠基于道德认识的基础之上，才具有稳定性和成熟性。所以，道德认识的提高是职业道德内化的一个必要过程。

二、培养教师的职业道德情感

职业道德情感是指教师在教育教学活动中，对于他人和自己的行为举止是否符合职业道德要求所产生的内心体验。教师的职业道德情感是一个多层次、多侧面和表现水平不同的品德因素。它具体表现为三个方面：其一，表现在热爱教育事业和学生方面。对教育事业和学生的爱是教师道德情感的核心。许多教师之所以几十年如一日，辛勤耕耘在教育事业这块土地上，呕心沥血地培养学生，就是源于他们对教育事业的一片痴心，对学生的满腔热爱。如果教师对教育事业和学生没有这份痴心热爱，就不可能产生崇高的职业道德情感。其二，表现在教师的自尊心、责任感、荣誉感等方面。自尊心是由自我评价所引起的自尊、自重、自爱的情绪体验，是教师希望自身的角色价值得到社会认可和承认的需要。它是促使教师承担道德责任、完善自我人格的巨大动力。责任感是教师对社会、他人应承担的义务和应尽的职责的内心体验。责任感是一种高尚的职业情感，教师具有了这种情感，就会对事业负责，对学生负责，就可以在没有外在监督的情况下自觉地努力工作。荣誉感是教师在履行自己的职责、为社会做出贡献后获得肯定性评价而产生的愉快的精神体验。荣誉感对激励教师开拓进取、奋发工作具有巨大的作用。其三，表现在对同志的尊重、友谊和热情方面。在教师的职业活动过程中，教师与教师之间、教师与学生家长之间、教师与社会之间，总是存在各种各样的关系，这些关系并不仅仅是工作关系，而且也包含很多情感关系。对同志的尊重、友谊和热情就是情感关系的表现，它是教师职业道德情感的一个重要方面。

教师的职业道德情感是在对职业道德规范认识的基础上产生的。对职业道德规范认识越深刻，职业道德情感就越强烈。当然，还必须看到，教师的职业道德情感也是与其职业活动紧密联系在一起的，它是教师在长期的职业生涯中逐步形成的。这种职业情感形成之后，便成为教师忠诚于人民的教育事业，勤奋工作的一股强大的动力，促使教师甘愿为培养人才奉献自己的毕生力量，鞠躬尽瘁，死而后已。所以，注重培养教师的职业道德情感，是教师职业道德内化的一个极为重要的环节。

三、坚定教师职业道德信念

道德信念是人们对于某种人生观、道德理想和行为准则的正确性和正义性深刻而有根据的笃信以及由此而产生的对某种道德义务的强烈责任感。它是深刻的道德认识和炽热的道德情感的有机统一，具有稳定性、持久性和一贯性的特点。

在道德内化过程中，道德信念处于核心和主导地位。因为道德信念决定着人们行为的方向性和目的性，影响着人们品德修养的质量和道德要求内化的程度。坚定的道德信念是人们的精神支柱，它不仅能够使人们根据自己认同的道德要求去评价他人行为和自己行为的是非善恶、好坏对错，而且能够坚定不移地按照自己所信仰的道德要求去自觉履行各种道德义务，完成各种道德使命。因此，要使教师的职业道德内化为教师个人的道德品质，就要使教师深刻认识到、体验到自己所从事的职业的高尚和重要，意识到自己担负着祖国和民族的未来,从而树立为教育事业而献身的坚定的道德信念。

四、砥砺教师职业道德意志

教师的职业道德意志是教师履行道德义务的过程中,自觉克服困难、排除障碍并做出行为抉择的毅力和坚持精神。教师的职业道德意志是其道德行为持续进行的内驱力,是战胜各种艰难困苦的坚强精神力量。它具体表现在四个方面:① 自觉性。意志的自觉性是指对行为目的具有明确而深刻的认识,并使个人的行为完全符合正确目的的意志品质。这种自觉性能够使教师树立坚定的职业道德信念,积极投身于教育事业,自觉地为教书育人努力工作。② 坚持性。意志的坚持性是指在行动中坚持目标、百折不挠地克服困难的品质。教师在教育教学过程中,常常会遇到很多困难和干扰,如自然环境的恶劣,教学条件的奇缺,经济上的困境,生理上的疾病等,但教师的职业道德要求教师必须以顽强的意志粉碎障碍,排除干扰,克服困难,直到实现最终目的为止。③ 果断性。果断性是指适时决断的意志品质。它是教师行为的目的性、自觉性和顽强性的综合表现。教育活动的特点,要求教师具备根据具体情况适时决断的能力。如果缺乏果断性,在面临选择或突发事件时不能当机立断,就会给教育事业造成损失。④ 自制力。即善于掌握和支配自己言行的意志品质。作为以学生为工作对象的教师,善于控制自己的言行,说话办事符合自己的教师角色是非常必要的。当学生出现错误或者和自己发生矛盾时,教师必须冷静面对,不能使自己情绪失控,导致不良后果的发生。另外,教师的自制力还表现在面对成功或失败时,既不得意忘形,也不悲观失望,而是泰然处之。这是一位合格教师应该具备的良好品质。

教师职业意志是在职业道德认识和职业道德情感的基础上形成和发展起来的,是职业道德信念的体现。它能够宰制职业道德行为的方向和方式,并促使教师最终实现和完成职业道德行为。所以,它对教师进行教育教学工作有着重要的调节作用,是将教师职业道德内化,形成教师职业道德品质的关键性环节。

五、养成教师职业道德行为习惯

教师的职业道德行为是指教师在职业道德认识、情感、信念和意志的主使下,在教育活动中对他人、集体、社会做出的可以观察到的客观反应及所采取的实际行动。教师的职业道德行为是其个体道德意识的具体表现和外部标志。

教师职业道德内化就是把社会道德意识转化为每个教师的个体道德意识,并且通过个体的道德行为表现出来。一个教师是否具有道德品质,不在于他的道德认识有多高,也不在于他的道德情感体验有多深,而在于他的行为是否符合职业道德规范的要求。只有在教育活动中,始终按照教师的职业道德规范要求去做,时时处处都表现出一个良好的教师风范和形象,经过长期的锤炼,形成良好的行为习惯,才算真正具备了教师的道德品质。所以,教师职业道德内化最终的归宿和落脚点是形成教师良好的道德行为习惯。道德认识、道德情感、道德信念、道德意志都属于道德意识领域,是主观性的东西,还没有客观化,不能构成主体的道德品质,道德品质必须是在道德意识的基础上,通过外在行为才能表现出来。为此,就要求教师在提高道德认识、增加道德情感体验、坚定道德信念的同时,努力在实践中贯彻道德原则和规范,把教师职业道德规范付诸行为,并且长期坚持下去,使其成为自己的行为习惯,最终达到内化教师职业道德要求的目的。

在教师职业道德要求内化的过程中,教师职业道德认识、情感、信念、意志、行为等基本要素并非孤立地存在和发展,而是相互联系、相互渗透、相互制约、相互促进,构成整体发展。例如,教师职业道德的情感、信念、意志、行为是在一定职业道德认识的支配下形成的,不是基于正确认识的情感,就只能是没有理智的感情冲动;没有教师职业道德认识,就不可能形成教师职业道德信念,不能产生坚强的职业道德意志;没有正确道德认识支配的行动,也是盲目的行动。同样,只有道德认识没有道德行为,也不能视为有道德的人。而通过教师职业道德行为,又能提高教师职业道德认识、增强职业道德情感、坚定职业道德信念、锻炼职业道德意志。要实现由知到行的转化,离不开相应的教师职业道德情感、信念;要使行为成为习惯,又离不开教师职业道德意志。

【阅读推荐】

请阅读 2004 年第 8 期《基础教育·重庆》戴艺灵撰写的《浅析教师职业道德的"内化"》一文。文章指出,教师的言行,应该是精雕细刻、经得起研磨推敲的;教师的形象,必须是近乎完美的,或者说是追求完美的。社会对教师的要求是很高的,要求教师做到"政治坚定、思想过硬、知识渊博、品格高尚、精于教书、勤于育人"。文章还认为,师德的形成不是一蹴而就的,它有一个不断发展提高的过程,而"内化"即为其中关键的一个步骤。内化过程就是心理内部矛盾运动过程,就是排除心理障碍,把外在要求转化为自身的、内在的需要。要完成这一过程,作者认为应具备两个条件:一是认真学习理论,深化认识。认识师德的示范作用,认识师德的标准。二是积极付诸实践,锻炼意志。职业道德意志力是内化的重要保证，而要锻炼意志，只有在实践中积极克服不良习惯的惰性心理障碍、心情不佳的情绪心理障碍、不求上进的个性心理障碍，自觉抵制各种不正确的思想和错误的道德行为。作者在文章最后强调，当你以当教师为荣，以当教师为乐，当你以教师的标准来要求自己，以高尚的情操得到学生的尊敬、社会的肯定时，那么，有谁还能比你更幸福呢？

第三节 教师职业道德内化的条件

教师职业道德内化过程的实现需要依赖一定的条件。这些条件包括：社会道德教育、教师个人道德修养、教师道德评价。

一、社会道德教育

社会道德教育是为了使教师履行职业道德规范而对教师有组织、有计划地施加系统的道德影响。这是教师职业道德内化得以实现的重要条件。实践表明，教师的道德意识和道德行为是不能自然生成的。要把职业道德规范转化为教师个体特殊的道德需要，并进而形成道德信念和要求，养成道德行为习惯，必须对教师进行社会道德教育。

教师的社会道德教育主要通过职业道德教育来进行。教师的社会生活主要是职业生活、社会公共生活和家庭生活。这三种生活虽然都是对教师进行社会道德教育的途径，但是，相比较而言，其中职业生活途径更为重要。因为职业道德教育作为社会一般道德教育的规范化、具体化，更能体现教师职业生活的特点，而人的社会活动也主要通过职业生活来体现。因此，对教师进行社会道德教育，使教师把社会道德内化为自己的道德理想和道德信念，主要是依靠职业道德教育来完成的。

由于教师本身就是社会道德的教育者，因此，对教师进行道德教育不能完全按照其他职业道德教育的模式操作，而应该采取灵活多样、贴近实际的形式。如通过报告、讲演、研讨、经验交流和系统学习道德理论，提高教师的道德认识，树立道德信念，增进道德情感；通过对教育活动中的各种问题的剖析和价值澄清，使教师提高道德选择和判断能力；通过对教师良好行为的激励和强化，使教师坚定道德信念，增强道德意志；通过加强学校的管理工作和对教师的严格要求，使教师养成良好的道德行为习惯，等等。在对教师进行道德教育时，还要看到教师知识层次比较高，批判能力比较强的一面，切忌道德说教，讲大道理、空理论，距离现实太远。

二、教师个人道德修养

从根本上说，能否把教师职业道德要求内化为教师的个人道德品质，取决于教师的个人道德修养。因为社会道德教育只是一种外在力量，这种外在力量是否对教师个体发生影响作用，主要还在于教师本人的修养程度，在于教师主观能动性的发挥。因此，在教师职业道德要求内化过程中，必须看到教师自我道德修养的重要性。教师道德修养是教师道德要求由"他律"向"自律"升华的关键，是教师职业道德要求内化的必要条件。发生伦理学表明，教师个体道德的形成，不可避免地要首先经历一个相当漫长的以义务为特征的"他律"道德时期。但是教师个体道德不应只停留在"他律"的阶段，更重要的应该是"自律"。教师道德由"他律"向"自律"阶段的升华，关键就在于教师自己的道德修养。这就是说，社会道德教育固然非常重要，但教师道德修养更加不能忽视。道德教育是教师道德要求内化的外部条件，教师进行自我修养的自觉性才是内部的根据，而且这种自我修养的自觉性，在教师道德要求内化过程中起着决定性的作用。没有高度的自我修养的自觉性，外部条件再好也是没有意义的。

教师的道德修养是指教师自觉地按照教师道德要求所进行的自我锻炼、自我改造和自我提高等活动，以及经过努力所达到的教师道德境界。教师道德修养的目的就是把作为理论形态的外在道德要求转化为个人内在的道德认识、情感、信念和意志，使之成为教师进行道德判断和选择的依据，以适应教师职业的需要。

教师职业道德修养的根本途径是理论和实际相结合。一方面，教师要积极参与社会实践和教育实践，在实践中积累丰富的道德经验，汲取道德智慧，磨炼道德意志；另一方面，还要认真学习道德理论，用道德理论指导自己的道德行为，以提高实践的自觉性，避免盲目性。

为达到加强道德修养的目的，教师还要注意修养方法的科学性，根据自己的实际情况采取有效方法进行道德修养。在道德修养方法中，最主要的就是"慎独"。"慎独"一词出于我国古书《礼记·中庸》："道者也，不可须臾离也；可离，非道也。是故君子戒慎乎其所不睹，恐惧乎其所不闻。莫见乎隐，莫显乎微，故君子慎其独也。"意思是指道德原则是时刻不能离开的，要经常检查自己。警惕是否有什么不妥的言行而自己没有听到看到，害怕别人对自己有什么意见而自己没有听到。一个有道德的人在独自一人、无人监督时总是小心谨慎地不做任何不道德的事。这是一种最高尚的道德境界。只有道德认识明确、道德情感强烈、道德信念坚定、道德意志坚强的人，又能经常不断认真修养的人，才能做到。这是对教师职业道德要求最具有道德意义的内化。因此，在道德修养过程中，每一个教师都要努力约束自己，力争达到"慎独"的道德境界。

另一种道德修养的主要方法是"战胜自我"。就是以坚强的毅力、顽强的意志抵挡住非分的诱惑，克服自身的缺点，改正不良的习惯等。要做到"战胜自我"，实际上比"认识自我"更艰难，需要个体具有更大的决心和毅力。如果一个教师经过修养，能够"战胜自我"，也就达到了把职业道德要求内化的目的。

此外，不断开展自我批评，严于解剖自己，进行自我教育、自我改造、自我监督也是教师道德修养的重要方法。

三、教师道德评价

道德评价是指人们在社会生活中，根据一定社会或阶级的道德原则和规范体系，对自己或他人的行为所做的善恶褒贬的道德判断。教师道德评价则是人们（包括教师自己）根据一定社会或阶级关于教师的道德标准，对教师的教育行为所做出的善恶褒贬的判断。

道德评价对教师职业道德要求的内化具有重要作用。如果一个教师能够自觉运用道德评价的手段去审视自己和他人行为的优劣，就表明他对道德要求有比较深刻的认识和理解，同时也意味着职业道德要求已经在他的意识中得到了一定的内化。所以，教师道德评价是把教师职业道德规范内化为教师道德信念，形成教师道德行为的重要环节，是促使教师不断提高道德认识，加强道德修养，为学生树立学习楷模的重要途径。

进行教师道德评价，必须明确道德评价的标准和方式。所谓道德评价的标准，就是衡量人们行为善恶性质的尺度。这个尺度一是国家、集体和个人三者利益的结合，这是职业道德评价的最基本的标准；二是教师职业道德的原则和规范，这是职业道德评价的具体标准。其中最重要的是前者，因为具体标准会随着社会、时代的变化而发生改变。所以，在评价教师道德时，首先就是依据基本标准做出判断。只要符合基本道德标准，就是善的行为，就值得肯定和褒扬。

教师道德评价的方式有自我评价和社会评价两种。自我评价是教师对自身的教育行为的道德反思，是个人对自己行为善恶的一种判断。这种反思和判断是以良心为评价标准的。当自己的行为与良心相吻合时，就会感到满足和欣慰；反之，就会受到良心的谴责，感到内疚和不安。社会评价则是社会有机体对教师教育行为的善恶性质的判断，其典型形式是社会舆论和传统习惯。社会舆论即社会公众对某些事情的议论和态度。它通常以反映民众心理倾向为己任，对于符合社会道德要求的行为予以赞同，对于不符合社会道德要求的行为予以谴责,因而是道德评价的一种重要形式。传统习惯是一定社会、民族在长期共同生活中形成的、习以为常的社会倾向、行为习惯和道德心理沉淀等。它对人们的行为具有非常稳定的约束作用,能够在很大程度上左右人们的态度。因而对人们的道德评价也具有重要意义。

由于社会上人们的立场不同,看法不一,认识各异,因此不存在统一的道德评价。这就要求教师要不断地提高道德认识水平,确立坚定的道德信念,以便保持清醒的头脑去正确看待社会上各种道德评价,择善而从。

第四节 良心、义务在教师职业道德内化中的作用

教师的良心是教师进行道德判断和选择的内在尺度。良心在教师职业道德内化中具有十分重要的作用。同时,教师的道德义务还要求教师自觉承担起教书育人的责任,尽心尽力地为学生服务,为教育事业和社会做出贡献。

一、良心在教师职业道德内化中的作用

良心是在道德实践活动过程中形成的一种对他人和社会的道德责任感和自我评价能力。良心属于道德意识范畴,是一定的道德观念、道德情感、道德意志和道德信念在个人意识中的统一。它为一定的社会存在所决定,是人们在社会实践中形成的道德信念、道德理想和道德原则在内心的凝结,是对一定社会存在的反映。

教师的良心是指教师对社会提出的一系列道德规范的自觉认识,是个人对学生、集体和社会自觉履行职责的道德责任和对自己的教育行为进行道德评价的能力。教师的良心是教师内心的呼声,也是教师的一种自我反省、自我检查和自我监督,是教师进行道德判断和选择的内在尺度。

教师的良心作为一种道德意识,贯穿于个体整个道德行为过程中。在教师的行为之前,它能促使教师做出正确的道德行为选择。良心总是根据自己应该履行的道德义务要求,对行为动机进行审视和检查,看行为动机是否符合道德的要求,是否符合自己的教师角色。对于符合道德要求的动机就予以肯定,对于有违道德要求的动机就予以否定。这样,可以避免教师做出不道德的行为。如果缺少良心的审视和检查,在邪恶观念的怂恿下,就可能发生没有理性判断的感情冲动,做出不符合道德规范的行为选择。

在教师的行为过程中,良心能够对行为进行自我调整和监督。英国作家毛姆在《月亮和六便士》中指出:我把良心看作是一个心灵中的卫兵,社会如果要

存在下去，制定出的一套礼规全靠它来监督执行。良心是我们每个人心头的岗哨，它在那里执勤站岗，监督着我们别做出违法的事情来。这就是说，良心对个人的行为起着监督作用。对于教师来说，良心的作用也是如此。教师的职业劳动时间不像工厂、机关那样刻板，除上课以外，教师可以自由支配工作时间。因此，在没有别人干预或无法干预的领域，教师良心是使自己内心世界去服从道德准则的自我法庭，对自己的行为起监督和调整作用。凡是符合道德要求的认识和情感、信念和意志就给予支持和激励，对不符合道德要求的情感、欲望和冲动就予以制止和克服。特别是在行为过程中，当某种行为可能危及个人利益，或个人利益与国家利益、集体利益发生矛盾时，或者是遇到情况发生突然变化而出乎自己预料，发现认识错误、情感偏颇、手段失当时，教师良心能够使自己欲举辄止，中止不道德行为的发生或改变其行动的方向和方式，以避免造成不良后果。

在教师的行为之后，良心能够对行为的结果起评价作用。当教师完成某种职业行为之后，其良心会对行为的后果进行自我评价。当发现自己的行为对学生有益，对教育事业有利时，就会心安理得，感到惬意和自豪；否则，就会受到良心的谴责，感到愧疚和不安。这种良心的自我谴责会促使教师反省自己的行为，自觉地弥补过失，改正错误，从而对教师职业道德的内化起到积极的作用。

教师的良心是教师道德自我完善所需要的重要内省力量。没有这种力量，人们就不能正确认识和评价自己行为的社会后果，也不能从道义上对自己的行为承担责任，更不能把教师职业道德要求内化为自己的道德意识和道德品质。因此，教师职业道德的内化必须充分发挥良心的作用。

【阅读推荐】

请阅读教师文苑网上的一篇文章《教育良心是教师职业道德的最高境界？》。文章指出，职业良心，是指有着特殊职业的从业人员领悟了社会对自己的要求，因而具有的为社会尽具体义务的明确意识。所谓教师的职业良心，就是教师在对学生、家长、同事以及对社会、学校、职业履行义务的过程中所形成的特殊道德责任感及道德自我评价能力。对一个教师来说，如果道德要求没有被内化、接受，他是无法正确履行道德义务的。也就是说，教师的职业良心取决于教师自己在教育实践中的自我修养和自我教育。其中，文章归纳了教师良心与其他职业良心相比，有两个主要特点：一是层次性高；二是教育性强。检验教师良心的最终标准当然只能是看良心所做的判断是否有利于对学生的教育。最后，作者明确指出，教师职业良心的修养包括：一是修养自己的职业良心，要有高度的责任心。二是修养自己的职业良心，要规范自己言行。三是修养自己的职业良心，要有亲和力。四是修养自己的职业良心，要净化自己的心灵。五是修养自己的职业良心，要用"爱"成就自己美好的教师职业。

二、义务在教师职业道德内化中的作用

义务是指个人对他人和社会应尽的责任，它包括政治义务、职业义务、法律义务、道德义务等。这里所说的义务是指道德义务。所谓道德义务是指对他人、社会所负的一种道德责任，也是一定的社会道德原则和规范对人们行为的要求。道德义务有三方面：① 对社会、对人类应尽的义务，如保护环境、维护和平等；② 对他人应尽的义务，如对工作负责、助人为乐、受恩回报等；③ 对自己应尽的义务，如自尊、自重、自爱等。

道德义务和其他方面的义务有很大的不同。其他义务都和权利、报偿相联系，如果承担一定的义务就有一定的权利和报偿。而道德义务则不然，它总是以或多或少的自我牺牲为前提。在道德上尽义务，就意味着付出和奉献。如果不能自觉地为社会、他人做出奉献，为社会和他人的利益牺牲自己的利益，就谈不上道德。

教师的道德义务是指从整个教育事业的客观需要出发，根据教师职业劳动的特点、教师职业道德原则和道德规范的要求而提出的教师对国家和教育事业以及对学校、学生家长和同事所应该承担的责任。教师的道德义务要求教师自觉承担起这些责任，尽心尽力地为学生服务，为教育事业和社会做出贡献。

在教师职业道德内化的过程中，义务的作用是提高教师遵守职业道德的自觉性。道德义务一旦升华为道德主体的道德责任感，就成为道德主体的道德意识结构的有机组成部分。受道德责任感的驱使，作为道德主体的教师就能够正确认识自己的角色期待，就能够自觉按照教师道德规范的要求选择正确的道德行为。把国家和人民托付给自己的使命和要求转化为内心的需要，义不容辞地履行教师的各种职责。如果个人的利益和社会以及他人的利益发生了矛盾，他会毫不迟疑地舍弃个人利益，服从整体利益，自觉地为社会和他人承担责任，为教育事业无私奉献一切。正如杜勃罗留波夫所说："有的人只是忍受着义务的吩咐，把它当作一种沉重的枷锁，当作'道德负担'，这样的人，看来不能把他们称为真正有道德的人。而有的人注意把义务的要求和自己的内在本质的要求结合起来，努力通过自我意识和自我发展的内在过程把义务的要求化为自己的血肉，使这些要求不仅成为本能的需要，而且带来内心的享受，这样的人才

可以称为真正有道德的人。"① 这就是说，只有当社会道德要求转化为人的一种内心需要，社会道德的约束力量转化为人自觉行善的推动力时，才能造就出有道德的人。而提高教师的道德责任感正是为了达到这一目的。

【阅读推荐】

请阅读傅维利主编的《师德读本》（高等教育出版社，2003年版）中的有关《周老师为学生提供辅导，接受家长答谢礼金，违反教师职业道德吗？》一文。文章描述：在响亮的运动员进行曲中，周老师又一次站在市优秀教师的领奖台上。算起来，这是周老师从教12年来第6次站在这里了。周老师是全市物理教学改革带头人，连续带了八届初三毕业班，每一届学生的中考成绩都在全市名列前茅。他爱学生，经常义务为学生补课，在别人看来没有希望的学生，到他手上就变成了一个个小天才。然而，站在主席台上的周老师此时的心情与前几次大相径庭。因为半年前，有个孩子叫张亮，学习成绩一直上不去。经过周老师的耐心辅导，张亮的学习成绩还真的提上来了。于是，张亮的家长在孩子入高中的第一天，亲自到周老师的家中答谢，临走时塞给周老师2 000元钱。一想起这件事儿，周老师心里就像堵了个疙瘩，再去教育学生总觉得没有说服力。

思考题

1. 教师道德内化有何意义？
2. 教师道德内化过程包括哪些方面？
3. 教师道德内化需要哪些条件？
4. 良心、义务在教师道德内化过程中有哪些作用？

---

① A.N.季塔连科.马克思主义伦理学[M].黄其才，等，译.北京：中国人民大学出版社，1984：133.

第五章　高校教师个体道德品质

> **内容提要**
>
> 高等学校教师职业道德内化的结果是形成教师良好个体道德品质。本章阐述了教师个体道德品质的内涵和形成条件，并重点说明了教师个性心理品质的特点、作用和具体内容以及如何提高教师个性心理品质问题。

> **学习目标**
>
> 1. 理解高等学校教师个体道德品质的内涵和形成条件。
> 2. 明确高等学校教师个性心理品质的特点和作用。
> 3. 掌握高等学校教师个性心理品质具体内容和如何提高个性心理品质问题。

教师职业道德要求内化的结果，就是形成教师个人的道德品质。因此，在明确教师职业道德内化过程和条件等问题的基础上，我们还要进一步了解教师个体道德品质问题。

第一节　教师个体道德

教师个体道德属于个体道德范畴，即每一个教师所具有的道德。教师个体道德境界是指教师个体在处理个人与他人、个人与社会整体的关系中所实际达到并意识到的特定社会或阶级的道德要求的程度。

一、教师个体道德的含义

所谓教师个体道德是以教师为社会职业身份的社会成员的个体道德。它是由个体道德心理、个体道德行为和个体道德境界诸因素所构成的。

教师个体道德心理是具有善恶意义的心理活动和心理机制。它包括道德心理过程和道德倾向。道德心理过程即道德认识过程、道德情感过程、道德意志过程；而道德倾向则是道德需要、道德动机、道德兴趣、道德理想和信念等。个体道德心理过程和个体道德倾向的有机统一，就构成了个体道德的心理素质。

教师个体道德行为是教师在其特殊职业道德心理支配下所产生的行为。它包含这一行为的过程及其倾向。我们可以把前者视为一个完整个体道德行为的能力系统，包括动机、行动和效果；而后者则是个体道德行为的目标指向系统，包括自我道德修养、自我道德选择和自我道德评价。

教师个体道德境界是指教师个体在处理个人与他人、个人与社会整体的关系中所实际达到并意识到的特定社会或阶级的道德要求的程度。道德境界的发育要经历三个阶段：自发的道德境界、自觉的道德境界和自由的道德境界。但从道德境界的性质来看，它包括善的道德境界、可能性道德境界和恶的道德境界。道德境界的发展状态是个体道德素质达到社会现阶段道德要求的程度，个体道德性质状况显示出个体道德境界的道德价值的性质，它们的有机统一，构成了个体道德的现实状况。

二、教师个体道德与社会道德的关系

根据道德主体的不同，道德分为社会道德和个体道德两种。社会道德是以社会为主体的道德，它是社会为了调节人们之间的关系而确立的行为规范的总和，是社会对人们提出的道德要求。个体道德是以个体为主体的道德，是行为个体在道德活动中表现出来的道德现象的总和，即社会道德在个体身上的表现，也称为个人品德。

社会道德与个体道德作为道德总体的两个部分，它们之间既相互联系，又相互区别。一方面，社会道德与个体道德是相互联系的。社会道德的实施必须以个体道德为基础和必要环节，必须通过个体的道德心理并形成相应的义务感和良心来发挥作用。而个体道德的形成、产生、巩固和发展也离不开社会道德的影响。个体道德实践的空间和时间的范围总是从属于一定群体之中的，对利益关系的处理、对工作成绩的评价和对规则制度的维系，都要适合社会的需要。另外，社会道德与个体道德在一定条件下会相互转化。在社会道德的培育和影响下，个体会形成与社会一致的道德品质；同时，个体道德素质的增强，为社会道德增加量的积累，对社会道德的变化起着巨大的影响作用。

另一方面，社会道德与个体道德又是相互区别的。这种区别主要表现为对社会所起作用的范围和所处的地位层次的不同。社会道德的主要功能是对社会成员之间的关系进行道德调节,保证社会按照一定的轨迹正常和谐地运行。因此,社会道德对个体道德的影响和制约表现出指导性和深刻性,它对社会成员的价值取向、思想行为起着直接的重大的影响。它比个体道德远为广泛和普遍,因而比较稳定和持久,一般来说要高于个体道德。与社会道德相比,个体道德则表现出层次性和差异性。个体的思想道德可以分为先进、较好、一般、后进和堕落等不同层次,这些不同层次的道德对社会所产生的影响、所起作用的范围和程度有着明显的差异。

教师个体道德属于个体道德范畴,即每一个教师所具有的道德。它受制于社会道德和个体道德关系的一般规律。其表现形式是:

第一,教师个体道德以社会道德为条件。社会道德是社会对其成员提出的道德要求,这种道德要求作为一种意识形态,普遍地作用于社会每一个成员。教师作为社会成员的一部分,必然受社会道德意识的影响,从而形成自己的个体道德。

第二,教师个体道德是社会道德的反映和有机构成部分。从道德的社会功能角度看,社会道德大致包括社会公德、职业道德、家庭道德三个方面。教师道德属于职业道德的一种,是整个社会道德的一个组成部分。教师的道德要求是社会道德要求的具体化,教师的道德状况是整个社会道德状况的反映,教师个体道德是社会道德内化的结果。

第三,教师个体道德相对独立于社会道德。社会道德虽然是教师个体道德形成的条件和背景,教师个体道德受社会道德的制约,但是,教师个体道德也有其相对的独立性。由于不同的教师所处环境的差异,生活经历的不同,自身文化修养有别等原因,其个体的道德品质存在一定的差别。有的道德品质高些,有的低些,有的教师甚至完全不具有教师的道德品质。这都是正常的现象。

三、教师个体道德品质的内容和特征

(一) 教师个体道德品质的内容

教师个体道德品质就是通常所说的教师的品德或德性。它是教师个体在道德意识和道德行为中表现出来的比较稳定的特征和行为倾向。教师个体道德品质是一个综合性范畴,它包含多方面的内容。其主要是:

1. 献身教育事业

教育事业是传播文明、培育人才、推动经济和社会发展的一项伟大的事业,它要求从事这项事业的教师必须具有献身精神。教师要站在社会的、全局的、人民长远利益的高度认识自己所从事的教育事业,为了培养人才,为了社会的发展，要甘于奉献、勇于牺牲。当然，这并不是要求教师完全舍弃自己的利益，不计报酬，无偿地奉献，而是要求教师要正确处理"义"与"利"、个人和社会的关系，重大义、识大体、顾大局，不斤斤计较个人的得失。特别是在社会主义市场经济条件下，更要大力提倡教师为教育事业奉献的精神。

2. 自尊自强

这是教师追求人格完善、实现崇高的人生信念的良好品质。一个教师只有具备自尊自强的品质，才能承担起教书育人的职责。所谓自尊，就是自觉履行教师职业道德规范，不做任何有损人格和教师角色的事情。保持良好道德形象；所谓自强就是坚持不懈地追求自我道德完善，高标准，严要求，永不自满，永不懈怠。教师必须以自尊自强的精神激励自己，不断完善自己的道德人格。

3. 正直诚实

教师的职业要求教师必须具有正直诚实的品格。正直诚实表现了一个人以科学、求实的精神处理个人与社会、事业的关系。我国古代教育家韩愈曾指出：师者，所以传道授业解惑也。教师要承担传道授业解惑的职责，就要做到忠实坦诚、公正无私、光明磊落、是非分明。如果教师不具备正直诚实的品质，就不能为人师表，就不能以自己的品格感化学生，尽到自己教书育人的义务。

4. 开拓创新

这是一种在人生和事业上不断求改革求进取的良好品格，这种品格引人上进，促人创新。教育劳动是一种创造性劳动，有定规而无定法，教师只有不拘泥教条，善于根据具体的教育情境机智灵活组织教育劳动，才能培养出既符合统一的教育目标，又有丰富个性的新人。因此，创新开拓是教师的重要品格。它要求教师不因循守旧，善于打破陈规陋习，大胆改革；不主观教条，善于从实际出发，开拓创新；不盲目崇拜，善于学习先进，为我所用；不故步自封，善于发现问题，锐意进取。教师只有具备这些良好品格，才能在教育领域大显身手，有所作为。

（二）教师个体道德品质的特征

教师个体道德品质有如下特征：

首先，教师个体的道德品质是社会道德原则、规范和教师道德原则、规范的具体反映。教师是处于一定社会关系中的人，他的个体道德是社会道德的内化，是教师道德的具体化。因此，教师个体的道德品质既反映一般社会利益关系，又反映职业活动中的利益关系。

其次，教师个体道德品质是教师道德意识和道德行为的统一。教师的道德行为是教师道德品质的客观基础。只有教师的道德意识而没有教师长期养成的道德行为习惯，就谈不上道德品质。道德品质必须通过道德行为表现出来；同时，道德行为也不能脱离道德意识的支配，任何一种道德行为都是道德意识主宰的结果。所以说，教师个体道德品质是由道德意识和道德行为两方面构成的有机统一体。

再次，教师个体道德品质是教师道德意志的凝结。道德意志在道德意识中占据着十分重要的地位。很多时候，虽然个体道德认识明确，但却没有做出道德行为或者中辍道德行为，都是由于道德意志的原因。就教师个体道德品质来看也是如此，教师的每一种正确道德行为实现都是其道德意志选择的结果，每一种错误道德行为的避免都是其道德意志否弃的结果，而且其道德行为习惯也是在意志的顽强努力下才形成的。因此，教师个体道德品质中凝聚着浓重的道德意志的成分。

最后，教师个体道德品质是多种内在因素的辩证统一。它具体表现为：① 同一性和差异性的统一。由于教师的职业特征和长期生活于共同的环境下，教师群体中的每个成员都有大体相同的个性心理品质。但是，每个教师在年龄、性别、家庭环境、所受教育以及自我修养程度等方面都存在差异，因而其个体道德品质不可能完全相同。② 内在性和现实性的统一。教师的个体道德品质是内在于教师个体而存在的，具有内在性。但它同时又表现于外部行为。当教师依据自己的内在道德品质去处理教育教学工作中的问题时，其道德品质就外显为行为，具有现实性。③ 稳定性和发展性的统一。教师个体的道德品质是经过长期自我修养形成的，具有一种内在稳定的心理结构。因此，无论在什么时候、什么条件下，教师个体都会自觉地遵守道德规范，表现出行为的稳定性。但是，教师决不能满足现有的道德状况，还需要不断地进行自我修养，向新的道德境界攀升。所以，教师个体的道德品质又是稳定性和发展性的统一。

四、教师个体道德品质的形成条件

教师个体道德品质的形成受多方面条件和因素的影响，其中主要是教师所处社会环境和所接受的社会教育、教师的教育实践以及教师个体的自我选择和修养。

第一，教师所处的社会环境和所接受的社会教育。教师的个体道德品质不是与生俱来的，它是教师接受社会教育，适应社会现实环境的结果。教师作为社会的一员，总是生活在一定的时代、一定的社会环境之中，受到社会物质和精神条件的制约。特别是社会统治阶级，总是大力提倡、宣传自己的道德原则和规范，力图使教师的个体道德品质向着社会需要的方向发展。而教师个体要完成自己的职责、实现自己的人生价值也必然会自觉或不自觉地按照社会的要求去约束自己。这样，教师的个体道德品质就必然是一定社会环境和社会教育的产物。正如马克思、恩格斯所说：因为个人是什么样的，这取决于他们进行生活的物质条件。

第二，教师的教育实践。教师的个体道德品质是在教师改造客观世界，特别是教育实践过程中逐渐形成的。在教育实践中，教师不断加深道德认识，增加道德体验，坚定道德信念，磨炼道德意志，经过长期积累，就成为行为整体中稳定的一贯的倾向，构成教师各自特有的不断完善的道德品质。同时，教师在实践中形成的道德观念、道德行为还要在教育实践中经受检验和修正，从而使教师的个体道德品质得到不断完善和发展。

第三，教师个体的自我选择和修养。社会环境和教育以及教育实践是教师个体道德品质形成的外部条件和客观基础，而教师个体的自我选择和修养则是教师个体道德品质形成的内在因素。人的道德行为是一种自觉能动地适应社会的意志行为，不是消极适应社会的盲目行为。也就是说，道德意志的选择作用是不可忽视的。一般来说，人们在形成和完善自己的道德品质过程中要解决两个矛盾：一是社会道德要求与自己的道德认识之间的矛盾；二是不同的道德观念之间的矛盾。教师必须在这些矛盾的观念中，经过选择和否定，确定自己的道德观念，选择自己的道德行为，然后才形成自己的道德品质的。所以，教师只有正确处理不同道德观念之间的矛盾，积极进行道德选择和自我修养，才能形成高尚的符合社会发展要求的道德品质。

【阅读推荐】

请阅读文和平在《中国大学教学》(2004 年第 3 期)发表的文章，《三尺讲台传真知，教学改革献真情》。文章主要讲述了马知恩教授(西安交通大学教学特别优秀的教师)自 1954 年从北京大学毕业分配到学校任教至今，已近 50 个春秋。在这半个世纪的教学生涯中，他始终奋战在教学工作的第一线。他先后教授过 12 门课程；培养了硕士生 43 人，博士生 12 人。即使在担任博士生导师以后，年过花甲的他仍然主动要求担任本科生的教学工作。他对待工作的高度责任感、少有的工作热情深深地感动和激励着学校的广大教师。他长期积累的丰富的教学经验和高超的业务水平，使他在教学中能将思想性与科学性、艺术性完美地统一起来，征服了几乎每个听过他讲课的学生，受到了师生们高度的赞扬。他先后获国家级和教育部有关的教学大奖 8 项，出版教材 8 套、译著 1 套，发表教学研究论文 11 篇。1991 年，他荣获全国优秀教师称号；2003 年，获第一届高等学校教学名师奖。同时，文章还指出，马知恩教授始终不渝地把搞好教学工作作为自己首要的职责,把不断提高教学水平和教学质量作为自己终身追求并为之奋斗的目标。马知恩教授认为,要搞好教学,首先必须讲好课,提高讲授水平,三尺讲台虽小,却是教师充分发挥自己聪明才智的无限空间。为了讲好一堂课,他总是投入极大的精力去认真备课,精益求精、反复推敲、反复修改讲稿。因此,学生赞誉:听他讲课是一种"享受",不但学到了知识,而且提高了能力,真是终身受益。他曾多次被学生评为最满意的教师。

第二节 教师个性心理品质

教师个性心理品质是教师个体道德品质的重要组成部分,教师的个体道德品质是在教师个性心理品质基础上形成发展起来的。因此,了解教师的个性心理品质,对于进一步掌握教师道德品质问题具有重要意义。

一、教师的个性和个性心理品质的含义

教师的个性是指在教育劳动的道德关系中承担教师职责的人们特殊稳定的道德心理和道德行为倾向。在个性之中,道德心理是内在根据,它支配道德行为;而道德行为是个性的外在表现,它为道德心理所制约。在道德心理的内在矛盾运动中产生的道德动机是道德行为的直接发动者。没有道德心理矛盾运动就没有道德动机的产生,没有道德动机的产生也就不可能出现道德行为。

教师的个性心理品质是教师在长期的教育活动中形成的特殊心理品质。它表现为个性倾向性和个性特征两方面。个性倾向性是指一个人所具有的意识倾向,它包括需要、动机、兴趣、理想、信念、世界观等;个性特征是指一个人身上经常表现出来的本质的、稳定的心理特点,它包括能力、气质、性格等。教师的个性心理是一种职业化的个性心理。

二、教师个性心理品质的特点和作用

教师个性心理品质的特点在于它具有鲜明的道德意义。其主要表现是:

首先,教师个性心理品质具有明显的社会道德价值取向。教育是一种具有明显社会价值取向的特殊的社会生产活动。这种生产活动一方面要适应社会物质生产的需要,为社会生产合格的劳动者;另一方面也要适应一定统治阶级的需要,培养为统治阶级服务的人才。为此,统治阶级总是对教育施加影响,力图使教师具备适应自己需要的个性心理品质。而教师只有不断地使自己的个性

品质符合统治阶级的要求,才能从事教育活动。这样,在长期的教育实践中,教师的个性心理品质就打上了明显社会价值取向的烙印。

其次,教师个性心理品质具有明显的职业特点。教师的职业有别于其他职业,它有自己的特点和规律。它要求从事这种职业的人要具备相应的个性心理品质。例如教师是知识的传播者,就要求教师具有丰富的知识和良好的表达能力;教师的工作对象是青少年学生,就要求教师具有热爱学生的情感和调节人际关系的能力。由此可见,教师个性心理品质具有明显的职业规定性。

最后,教师个性心理品质具有明显的道德教育意义。学校教育的一个根本任务是塑造学生符合社会需要的个性品质,这个任务的完成除了以观念输导、行为培养为基本教育手段外,一个十分重要的教育手段就是教师的人格教育作用,也可称作教师的师表作用。要想培养学生良好的个性品质,教师自己首先要具备良好的个性品质。学生具有向师性的特点和模仿性的特点,他们在接受观念教育的同时,总是以榜样为其理解观念的实际教材,为其道德理想的具象,而教师在学生的心目中是具有完美人格的成人,是其第一个效仿的对象,这就使得教师的个性心理品质具有直接的道德教育作用。正像苏联教育家乌申斯基所说的:在教育中一切都应以教育者的人格为基础,只有人格才能影响人格的发展和形成,只有性格才能形成性格。正因为这样,社会要求教师要十分注意自己的个性心理品质的全面修养,成为青少年个性全面和谐发展的榜样。

在教育工作中,教师个性心理品质的作用主要表现在两个方面。

第一,有益于对青少年学生的培养和教育。

教师的知识水平和教学方法无疑是培养和教育学生的重要条件和手段。缺少知识或者教学方法不当,都不能有效地达到教育学生的目的。但是,教师的个性心理品质在教育学生的过程中作用同样不可忽视。苏联学者高纳波林认为,教师的个性"是教育工作成功的有决定意义的因素。一方面,教师良好的个性心理品质有助于师生之间的交流与沟通。教育过程是师生双向精神交流的过程,在这一过程中,如果教师与学生之间关系和谐、感情融洽,就会最大限度地激发教师的教学积极性和学生学习的积极性,达到最佳的教育效果。而要做到这一点,一个最主要的条件就是处于教育主导地位的教师必须具有良好的个性心理品质,即有良好的性格、卓越的能力、丰富的情感、正确的工作态度等。否则,要取得最佳的教育效果是不可想象的。另一方面,教师良好的个性心理品质有助于诱导学生在学习上的情感迁移。所谓学生学习情感的迁移是指这样一种教育现象:学生由于受教师优秀个性心理品质的吸引并进而喜欢其所教的课程,学习成绩越来越好;由于教师缺少优秀的个性心理品质并进而讨厌其所教的课程,从而影响到学生学习成绩越来越差。也就是说,教师的个性心理品质会左右学生学习情感的迁移，并在很大程度上影响学生的学习成绩。所以，教师个性心理品质对教育的作用是不可低估的。

第二，有益于建立教师的威信。

教师的威信是教师具有使学生感到尊严而信服的精神感召力，是教师对学生在心理上和行为上所产生的崇高的影响力，是师生之间一种积极肯定的人际关系的表现。实践证明，成功而有效的教育，必须以教师的威信为必要条件，而教师的威信必须以良好的个性心理品质为基础。一个具有良好个性心理品质的教师，会自然在学生中树立起知识的权威和师长的风范。学生也会自然而然地心向教师，自觉或不自觉地内化教师的教育要求。教师的人格也会成为学生效法的楷模，教师的语言也会成为学生鞭策人生的座右铭。反之，如果教师缺少良好的个性心理品质，仅仅依靠自己的知识权威和组织的领导地位，对学生的教育和影响就非常有限。所以，教师的良好个性心理品质是其在学生中树立威信，对学生进行有效教育的重要工具。

三、教师个性心理品质的主要内容

教师的个性心理品质包含很多内容，其中主要有以下几方面。

（一）崇高的理想和坚定的信念

教师崇高的理想和坚定的信念主要是指崇高的社会理想和政治信念，崇高的人生理想和人生价值观，崇高的职业理想和信念等。在个性心理品质内涵中，个性倾向性制约着人的全部心理活动的方向和行为的社会意义，而理想和信念又是个性倾向性中最有社会价值的因素，在个性心理品质中占据核心地位。正是从这种意义上看，我们把个人的理想信念视为人生的精神支柱。

教师树立崇高的理想和坚定的信念具有非常重要的意义。一方面，它能够激发教师确立远大目标，奋发向上，积极进取，在事业上有所作为；另一方面，它能够对学生产生巨大的感召作用，引导学生树立崇高的理想和为之奋斗的坚定信念。

（二）良好的认知品质和强烈的求知欲

认知是指感觉、知觉、记忆、思维、观察、想象等心理过程。教师的认知品质包括两方面：一般的认知品质和社会认知品质。在一般的认知品质方面，要求教师有较强的接受信息能力、观察全面、记忆准确、思维活跃、想象丰富；在社会认知品质方面，要求教师具有正确的自我认知和人际认知能力，能够对教师的社会角色、劳动价值以及物质自我、社会自我、精神自我等有比较正确的认识；能够正确看待自己的教育对象和感知教育环境中的各种人际关系，以便不断完善自我和调整教育过程中的各种关系，为进行教育活动提供保证。

教师的职业还要求教师要有专深广博的科学文化知识，而强烈的求知欲则是教师具有专深广博科学文化知识的必要前提条件。有了强烈的求知欲望，教师才能不断学习，吸收新知识，开阔新视野，改善知识结构，以适应教育教学的需要。

（三）广泛的兴趣和开朗的性格

兴趣是人们力求认识某种事物和从事某项活动的心理取向。教师的兴趣是影响学生个性发展、融洽师生感情、引导学生学习的重要教育手段，因此，要求教师不但要有广博专深的科学文化知识，而且要有广泛、稳定和持久的兴趣。所谓广泛的兴趣，是指凡是学生感兴趣的有益身心健康成长的所有领域，教师都应满怀热情并乐于探求；除此之外，教师的兴趣还要做到相对稳定持久，有中心、有重点，这样才能获得多领域系统知识和实际操作能力，进而构成教师个性品质的稳定成分，才会对学生产生稳定而持久的影响。

教师的性格在教师个性心理品质中占据突出的地位。所谓性格是指个体在社会生活过程中形成的对现实稳定的态度以及与之相适应的习惯化的行为方式。由于先天遗传因素和后天社会实践环境的差异，不同的人具有不同的性格，不同性格使人具有不同的社会适应性。教师职业劳动对教师的性格有特殊的需要。日本大学教授关中先生认为，教师的性格特征应当是具有明朗快活、朝气蓬勃的精神，宽大、宽容学生的缺点和弱点，能亲切进行教育指导，公平处理一切事物，并且有专业上的权威，统率青年的才能，情绪稳定。可见，教师的基本性格特征应该是热情开朗。热情开朗，就是在教学、教育活动中处处表现为热爱人生和事业、精神饱满、勤奋愉快、胸怀坦荡，乐观向上的精神状态。这种精神状态不但会给学生和同事以极大的感染，产生巨大的吸引力，而且会使人感到愉快、轻松、容易相处，有利于建立良好的人际关系。这种性格也有利于克服逆境和心理挫折，不致由于孤僻、悲观、冷漠的消极情绪而影响教学教育的效果。此外，教师还应该具有理智、诚实、独立性等方面的性格。

（四）丰富的情感和适度的情绪

情感和情绪是与人的需要紧密联系的，是引起人们某种动机和行为的内在动力。教师的情感和情绪品质在教学和教育活动中具有重大意义。丰富而高尚的情感可以动员教师的全部精力和能力为实现教育目标而奋斗。稳定和适度的情绪会使教师保持良好的心境，提高工作效率，提高教育艺术，保持心理健康。

教师丰富高尚的道德情感主要包括爱国主义情感；热爱教育事业的职业情感；爱护学生、为人师表的教师责任感和荣誉感；维护学校和整体利益的集体主义情感等；追求符合人类共同审美需要的审美情感和理智感等。

教师必须有适度的稳定的情绪。所谓适度是指教师应像普通人那样对客观事物和学生的行为做出相应的情绪反应，同时又要时刻不忘教师的责任，根据教育对象的接受能力和教育目的的要求，适当地表现自己的情绪。所谓稳定是指教师情绪的价值取向要明确而稳定，不能因教师个人生活境遇的变化和个人利害得失表现出反复无常或失态，也不能让学生的情绪左右教师的情绪。

（五）坚强的意志和果断的机智

意志是行为主体自觉确定活动目的，并为实现预定目的，有意识地支配、调节行为的心理品质。这种心理品质对于教师完成教学、教育职责有着特殊的重要意义。它要求教师行为要表现出极强的自觉性、坚持性、果断性和自制力。克服随意性和盲目性。

所谓自觉性是指对行为目的有明确而深刻的认识，并使个人的行为完全符合正确目的的意志品质。这种自觉性要求教师对自己所从事的事业有明确而深刻的认识和坚定的信念，积极自觉地献身于教育实践。如果行为上出现偏离教育目的的情况，就要及时调整。

行为的坚持性就是在行动中坚持目标，百折不挠，顽强克服困难的品质。在教育活动过程中，教师经常会遇到各种意想不到的干扰和困难。教师必须以超常的勇气、顽强的意志战胜一切阻力，实现教育目的。

果断性就是适时决断的意志品质。这是教师行为的目的性、完成目标的高度自觉性和顽强性的综合表现。教育活动的特点，要求教师必须有适时决断的能力。

自制力是善于掌握和支配自己言行的意志品质。当客观现实诱发出不利于实现教育目的的情绪冲动时，教师要善于控制自己的情绪，把握自己言行的分寸。教师不能因成功而得意忘形，也不能由于遭受打击而精神萎靡，更不能因意外的情况变化使教育行为受阻而悲观失望。教师在任何情况下都应理智地控制自己的情绪。

果断的教育机智也是教师必备的意志品质。教育机智是指教师在实现教育目的的过程中处理问题的机敏性。它是教师必备的一种特殊能力。它包括：细致入微的观察力，迅速准确的判断力，灵活机智的应变力等。

四、教师个性心理品质的培养和提高

教师的良好个性心理品质不是自发形成的，必须通过专门的培养和训练。那么，如何培养和训练才能提高教师的个性心理品质呢？这里应该注意以下两方面：

一方面，对教师的教育动机、教育感情、教育信念等个性心理倾向积极进行引导。其一，确立正确的教育动机。教师行为的趋向和手段在很大程度上受教育动机的影响，甚至在行为过程中和行为结束之后，教育动机还一直在监督和检查教师的行为。因此，确立正确的教育动机，是培养教师心理品质的重要环节。在对教师的心理素质进行训练时，应首先着重培养正确的教育动机，在实践中要将教育动机的培养和提高教育认识、熏陶教育感情、磨练教育意志有机结合起来。其二，形成良好的教育感情。教师热爱教育事业、热爱学生，努力完成自己的本职工作，在很大程度上取决于教师对教育事业认识基础上产生的教育感情。有了这种感情，教师就会眷恋教育事业，就会忘我地投身于教育教学活动之中。因此，提高教师心理品质，应该注意对教师教育情感的培养，加强对教师工作的重大社会意义的认识，增加对学生的了解和沟通，增加对教育活动的投入，形成良好的教育感情。其三，培养崇高的教育信念。教育信念是教师对教育目标、教育原则、教育理想等方面的真挚信仰和追求。坚定的教育信念是教师从事教育活动的重要条件之一。教师一旦形成了坚定的教育信念，就会在内心产生强烈的责任感和为教育事业献身的勇气。如果缺少相应的信念，教师就会在教育实践中产生波动，或没有教育信心，或虎头蛇尾，不能坚持所进行的教育实践活动。因此，培养教师的教育信念是形成其心理品质的重要内容。

另一方面，对教师的个性心理特征作定向诱导和调节。一是调节教师的气质。气质是人的心理活动全部动力特点的总和，即人们通常所说的"脾气、秉性"。心理学家通过观察人们的心理活动在动力方面表现出来的特点，如感受性、耐受性、情绪兴奋性、灵敏度等特性不同程度的结合，把人的气质分为四种类型：多血质、胆汁质、黏液质、抑郁质。不同的气质类型的人有不同的行为表现。因此，调节教师的气质就要根据不同的教师行为表现和要求进行定向调节。在实践中，要注意培养胆汁质教师的自制力，培养他们习惯于安静和平衡地工作；要给予多血质教师更多的活动机会和任务，使他们养成扎实、耐心的工作精神；对黏液质的教师，要给他们反应和考虑问题的足够时间；对抑郁质的教师应着重培养他们的自信心，增强他们的积极性，激发他们的工作热情，帮助他们逐步适应教学环境。此外，教师还要不断地增加知识素养，不断地在实践中磨练意志，提高智力层次和心理素质，这些高层次的文化素质也可以帮助教师发扬气质中的长处，克服气质中的不良因素，使不同气质的教师都能对教育工作做出最大的贡献。二是养成教师的性格。人的性格虽然具有稳定性，但不是不可改变的，它会在外力的作用下，发生相应的变化。因此，可以通过对教师心理不断施加影响，养成教师与其职业相匹配的良好性格。主要方法有：外力控制法，通过规章制度强迫教师言行态度达到一定的标准；意志控制法，教师通过自己的理智，按照规范的要求对自己的性格倾向加以制约；榜样示范法，让教师从榜样的力量中受到性格的感化；实践锻炼法，通过长期的教学实践磨练教师的性格。三是锻炼教师的能力。教师的基本能力包括语言表达能力、文字表达能力、分析综合能力、沟通学生能力、创造能力、协调能力、课堂控制能力、组织管理能力、能灵活解决学生间的关系和矛盾的能力等。能力的基础是知识和实践，为了提高能力，教师应不断学习，吸取知识，积极参加教育实践。除此以外，还有许多非智力因素，如意志、耐心等也会影响人的能力发挥，因此，教师还要注意培养自己的非智力因素。

【阅读推荐】

请阅读中华心理教育网上作者为佚名的一篇文章，《大学教师个性的心理品质》。文章指出，教师个性的心理品质具有重要意义，简单地概括如下：第一，教师个性的心理品质具有职业的意义和价值，教师的个性是做好教育工作的基础，在这个基础上既以个人的学识影响学生，又以个性品质影响学生。第二，教师的教学活动与学生的学习活动具有共同的目标，师生双方是在相互联系、相互影响中发展的。第三，教师个性品质是在师生之间相互尊重、理解和信任的基础上才能发生影响的。同时，文章还概括了我国学生喜欢的教师个性品质有以下三个方面：在性格方面，喜欢温和、开朗、活泼、耐心、幽默、有多方面的兴趣的教师，把教师看作朋友；在品德和工作态度方面，喜欢公正、民主、大公无私、负责任、守信用、热心、认真而不感情用事的教师，他们要求教师的人格高尚，把教师当作崇敬者看待；在学识和能力方面，喜欢有智慧、聪明、知识广博、教学有趣味、方法好、教学效果优良的教师，他们把教师视为智慧的传播者。

思考题

1. 什么是教师个体道德？教师个体道德与社会道德是何关系？
2. 什么是教师个体道德品质？教师个体道德品质是如何形成的？它包括哪些方面？
3. 什么是教师个性心理品质？它有哪些特点和作用？
4. 教师个性心理品质包括哪些内容？
5. 如何提高教师的个性心理品质？

第六章　高校教师高尚人格的塑造

内容提要

本章以高校教师的人格塑造为核心内容,从高校教师的人格价值及特征入手,阐述高校教师人格魅力的重要性。"身教重于言教"的内涵与意义在本章充分体现出来。正因如此,如何实现高校教师良好人格的塑造,就成为本章研究的重点。自我认识—自我调整—自我超越,成为高校教师人格塑造的理性轨迹。

学习目标

1. 认识高校教师人格塑造的价值及其良好人格的特征。
2. 理解高校教师人格塑造的具体要求。

第一节　高校教师人格魅力的价值和特征

人格魅力是教书育人必备的本领和才能,也是教师为人师表必需的修养和精神,是教师必备的从教素质。高尚的人格魅力具有十分重要的价值。高校教师人格对学生人格的形成能够起到培育、引导、感染和促进作用。

一、高校教师人格魅力的价值

教师要教育学生成为德智体美劳全面发展的人才,必须具有良好的人格魅力,并充分发挥人格魅力的潜在教育价值。从心理学观点看,人格是一个人各种比较重要和相当持久的心理特征的综合,是个体基本精神面貌之所在。生命的品位、灵魂的境界,取决于人格。教师的人格既包含教师群体共有的普遍性心理品质,又包括每位教师作为独特的个体所别具的风格和气韵。前者是教师人格的基本构成,具有公共性和稳定性;后者是个体人格的独特构成,具有特殊性和个性化倾向，两者合成了教师鲜明与丰富的人格魅力。其主要价值表现在：一是教师人格能促进学生良好的品质形成。这本身就是对学生的价值渗透，使学生加快对某种价值的选择。教师人格会对学生产生强烈而持久的影响，使学生的价值选择得以确认。二是教师人格有利于教育学生价值选择。"身教重于言教"，"榜样的力量是无穷的"，讲的就是这个道理。在运用历史人物教育学生进行价值选择时，教师的表率对有强烈模仿性的学生更具有感染力，使教师思想、行为、作风和品质潜移默化于学生的价值选择中去。三是教师人格有利于确立教师的威信，升华教师的道德人格，增强学生价值选择的确定性。教师的威信对学生来说，是一种动力无穷的精神感染力，也是学生对教师尊重的依据。在某种程度上，学生为获得社会、他人对自己的认同，常以教师所渗透的或具有的价值标准为尺度。

高校教师人格由教师的理想精神、敬业态度、情感立场、道德情操和意志品质等组成，代表以塑造民族未来为己任的职业群体价值取向。除此之外，事实上，每位高校教师均有其个体构造上的独特性和个性化倾向，如豁达大度、昂扬乐观、平易柔和、风趣幽默、多智善断乃至热情奔放等。这些将赋予高校教师个体生命以鲜明的本我色彩，并且也将有效地感染和影响学生个性的形成。人格魅力是教书育人必备的本领和才能，是为人师表必需的修养和精神，是教师必备的从教素质。如何不断充实，不断超越，塑造出色的人格魅力，是摆在我们每一位高校教师面前亟待解决的课题，也是一门值得每一位高校教师学习的隐性课程。

二、高校教师人格魅力的特征

关于好教师人格魅力所体现的主要特征。美国著名教育家保罗违迪博士通过几千人的问卷调查概括出作为一个好教师的人格魅力的12个方面：

① 友善的态度：她的课堂有如一个大家庭，让我感到温暖。
② 尊重课堂内的每个人：她不会把你在他人面前像猴子般戏弄。
③ 仁慈和宽容：她装作不知道我的愚蠢，但我感到了她对我的疼爱。
④ 耐性：她不会放弃，直到你能做到为止。
⑤ 兴趣广泛：她常常给我们课堂以外的观点。
⑥ 良好的仪表：她的语调与笑容使我舒畅。
⑦ 良好的品性：我相信她与其他人一样会发脾气，不过我从未见过。
⑧ 公正：她会给你应该得到的，没有丝毫偏差。
⑨ 幽默感：每天她会带来少许欢乐，使课堂不致单调。
⑩ 对个人的关注：她会帮助我去认识自己。

⑪ 坦率：当她发现自己有错，她会说出来，并尝试其他方法。
⑫ 有方法：忽然间，我领悟了，竟然没有发觉是因为她的引导。

从以上我们发现，学生最希望自己的教师是一个和蔼可亲的人，是一个善于理解和尊重他们的人，是一个仁慈和宽容的人。综合起来看，高校教师要教育别人，自己要先受教育；要照亮别人，首先自己心中要有光明；要点燃别人，首先自己心中要有火种。在教育影响的因素中，高校教师的人格是重要的、强有力的教育因素。高校教师人格对学生人格的形成能够起到培育、引导、感染和促进作用。因此，高校教师应该具备高尚的人格。通常表现在以下一些方面：

（一）完美的品德修养

品德在教师人格中起到的灵魂作用，是教师不断奋进的内驱力源泉。宋朝陆九渊说："师者，人之模范也"。教师肩上挑着祖国的未来，人民的希望。优秀的高校教师是一个胸怀理想、充满激情的教师。他们把教育事业看作自己的生命，他们严于律己，为人师表，以高尚的道德为标尺衡量自身、规范言行；他们说话掷地有声，办事言行一致，不姑息自己的错误，不掩饰小小的失误；为人正大光明，处世廉洁自律。对学生宽容、大度，是学生的良师益友。

（二）渊博的知识

教师作为人类文化科学知识的创造性传播者，教书育人是其基本职责。因此，教师必须具备合理的知识结构。高校教师必须精通自己所教的学科，特别是现在的大学生，他们已经不能满足书本、课堂、学校，他们渴望更广泛的知识。因此，要满足学生的要求，高校教师就要有比较广泛的知识。学科知识要专，相关知识要博。另外，高校教师还要有较强的教书育人的能力，不是有知识有文化的人都可以当教师的，他们必须有着良好的表达能力、沟通能力、协调能力。具有教书育人的能力是作为教师的必备能力。

（三）充满爱心，具有社会责任感

爱教育，是教育力量的源泉，是教育成功的基础。教师从事的是一种能够把人的创造力、想象力和全部能量、智慧发挥到极限的、永无止境的事业。所以，热爱教师职业，把握教育的真谛，全身心地爱学生，是高校教师人格的具体表现。不论在课堂上，还是在课堂外，与学生的交往都表现出真诚、信任的积极态度，关注学生人格的形成和健康成长，因而得到学生的尊重与接纳。

（四）良好的自我调控能力

自我调控系统是高校教师完美人格中不可缺少的部分，其表现有三：一是积极正确地认识自我和认识他人。正确认识自我的教师，能恰当地评价、接受自己和他人，能控制和掌握自己的命运。二是丰富的情感及其调控，富于同情心。有热情的教师往往有良好的师生关系,在教育实践中,他们始终保持良好的心情,对待学生热情、真诚。教师具备良好的情绪调控能力,能控制和掌握学生的情绪、情感,为成功的教育创造健康的环境。三是坚忍不拔的意志力。坚强的意志力帮助教师面对烦琐的工作不退缩,而且能理智地保持对学生的耐心、和谐的态度。更重要的是,为学生树立了良好意志品质的榜样。

(五) 追求卓越、不断学习、富有创新精神

教师的魅力在于他对事业的完美追求,勤于学习,才华横溢。创新的关键在教育,教育的关键在教师。高校教师的创新意识,表现在教学实践中的不断改革,以人为本,主动研究学生特点,启发学生思维,创造性地完成教学任务。

(六) 较强的合作意识和协调能力

竞争基础上的合作,合作基础上的竞争,是现代社会的显著特征。现在的学生处在非常复杂的社会环境中,时刻受到多方面的影响和考验,教师要通过多方面的合作,协调各方面的力量来共同培养学生。教师与教师之间的合作,教师和学生的合作,教师和学生家长的合作,教师和领导的合作等,都是教师在教育学生过程中必须进行的合作。教师要善于和学生沟通,善于和领导、同事沟通,以便形成教育的合力。同时,高校教师的这种合作意识和协调能力,对学生合作精神的形成,具有极强的影响力。

总之,高校教师人格魅力表现是多方面的。高校教师必须是文化科学知识的传播者,是学生步入社会生活的引路人,是社会精神文明的建筑师,是人类灵魂的雕塑家。他们为人类的文明、社会的进步、文化科学技术的发展做出了杰出的贡献。

【阅读推荐】

请阅读广西大学新闻信息中心网发表的吴惠红的文章《论教师的人格魅力》。文章指出,教师的人格魅力首先体现在渊博的知识、灵动的智慧上。首先,当今世界,知识更新日新月异,教师作为知识的重要传播者和创造者,只有不断学习,才能掌握最新学术动态,更新、优化自身的知识系统,使自己在教学和科学活动中更具主动和优势,才能为学生的发展提供最优的精神食粮。其次,具有堪为人师的高尚品德——这是教师人格魅力构成的根本。再次,具有诚挚博大的无私爱心——这是教师人格魅力构成的前提。一个要让学生真正喜欢的教师,必须要有诚挚博大的无私爱心,如慈母般地用真挚丰富的情感去感染、教育学生。最后,教师的人格魅力还表现在拥有一定的人文修养上。人文素质的高低决定着教师师德水平的高低。人文修养的高低还决定着教师学识

水平的高低。作者还认为，教师的人格魅力对学生起着重要作用：示范作用、激励作用、熏陶作用。长期的教育熏陶，犹如春风化雨，润物无声，使学生能够自觉进行自我教育、自我反省，促使学生把道德规范、行为准则内化为一种自觉行动，促进学生健康、自由、生动活泼地发展。最后，文章指出，如何培养教师的人格魅力？在社会实践活动中，只有个人和社会两方面共同努力，才能塑造出高尚的人格。从教师个人角度来看，培养教师的人格魅力：要加强教师自身的修养；要丰富教师的文化底蕴，强化教师人格根基；教师要以"平常心"对待一切事物。从社会方面看，社会应该创造一个健康的环境，为教师个体人格的健康发展创造良好的外部条件。如加强政治引导，加强美育引导，加强道德引导。

第二节 高校教师高尚人格的塑造

教师的人格，由教师内在的思想品德、学识见地、胸襟气度、性格志趣、外在的待人接物、举止言谈、气质风范等构成。教师人格是指教师应具备的优良的情感意志结构、合理的心理结构、稳定的道德意识和个体内在的行为倾向的总和。它具体包括三个组成部分，即人格的动机系统、心理特征系统、自我调控系统。三者既相对独立，又相互渗透，相互制约，相互促进。教师人格是教师的根本所在。记得苏联教育家乌申斯基曾说："在教育工作中，一切都应以教师的人格为依据，因为教育力量只能从人格的活的源泉中产生出来，任何规章制度，任何人为的管理机构，无论如何巧妙，都不能取代教育事业中教师人格的作用"。即教师不仅传授学生知识，更重要的是使学生学会学习、做人以及如何生存，并教育学生树立正确的世界观、人生观和价值观。教师不但要有较高的学历、渊博的知识、精湛的教学技术和深刻的教育理念，还必须具备感人的人格魅力，有意无意地用自己的人格影响着学生的人格。因此，教育的基本任务是培养学生成人与成才，其本质则是一种人格的、生命的启迪教育。

优秀的教师一定是热爱学生，具有以人为本的理念；一定具有爱岗敬业，无私奉献的精神；一定是以身作则，为人师表地引导学生；一定是具有高尚的道德品质和渊博的知识。

教师必须热爱学生。热爱学生是教师正确处理与学生之间关系的准则。高尔基说过："谁不爱孩子，孩子就不爱他，只有爱孩子的人，才能教育孩子。"爱生是教师必须具备的美德，也是教师的天职。能够得到教师的关爱，是每个学生最起码的心理需求。现代教育应当是爱心教育、情感教育。教师应笑对学生，要把信任和期待的目光洒向每个学生，关爱学生，善听学生，广交学生。只有这样，教师才能彻底地化解学生的逆反心理和对抗情绪，最大限度地激发学生的学习主观能动性。只有这样，学生才会把老师当成可以信赖的人，也愿意向老师敞开心扉，师生之间就架起了一座信任的桥梁，教育才能生效。

教师必须爱岗敬业。教师有着强烈的责任感和事业心，总是以"为了学生的一切，一切为了学生。以学生满意不满意，学生快乐不快乐"作为教育教学工作的出发点和归宿点。相反，没有爱岗敬业，也绝不可能为人民的教育事业作出贡献。因此，教师更应该以陶行知先生"捧着一颗心来，不带半根草去的"崇高精神激励自己。在教育工作中，为中华民族培养出更多优秀的人才，为祖国的教育事业奉献出自己全部的聪明才智。

教师必须为人师表。教师的一言一行无不给学生留下深刻的印象，有的甚至影响学生一辈子。因此，教师一定要在思想政治上、道德品质上、学识学风上全面以身作则，自觉率先垂范，真正为人师表。学生的眼睛是雪亮的，教师的言行举止无不在学生的视野之中，因此，教师要随时注意塑好自己的形象。教师只有以自己完美的人格去塑造学生的人格，以身作则，为人师表，才是真正意义上的"学高为师，身正为范"。教师要时刻以模范品行作榜样，用美的语言、行为和心灵去感染和教育学生。

教师必须具有高尚的品德和渊博的知识。教师职业的最大特点是培养、塑造新一代。教师必须要有高尚的思想境界，纯洁美好的心灵，将自己的所有精力全身心地投入到教学实践中去。教师还必须具有渊博的知识。有位老师说得好："一个优秀的教师，必须有四大支柱，有丰厚的文化底蕴支撑起教师的人性，高超的教育智慧支撑起教师的灵性，宏阔的课程视野支撑起教师的活性，远大的职业境界支撑起教师的诗性。"另外，知识绝不是处于静止的状态，它在不断地丰富和发展，特别是被称作"知识爆炸时代""数字时代""互联网时代"的今天。教师跟上时代发展趋势，不断更新教育观念，改革教学内容和方法，显得更为重要。

高校教师塑造完美的人格，在德、才、识、能诸多方面均须自觉锤炼，不断提高，不断完善。要取得良好效果，应做到：

一、自我认识

自我认识是人格塑造的必要前提。人贵有自知之明。人要能清醒地认识自己，正确地评价自己，是件十分不容易的事。缺少自信，难以成为好教师，而自我感觉太好，就会视而不见、听而不闻，再好的意见、经验，都会从眼皮底下溜走，以致自己裹足不前。教师的字典里没有一个"够"字，尤其在当今社会，新知识、新信息如潮水般涌来，学生处在这样的社会中，获取知识、信息的渠道众多，高校教师在这方面不可能是绝对的"权威"，因而，教育教学中捉襟见肘的事屡见不鲜。"知之为知之，不知为不知"，高校教师不是万能博士，搪塞、蒙混，不仅有损于师德，而且会给学生以极其不良的影响。正因为如此，高校教师要清醒地认识自己，自强不息。教师要善于用两把尺子，一把尺子量别人的优点，一把尺子量自己的不足。以己之短比人之长，越比心态越好，越能奋进；如果以己之长比人之短，不仅不会长进，而且会失去人生的追求。德国教育家第斯多惠曾说过，要使教育教学工作勃勃有生气，教师必须找到自身最强烈的刺激，那就是"自我教育"。对自己的认识越清醒，自我教育的动力就越大，越能塑造完美的人格，业绩越能长盛不衰。

二、自我调整

自我调整是人格塑造的基本途径。"教然后知困"，从事教育实践后方深切体会到"困"，体会到其中的艰难。这个"困"不仅是知识方面的，还包括能力、思想、情操、视野、胸怀、见识等教师整体素质的方方面面。要塑造完美的人格，须努力自我调整。自我调整有两根支柱，一是学习，二是实践，二者聚焦在反思上。

首先，高校教师要学而不厌，有丰富的智力生活。要向书本学习，重要的理论反复学。例如，邓小平同志的"教育要面向现代化，面向世界，面向未来"的教导，就要反复学习，深入领会。教育要立足于现代化，要为社会主义建设培养有用之才；世界竞争激烈，经济之争就是科技之争，说到底就是人才之争；今日的学生就是明日的建设者，教在今天，要想到明天，要以明日建设者的要求来指导、衡量今日的教育教学工作。理论学习联系实际，就常学常新，对树立现代教育观念具有积极的推动作用。要紧扣一点深入学，紧扣教材中有关知识查阅资料，探究来龙去脉，弄清背景材料，寻觅发展轨迹，力求知其然，又知其所以然。高校教师的教育教学，如果知识水平、能力水平、智力水平与学生在同一个平面上移动，学生不仅不能获得有效的培养，更为可怕的是会抑制学生的求知欲，使学生产生厌学情绪。高校教师要有拼命学习的精神，犹如树根把根须伸展到泥土里，吸取氮、磷、钾，乃至微量元素。学习是一条艰辛的路，有时要披荆斩棘，需要的是求知若渴的心态、锲而不舍的精神。

其次，高校教师要努力实践。认真进行教育教学实践，就会深刻感悟到自己很多方面力不从心。有知识贫乏问题，有思维的广度、深度、灵敏度的问题，有目光短视、缺乏远见的问题，有情绪急躁、缺乏修养的问题，等等。实践出真知，实践也是检验教师整体素质的标准。从实践中看到自己的不足，就会奋发图强。

总之，学习也好，实践也好，都要聚焦在反思上，不断地总结经验教训，提升思想，净化感情，努力塑造人格的魅力。比如对待学生，要教好部分学生不是很难，而要全面贯彻教育方针，教好每个学生，使他们在原有的基础上有明显提高，就绝非易事。高校教师不仅要尽力，而且要尽心，要把心扑在学生的深造上。学生是有个性有差异的，而教育无选择性，无论怎样的学生都要受到良好的教育，这是每一个学生的权利。为此，高校教师在自我调整的过程中，须努力加强修养，完善自己的德、才、识、能，努力做到教师生涯中最大的事，就是一个心眼儿为学生。

三、自我超越

自我超越是追求人格塑造的理想境界。自我调整应贯穿于高校教师人格塑造的整个过程，而在这整个过程中，高校教师从自己的实际情况出发，制订出若干个小目标，每个阶段有每个阶段的奋斗目标，明确努力的方向。"欲穷千里目，更上一层楼"，高校教师要不断自我挑战，自我超越，一步步攀登，达到理想境界。比如说，作为一名中文教师，必须做到"胸中有书，目中有人"。教材要烂熟于心，如出自己之口、自己之心，对词句篇章、思想内涵、有关知识均有独特的领悟；要研究学生，对学生生理、心理、知识、能力等方面的共性要研究，还要研究学生的个性、学生之间的差异，有针对性地选择教育教学策略。大而化之，无针对性，实效性就差。学生是个"变数"，有针对性地教，充分发挥各类学生的潜能，就能形成学习上你追我赶、后来居上的局面。拿着参考书上课，离开参考书就无法迈步，就成不了一名合格的教师。当前，尤其要研究课堂里怎样让学生真正做学习的主人。高校教师不可能代替学生学习，施教之功在于启发诱导、点拨、开窍、批判和反思，为此，要充分调动学生自主学习的积极性。比如，研究如何创设和谐的学习中文的情境和气氛。如何激励学生生疑、质疑，并积极开动脑筋解析疑难，如何尊重学生的自主权利，平等相待，师生互动，如何重视学生的多元智能；因材施教，发展潜能，等等，其中可探索的内容很多，逐一从理论和实践结合的高度来认识，来反思，就能在德行、才学、识见、能力诸多方面获得提高。

【阅读推荐1】

请阅读人民网刊出的胡锦涛2007年8月31日《在全国优秀教师代表座谈会上的讲话》(节选)。讲话中，胡锦涛同志对全国广大教师提出几点希望：一是希望广大教师爱岗敬业、关爱学生。切实承担教育者的社会责任，满怀对受教育者的真心关爱。广大教师要忠诚于人民教育事业，树立崇高的职业理想和坚定的职业信念，把全部精力和满腔真情献给教育事业，做爱岗敬业的模范。努力成为学生的良师益友，成为学生健康成长的指导者和引路人。二是希望广大教师刻苦钻研、严谨笃学。教师要成为合格教育者，就必须不断学习、不断充实自己，树立终身学习理念，不断提高教学质量和教书育人本领。三是希望广大教师勇于创新、奋发进取。教师从事的是创造性工作。教师富有创新精神，才能培养出创新人才。广大教师积极探索教育教学规律，更新教育观念，改革教学内容、方法、手段，注重培育学生的主动精神，引导学生在发掘兴趣和潜能的基础上全面发展，努力培养适应社会主义现代化建设需要、具有创新精神和实践能力的一代新人。四是希望广大教师淡泊名利、志存高远。高尚的师德，是对学生最生动、最具体、最深远的教育。广大教师要自觉坚持社会主义核心价值体系，带头实践社会主义荣辱观，不断加强师德修养，把个人理想、本职工作与祖国发展、人民幸福紧密联系在一起，树立高尚的道德情操和精神追求，甘为人梯，乐于奉献，静下心来教书，潜下心来育人，努力做受学生爱戴、让人民满意的教师。

【阅读推荐2】

请阅读百度文库中杨晓英、熊十华撰写的《新时期如何做一个具有人格魅力的教师》一文。作者认为：一是教师要修其身，锻造高尚人格。一个品德高尚的教师应该要有正确的人生观和价值观，有热爱教育、献身教育的精神。教师要具有修身意识，正人者必先正己。二是教师要加强科学文化修养，培养创造能力。教师要提升专业素养。教师要掌握理论深度，学习教育学、心理学等教育理论，不断提高业务水平，树立终身学习的自觉性，要密切关注现代科学的发展变化，善于吸收和利用新知识拓宽教学内容，将科学理论与教育实践结合起来。三是教师要真切地关爱学生，理解并尊重学生。爱学生，就要理解尊重信任学生，既要严格要求，又要保护学生的自尊心。尊重学生还体现在公平地对待学生上，教师待人接物要出于公心。四是教师要突破传统教学模式，提高教学水平。传统教育把教师当作传授书本知识的工具，教师按照教学大纲、教学参考资料要求备课，按照教材的内容照本宣科，毫无新意。新的教育要求冲破传统的教学模式，实现由被动向自主转变。五是教师要强化自身良好的心理素质。教师要保持积极乐观的心态，从容面对教育工作中的一切困难和挫折。作者最后指出，教育工作是复杂的，对于每位教师来说，不可能是一帆风顺，难免会遇到挫折和失败，教师只有通过控制和掌握学生的情绪、情感，才能为成功的教育创造健康的环境。

思考题

1. 高校教师人格魅力的潜在价值是什么？
2. 高校教师人格魅力的主要特征表现在哪些方面？
3. 高校如何塑造教师的高尚人格？

第七章 高校教师道德行为选择与评价

内容提要

本章以高校教师的道德行为为核心，列举了高校教师道德实践选择所面临的矛盾，强调高校教师道德实践选择的基本要求。同时，明确指出需要制定合理的高校教师职业道德评价标准体系，保证教师职业道德评价的系统性和公正性，不断丰富和完善师德考核与奖惩机制。

学习目标

1. 认识高校教师道德实践选择所面临的矛盾，掌握教师道德实践选择的基本要求。
2. 认识构建高校教师职业道德评价标准体系的重要性，掌握形成高校教师职业道德评价标准体系方法与要求。

将高校教师的道德认识转化为道德行为，即高校教师的道德实践，是一件比较难的事。同时，在高校教师道德实践的过程中又要接受一定的道德评价，这一道德评价关系到高校教师道德实践的进一步展开。

第一节 高校教师道德行为

高校教师道德行为，应具备以清醒认识为前提，以自觉支配为动力，以自由选择为结果的诸多特点。同时，高校教师的道德行为及选择与评价之间应该是一种既相互统一、又相互对立的辩证统一的关系。

一、高校教师职业道德行为所体现的特点

人类的行为是意识的外部表现形式。人类的道德行为，就是在一定道德意识支配下所表现出来的有利或者有害于他人和社会的行为。对于符

合一定的道德原则和规范的行为，人们就称之为善的行为；反之，人们就称之为恶的行为。人类的非道德行为，就是指无道德意识支配、不涉及他人和社会利益的行为。例如，个人的某些无碍于他人的兴趣和爱好，以及不具备正常的判断是非能力的儿童或精神病患者所做出的行为等，都属于非道德行为。

在一定道德意识支配下的高校教师道德行为，应具备以清醒认识为前提，以自觉支配为动力，以自由选择为结果的诸多特点。

首先，高校教师道德行为是以清醒认识为前提的行为。高校教师的道德行为，都必须以教师对其行为同他人、社会之间的利益关系具有清醒认识为前提。只有教师认识和理解了自己的行为同他人、社会之间的利益关系时，才能对自己的行为承担道德责任，才能明确对自己的行为进行道德评价的意义。在不自知的情况下做出的有利或有害他人、社会的某些行为，是不能被看作道德行为的。

其次，高校教师道德行为是以自觉支配为动力的行为。一切道德行为，必须是行为者自觉支配的行动。只有在教师的道德动机自觉支配下做出的有利或不利于他人、社会的行为，才是教师的道德行为。完全是在被迫失去自主力的情况下做出的行为，即使对他人、社会产生了有利或有害的后果，也不能算作道德行为。

最后，高校教师道德行为是以自由选择为结果的行为。正因为一切道德行为都是以清醒认识为前提，以自觉支配为动力做出的，所以道德行为也必然是教师进行自由选择的结果。在生活中，凡是与他人和社会的利益有关的事情，凡涉及善恶的事情，教师都是可以按照自己的意愿进行选择的：他可以这样做，也可以那样做，至少可以不做。不存在任何选择余地的道德行为，是不存在的。总之，高校教师道德行为的基本特点就在于，它是教师基于对自己与他人、社会之间利益关系的自觉认识而自愿地进行选择的行为。高校教师道德行为是一定的道德原则和规范在道德实践中的具体体现，是教师道德观的活生生的客观内容，是人们进行道德修养和道德评价的现实对象。

二、高校教师道德选择与评价在教师道德实践中的作用

（一）高校教师的道德选择及其作用

所谓教师的道德选择，就是指教师对现实中可能存在的多种行为方向进行比较和抉择，从中选取一种作为自己实践的行为方向的过程。

高校教师道德选择在人们的道德实践过程中具有哪些作用呢？

一是具有方向性的作用。就是说教师的道德行为是具有定向性的作用，包

括对他人与社会有利，或对他人与社会有害。这种方向性的作用，归根结底，当然要由教师的实践道德行为过程及其所产生的客观的实际效果来决定。

二是具有动力性的作用。教师通过道德选择做出某项决定，是教师的道德信念的一种现实化。它赋予整个实践过程以推动的力量。道德选择过程越是做到了自觉支配，那么这种推动力就越大。所以，教师的道德选择对于教师的道德实践具有动力性的作用。

（二）高校教师的道德评价及其作用

所谓道德评价，就是指人们依据一定的道德原则和规范，对他人或自己道德行为的善与恶进行价值上的评论、衡量和判断的过程。教师的道德评价一般可以分为两种：一种是社会和他人对教师的评价，可称之为社会性道德评价；另一种是教师自己对自己的评价，可称之为自我道德评价。因为一切道德评价都是道德行为的客观实践必然引起的人们的主观反映。所以，包括教师在内的所有人的道德行为都要接受这样或那样的道德评价。

道德评价对于高校教师的道德实践过程具有裁判与定性、概括与总结、支配与调节的作用。

一是裁判与定性作用。不论是社会性的教师道德评价，还是教师的自我道德评价，都是一种裁判行为。当然，这并不是说一切道德评价的裁判行为都一定是正确的，道德评价的裁判行为正确与否，归根到底还要看道德行为裁判所依据的道德原则和规范体系是否符合社会历史发展的客观要求。对教师道德行为的裁判或评价也是如此。

二是概括与总结作用。不论是社会性的教师道德评价，还是教师的自我道德评价，除了简单地对教师某一行为做出善或恶的裁决与定性之外，还要对教师道德实践的动机、道德实践的过程、道德实践的效果以及教师的责任进行评论和判断。这样的道德评价最终起到了一种对教师道德实践进行全面概括和总结的作用。当然，这种概括与总结，对于教师的道德实践是十分重要的。

三是支配与调节作用。不论是社会性的教师道德评价，还是教师的自我道德评价，对教师总是包含着褒扬、肯定或者批评、否定的内容。这样，道德评价就一定对教师的道德实践过程产生一种支配和调节的作用。我们说道德评价具有调节和支配的功能，主要就是通过社会或自我的道德评价来实现的。总之，对于教师的道德实践来说，社会性的教师道德评价或教师的自我道德评价具有极其重要的支配和调节作用。因为教师这一群体，有着与其他群体所不同的思维理性优势。

三、高校教师的道德选择与道德评价之间的相互关系

高校教师的道德选择与道德评价是在教师的道德实践过程中紧密相关的两

种道德实践活动,二者都对道德实践过程产生重要的作用,具有对立统一的辩证关系。

首先,高校教师的道德选择与道德评价之间是相互依存的。道德选择就意味着道德行为的方向不能是一种,否则也就不可能进行道德选择,也只有对多种道德行为进行选择,才能引起对道德行为或道德实践的评价。教师的道德选择与道德评价也是如此。可以看出,教师的道德选择是教师的道德评价的前提和基础;教师的道德评价是教师的道德选择的定性结果和总结。因此,教师的道德选择与道德评价是互为前提、互为依存的。

其次,高校教师的道德选择与道德评价之间又是相互制约的。由于有了教师的道德评价,所以,教师在进行道德选择的时候就不能完全凭借着感性认识,而必须对不同的行为方向进行认真的鉴别和思考,进而提升到理性认识。相反,由于教师的道德行为是经过一定的道德选择才实施的,所以人们对教师的道德评价也不能妄加评论和定性,最好的办法就是把教师的道德行为效果与教师道德实践的目的和动机联系起来加以研究和评价。

综合以上两个方面可以看出,高校教师的道德选择与道德评价之间应该是一种既相互统一、又相互对立的辩证关系。在具体的道德实践过程中,应该很好地处理二者的关系,决不可偏废。

【阅读推荐】

请阅读大学网发表的题为《最新大学教师师德自我评价》的五篇短文。

短文一:作者在认真学习的同时,结合自身的情况,逐一对照,寻找差距。概括起来,存在下列一些不足之处:① 爱岗敬业上做得不够突出。狭隘地认为自身素质还可以,考试考核我都能应付,逐渐放松了对专业的钻研。② 工作疲沓,主动意识不强。有时工作抱着糊弄的态度,不愿深入,存在求稳怕乱思想,不愿接受新的思想、新的方法。③ 记政治学习笔记,总是从各类报刊上东摘一段,西抄一段,以凑满学校要求的字数为原则,应付差事。④ 平时不注意自身形象,不拘小节。说话随口无心,想说就说,不分场合、对象。⑤ 对教研工作不热心,不能积极参与课改实验。情绪易激动,言行有时过激,自控能力不强。⑥ 教学方法落后,课堂教学语言欠精炼。⑦ 忽视对学生的思想品德教育,只注重课堂知识的教学,要求学生过于严厉,有歧视后进生的言行。⑧ 有时学生中出现问题,与家长没有及时取得联系,家访较少。⑨ 工作上怕挑重担,图舒服。

然后,作者进行了原因分析:一是思想觉悟不高,认识不够。总认为我一个普通教师只要教好书，上好课，管好学生不出问题，完成领导分配的工作，工资不会被扣就万事大吉了。二是认为搞教研不是我们一线教师的事，而是教研部门专门从事教学研究人员的事，我们老师没有那个水平，不会搞，也没有时间，更没有必要。三是缺乏积极进取精神。教学业务方面的书籍看得较少，先进的教学思想、教学理念、教学方法吸收得不多。总认为那些业务书籍看起来枯燥无味，而且多年的教学已使自己的教学方法成了定势，一时是很难改过来的。备课欠深钻教材，懒于思考教学方法、教学模式。四是总认为多一事不如少一事和家长很少取得联系。教学的事情本来就多，忙不过来，没有必要与家长联系了，因此和家长联系很少。

最后，作者提出了整改措施：① 加强政治理论学习，争取坚持每天看半个小时的党报、党刊或电视新闻，适当记录要点，以提高自己的政治素质。时刻保持一名党员教师的先进性。② 加强业务学习，自觉坚持每学期学习两本业务书籍，并且订阅英语周报，观看先进的教学片，吸取先进的教学经验、方法，树立先进的教学思想和教学理念。③ 自觉、积极、主动参与教学研究，关注课堂教学的现状与策略，选定教学模式，制订教研方案，认真进行研究，求真务实，力争一学期解决一个教学中的实际问题。④ 更新教育观念，彻底改变以往那种惩罚学生是为学生好的错误思想，改变对学生居高临下的态度，主动、积极地建立一种民主、平等、和谐的师生关系。

短文二：作者指出，要时时激励自己，要像蜡烛一样，燃烧自己，照亮别人。做到家长认可、学生喜欢、学校放心的三满意教师。在平时经常进行自我反省，时时处处对自己严格要求，查找不足，努力营造一个好老师的形象。作者认为，一位优秀的教师，必须有丰厚的文化底蕴支撑起教师的人性，高超的教育智慧支撑起教师的灵性，宏阔的课程视野支撑起教师的活性，远大的职业境界支撑起教师的诗性。博学多才对一位教师来讲是十分重要的。没有广博的知识，就不能很好地解学生之惑，传为人之道。但是，在知识爆炸时代、数字时代、互联网时代的今天，我们要跟上时代发展趋势，不断更新教育观念，改革教学内容和方法。

短文三：作者认为，教师作为人类灵魂的工程师，需要良好的师德。要以爱国心、事业心、责任心"三心"为动力，全身心投入教育教学工作，形成自身正确的人生观、价值观。教学工作中，要不断提升自己的业务水平，并把课前精备、课上精讲、课后精练作为减轻学生负担、提高教学质量的教学三环节。同时，作为一名新老师，要认识到不断提高、增加知识的深度和广度以及自身的学识的重要性，将所学的教学理论与教学实践相结合。在教学中注意与学生的交流、适时地引导学生，致力于营造快乐课堂，让学生快乐学习并学有所获。

当然，作者还强调，要成为一名合格的教师，不仅要懂得教书，更要懂得育人。因此，在教学的同时，也要关注学生思想品德的成长，及时引导。

短文四：作者指出，要当一名优秀教师，首先要有爱心，不热爱学生的老师，绝不是好老师，学生们也决不会欢迎他。热爱学生，不仅是一名教师人品、学识、情感与亲和力的展现，实际上是倾注了我们教师对祖国、对人民、对未来的热爱。因为有爱，我们才有耐心；因为有爱，我们才会关心；因为有爱，我们才和学生贴心。同时，文章强调，教师的爱也不是盲目的，爱是一门艺术，我们不仅要能爱，而且要善爱。爱要一视同仁，我们应该用一样的心去关爱他们。爱要以爱动其心，以严导其行。爱要以理解、尊重、信任为基础。平等、民主、理解、尊重、信任会使我们更容易走进学生的心，更好地帮助他们进步。作者还认为，付出爱的过程是甜美的，付出爱的道路是艰辛的。或许曾为学生不学习而大动肝火；曾为半夜找不到学生而心焦如焚；曾为做通学生的思想工作而绞尽脑汁；曾为学生的不理解而心酸流泪。但是，当看到学生们成绩进步时；当生病时看到学生亲切的问候时；当经过自己和同学们努力班级取得成绩时，一种感动和自豪就会油然而生，原来付出就有收获，爱的付出就有爱的回报。

短文五：作者指出，作为一名党员教师，一定要积极响应党的号召，坚决执行党的方针政策，教育好每一个学生，努力做一个深受学生尊重和信任的老师。同时，作者认为，博学多才对一位教师来讲是十分重要的。因为我们是直接面对教育主体学生的教育者，学生接受教育时什么问题都可能提出来，而且往往打破砂锅问到底。没有广博的知识，就不能很好地解学生之惑，传为人之道。另外，知识绝不是处于静止的状态，它是在不断地丰富和完善中发展的，每时每刻都在日新月异地发生着量和质的变化，特别是被称作知识爆炸时代、数字时代、互联网时代的今天。因而，教师要跟上时代发展趋势，不断更新教育观念，改革教学内容和方法，显得更为重要。因此，继续教育培训是非常重要的。要做学生喜爱的老师，抽时间与学生谈心、交流，和学生共同活动，同吃同住，缩短师生距离感，增进师生间的相互了解，等等。特别是学困生，要给予更多的关心，不让一个学生掉队，尽最大的努力使他们健康成长。最后，作者强调，老师的言行直接影响学生。热爱学生的老师最受欢迎，学生渴望的不仅仅是从老师那里获得知识，更重要的是得到老师的关爱。因此，教师既要把丰富的科学文化知识技能传授给学生，又要用自己的高尚人格影响学生、感化学生，使学生的身心健康地成长发展。

第二节 高校教师道德行为的选择

在人类社会生活中，人们通过职业行为与社会、集体、他人发生联系，并形成一定的道德关系。所谓教师职业道德行为选择，就是指教师的职业行为总是受一定的职业道德意识支配，具有普遍的道德意义。教师在职业活动中，在一定的道德意识支配下，依据一定的职业道德价值标准，对自己的职业道德行为做出决断，或在面临道德冲突时对某一种职业道德行为进行抉择。

一、高校教师道德行为选择中面临的价值观和教育观

在高校教师职业道德实践的过程中，经常遇到的是价值观方面的矛盾和教育观方面的矛盾。

（一）价值观内容的矛盾

所谓价值观，就是人对于自己如何活着才有价值或有意义的根本观点和看法。它是人生观的核心内容。因为在人的思想意识领域中，人生观涉及人的利益、情感和信念，体现了对"什么是人生幸福"的各自理解。每个人都有自己的人生观、价值观。当然，它随着社会历史的发展，其中所蕴含的具体内容也是不断发展和丰富的。

可以说，在道德选择的过程中，每个人的道德活动，最终都要受到他自己的价值观所支配。价值观在道德选择的过程中所起的作用是具有决定性的。所以，我们就不难理解：有的人清楚地知道自己的行为不符合社会主义道德原则和规范，然而还要去要做。其原因就在于他考虑到自己的切身利益和自己的狭隘幸福。

目前，在我国的社会主义市场经济生活中，客观上存在着平均主义价值观、个人主义价值观和集体主义价值观等种种不同的价值观。在今天看来，个人主义价值观与集体主义价值观的矛盾尤为突出。当然，这两种尤为突出的价值观矛盾，也是教师职业道德选择过程中所面临的主要矛盾。

（二）教育观内容的矛盾

所谓教育观，指的是人的教育思想、教育信念的总的综合的表现，是人对教育上存在的许多根本问题的总看法和总观点。教育观在人的全部教育活动中起到决定性的支配作用，所以，我们决不能忽视甚至淡化人的教育观问题。同时，在教育观的审视基础上，我们还要看到，由于教育观的不同，所以对于教师的教育过程中行为的选择也会有所不同。如在教书与育人的关系上，只把书

教好，还是时时注意引导学生全面发展。在教学方法上，是沿用填鸭式，还是采取启发式。在思想工作中，是自由放任，还是积极疏导。这些教育观中所蕴含的矛盾一定会在教师道德行为的选择中自觉不自觉地表现出来。所以，我们提倡，根据社会的发展和时代的要求，教师应该积极地树立新的教育观，从而真正实现自己的道德选择和良好意义上的道德评价。

价值观内容的矛盾和教育观内容的矛盾，是高校教师在选择道德行为的过程中经常遇到的两个矛盾。高校教师要想正确自如地进行道德选择，以至获得正确的道德评价，就必须认认真真地解决好这两对矛盾。

二、高校教师要自觉坚持集体主义的价值观和树立富有时代精神的教育观

（一）高校教师要自觉坚持集体主义的价值观

对于高校教师，自觉坚持集体主义价值观是正确进行教师道德选择的根本前提和思想基础。

所谓集体主义，是主张个人从属于社会，个人利益应当服从集团、民族、阶级和国家利益的一种思想理论。它的科学含义在于坚持个人服从集体，集体重于或大于个人。个人利益和集体利益发生矛盾时，个人利益要服从集体利益，集体主义是以一切言论和行动是否符合广大人民群众的集体利益为最高标准的思想，是共产主义道德和无产阶级世界观的重要内容。

集体主义价值观能够指导教师正确处理道德选择中的利益关系。例如，要献身教育，往往就需要经受待遇较低、条件艰苦的考验；要热爱学生，就需要多付出劳动，多尝受艰辛；要团结同志，就不能见利益就上，见荣誉就争。有的教师正是因为不能正确处理这些问题，把个人利益与社会、他人的利益对立起来，才在道德选择上走错了方向。而集体主义价值观则告诉我们，在社会主义条件下，应当把国家、集体和个人的利益有机地统一起来，把国家和集体的利益放在第一位，把个人利益放在第二位，这样才能使国家、集体和个人都共同得到发展。同时，集体主义价值观能够帮助教师抵制道德选择中个人主义的侵蚀和获取人生的真正幸福。近些年来，社会上存在"一切向钱看"的错误观点，只有坚持集体主义价值观，才能抵制和克服这些错误的观点，从而保证教育事业的兴旺发达和下一代人的健康成长。当然，教师可以从自己事业的发展和学生的成功中分享快乐，获得内心的充实，从而使教师自己步入更加和谐美好的人生境界。

那么，在道德选择过程中高校教师如何做到坚持以集体主义价值观为指导呢？

首先，教师要努力增强主人翁的道德责任感。教师要有一种勇于为事业、为学生负责的主人翁精神。这种责任感和主人翁精神，对于正确进行道德选择特别重要。人们常说："在很大程度上教师工作主要是一种良心活"。作为一名教师，只有不断增强一切从祖国和人民的利益出发、一切从教育事业的发展和学生的健康成长出发的道德责任感，才能随时随地在道德选择中做出正确的抉择。同时，教师要自觉发扬无私奉献的崇高精神。人生价值是奉献和享受的统一，而奉献是第一位的，享受是第二位的。这是集体主义价值观所要求的重要内容。集体主义价值观的核心和精髓就是无私奉献。举个例子，讲授一堂课，教师可以照本宣科，敷衍了事地进行教学活动，也可以奉献出全部的热情，精心设计，专心研究，从而使学生从中得到一种真正的精神享受。再如，面对一个后进生，教师可以强调客观因素，不管不问，顺其自然；也可以奉献出满腔的爱，耐心帮助他们，不断地开启他们的智慧，引导他们尽快赶上来。所以，自觉发扬无私奉献精神，对于教师正确地进行道德选择是十分重要的，也是赢得人们良好道德评价的前提和基础。

其次，教师要有克服困难的勇气和劳动创造的热情。我们所主张的集体主义价值观基本的精神就在于，人能够通过劳动创造去改造世界。人的价值不在于人的肉体和本能，也不在于人的地位和金钱。记得陶行知先生在《第一流的教育家》一文中曾经盛赞过两种教育家，一是"敢探未发明的新理"，二是"敢入未开化的边疆"。当前，在发展社会主义教育事业的过程中，在教师选择道德行为的过程中，仍然需要具有这种勇于劳动创造、勇于迎难而进的精神、目光和胆量。

（二）高校教师要积极树立富有时代精神的教育观

为了正确地进行教师道德选择，教师还应当树立新的教育观。邓小平说："教育要面向现代化，面向世界，面向未来。"这就为树立富有时代精神的新教育观提供了基本思想。

在人才培养模式方面，作为教师，就不能仅仅围绕应试教育，在教育和教学中千篇一律、照本宣科，争取得高分；而要通过各种教育环节（包括教育实践环节），致力于培养学生对社会事业坚定不移的献身精神，一切从实际出发的科学精神和勇于独立思考、敢于创造的精神。在教育内容方面，要不断更新知识内容，站在科学技术知识的前沿，应具有战略的教学眼光和超前的教学意识。在师生关系上，教师要致力于建设民主平等、亲密和谐、教学相长的新型师生关系；应力求使自己既享有威信又充满人情，使学生既纪律严明又思想活跃，使学生在不断成长中永葆青春。在办学方式方面，教师要改变封闭式教学，努力地使理论与实践相结合，使教师、学生、家长、学校与社会联系成一个统一体。

当前，我国教育的最大问题还是没有把学生当作教育活动的主体，忽视学生的主体意识。因而，确立以人为本的教育观，实现学生观转换的核心是肯定学生在教育活动中的主体性。教师应是教育活动的设计者、组织者，教师应是一种主导作用，教师的讲授、示范、指导，应是对学生学习活动的一种引导。为此，面向21世纪的教师还要确立好现代化的宏观教育观念：创新教育观、教师多重角色观、现代知识质量观、现代学生观等。当然，教育观的转变也不是一件简单的、轻而易举的事情，需要进行分析思考，需要在实践中进行总结和对照。

【阅读推荐】

请阅读人人网上的一个材料《美国优秀教师行为准则》。在这个《准则》中，列举了美国26条优秀教师的行为准则。具体如下：① 记住学生的姓名。② 参考以往学校对学生的评语，但不持偏见，且与辅导员联系。③ 锻炼处理问题的能力，充满信心，热爱学生，真诚相待，富于幽默感，办事公道。④ 认真备课，别让教学计划束缚你的手脚。⑤ 合理安排课程教学，讲课时力求思路清晰、明了，突出教学重点，强调学生理解，教学生意图，布置作业切勿想当然，且应抄在黑板上。⑥ 熟悉讲课内容，切勿要求学生掌握你所传授的全部内容。善于研究如何根据学生需要和水平进行课堂教学。⑦ 教室内应有良好的教学气氛，教师应衣着整洁，上课前应在门口迎候学生，制止他们喧哗嬉闹。⑧ 课前应充分准备，以防不测。⑨ 严格遵守规章制度。把学校规章张贴在教室内，并解释说明，让学生知道学校规章。⑩ 步调一致。对同一错误行为，采取今天从严、明天应付的态度会导致学生无所适从、厌恶反感。⑪ 勿使用不能实施的威胁语言，否则将会言而无效。⑫ 不能因少数学生不轨而责怪全班。⑬ 不要发火。在忍耐不住时可让学生离开教室，待到心平气和时再让他们进来上课。教师应掌握一些基本原则，不能在家长面前说的话也决不能在学生面前讲。⑭ 在大庭广众下让学生丢脸，并不是成功的教育形式。⑮ 有规律地为班上做些好事。协助布置教室，充分利用广告栏来传达信息。注意听取学生的不同反映，但应有主见，不随大流。⑯ 要求学生尊敬老师，教师也需以礼相待。⑰ 不要与学生过分亲热，但态度要友好，记住自己的目的是尊重，而不是过分随便。⑱ 切勿使学习成为学生的精神负担。⑲ 大胆使用电话，这是对付调皮学生和奖励优秀学生的有效手段，欢迎学生家长与教师保持联系。⑳ 在处理学生问题时如有偏差，应敢于承认错误，你将得到的是尊敬，而不是其他。㉑ 避免与学生公开争论，应个别交换意见。㉒ 与学生广泛接触，互相交谈。㉓ 避免过问或了解学生的每个细节。㉔ 应保持精神抖擞，教师的任何举止都会影响学生的行为。㉕ 多动脑筋，少用武力。㉖ 处理学生问题时，要与行政部门保持联系，当你智尽力竭时，会得到行政部门的帮助。

第三节　高校教师道德行为的评价

高校教师在接受道德评价的过程中会遇到许多矛盾。突出地表现为以下两对矛盾：一是教师的自我评价与社会的客观评价之间的矛盾，二是教师的主观动机与道德行为造成的客观效果之间的矛盾。这两对矛盾是高校教师在接受道德评价的过程中经常遇到的矛盾。解决矛盾的具体原则体现在：首先，解决自我评价与社会评价之间矛盾的唯一途径，是科学地认识和牢固地坚持道德评价的正确标准。其次，为了解决主观动机与客观效果的矛盾，我们就必须以动机与效果辩证统一的观点来评价教师道德。解决矛盾的具体方法如下：① 客观评价与主体评价相结合的方法。② 静态评价与动态评价相结合的方法。③ 定性分析与定量分析相结合的方法。

一、适应高等教育的发展，制定合理的高校教师职业道德评价标准体系

进行道德评价总是要依据一定的标准来进行，评价能否科学有效首先受到评价标准的影响。为了能够使高校教师职业道德评价的功能得到发挥，起到应有的对教师职业道德建设的促进作用，必须从高等教育发展的需要出发，制定符合高等教育发展趋势的高校教师职业道德评价标准。

制定高校教师职业道德评价的标准，在形式上，必须体现道德评价标准的性质，要注意道德评价标准是客观性与主观性的统一，是功利性与理想性的统一，要注意道德评价标准的动态变化性和层次性，制定出完整系统的高校教师职业道德评价标准体系。所谓道德评价标准就是道德评价主体用来衡量道德价值的尺度，道德评价标准本质上反映了评价主体的一定利益和需要，它具体表现为一定的道德原则和规范。道德评价标准虽然因评价对象和评价主体的不同而有差异，但是，作为道德评价的尺度，有一些共同的性质特征。一是道德评价标准是客观性与主观性的统一。评价标准总是依据一定的评价对象确立的，

对象的性质决定了标准的性质,道德评价对象不同,评价标准也就不同,道德评价标准是客观存在的,具有客观性。而道德评价中人们采用什么样的标准,取决于评价主体的世界观、人生观和道德观以及评价能力,人们往往用不同的标准去评价同一种对象,使道德评价标准具有主观性。道德评价标准的内容是客观的,形式是主观的,是主观与客观的统一。二是道德评价标准是功利性与理想性的统一。一种标准作为尺度去衡量某种评价对象,是因为这种标准表达着评价主体的利益和愿望,能够得到有利于评价主体的结论和效果,因而评价标准体现着功利性的目的。同时,道德评价标准作为一种尺度,往往体现着评价主体对价值目标的追求,因此道德评价标准隐含着评价主体的道德理想和期望,形成了道德评价标准的理想性特征。评价标准的功利性是理想性的基础,理想性蕴含着长远的功利性。三是道德评价标准具有动态变化性。道德价值的丰富和完善是一个不断运动发展的过程,道德评价标准或价值尺度也必然具有动态变化性。每一时代总是根据自己特定的客观条件和主观条件,确定自己的道德评价标准的。四是道德评价标准具有层次性。道德评价标准之间并不是平行排列的,而是有主次之别分层次排列的,道德评价标准可以分为直接标准、基本标准和根本标准。评价标准的层次性决定了道德评价的广度和深度。道德评价标准的这种层次性是客观存在的,评价主体出于不同的评价目的和需要,对各种评价标准的运用会有所偏重。另外,根据评价对象的不同和特殊的评价目的,进行道德评价还会使用一些特殊的标准。

  制定高校教师职业道德评价的标准,在内容上,必须考虑教师职业的性质和高教发展的需要,要体现教师道德的特定内涵和时代要求。一是教师道德具有示范性,较之于其他职业道德有着更高更全面的要求。"师者,所以传道、授业、解惑也",教师教书与育人职责的双重性决定了师德的全面性,教师的工作性质决定了师德具有更加强烈的典范性,因此,教师道德历来得到广泛重视,提高教师道德是社会对从教者提出的要求,"学高为师,身正为范","师者,人之楷模也","为师之道,端品为先",这些论述说明了教师道德的示范性。模仿是青年学生的一个显著学习方式,教师的思想行为、对待事物的态度都能直接或间接地对学生产生影响,教师在教给学生知识的同时,必须以自己的品行引导学生提高思想道德觉悟,教师职业道德评价标准必须反映教师道德的这种先进性质。二是教师道德必须能够适应素质教育发展的需要。新时代的教育是面向世界、面向现代化、面向未来的素质教育,素质教育就是从知识教育为主转变为把知识、能力素质融为一体的综合性教育,素质教育的发展对教师道德提出了一些新的要求。教师必须树立素质教育的现代教育观,树立为素质教育贡献力量的事业心和责任心,因材施教,关心热爱学生,使学生普遍得到提高，严格要求学生，促进学生全面健康地发展。高校教师职业道德评价标准必须反映时代对高校教师职业道德提出的新要求。

总之，高校教师职业道德评价标准的制定要在形式和内容上符合上述要求，只有这样，才能使评价标准成为形式完善、内容合理的可操作性指标体系，使道德评价依据确实可信的标准进行，增强可信度和说服力，减少随意性和盲目性。

教育发展利益是高校教师职业道德评价的根本性标准。从社会发展角度来说，社会利益应当是道德评价的根本标准，其他标准应该服从这一标准。社会利益标准，就是把是否有利于社会发展进步作为道德评价的标准。一种社会道德，如果对人类历史的进步发展起促进作用，就是进步道德；反之，就是落后道德。无论哪一种职业道德都有其产生和形成的客观依据，都是一定社会关系的产物，凡是有利于社会利益的行为或品质就是善的，应予肯定和赞扬；凡是有损于社会利益的行为和品质就是恶的，应予否定和抵制。教育发展是社会发展的需要，教育发展的利益体现了社会发展的利益，因此，高校教师职业道德必须反映高教发展的需要，把是否有利于教育发展作为高校教师职业道德评价的根本性标准。学校发展利益是高校教师职业道德评价的基本标准。现代社会，教育的发展要通过学校的发展，作为教师也要在学校中行使职责发挥作用，高校教师职业道德必须反映学校发展的需要，把是否有利于学校发展作为高校教师职业道德评价的基本标准。有利于实现学校发展利益和需要的行为，给予肯定、坚持和宣传；反之，给予否定、抵制和反对。高校教师职业道德规范是直接的评价标准。道德规范能够具体反映社会和团体需要，并具体指明行为的界限，因此，人们往往直接使用道德规范作为道德评价的标准。高校教师职业道德规范也应当成为直接的评价标准。凡是符合教师职业道德规范的行为和品质就是善的，获得肯定性的评价；反之则是恶的，得到否定性的评价。高校教师职业道德规范的制定是一项重要的工作，必须制定出符合教育发展利益和学校发展利益的教师职业道德规范。制定出的道德规范总是有一定的局限性，要不断根据社会和教育发展的需要完善高校教师职业道德规范体系。

高校教师职业道德评价标准从不同的侧面反映了教师职业道德的价值，在性质和价值取向上来说是应当一致的，但是也会存在某种程度的差异和冲突，在实际的评价中，只有把几种标准综合起来，才能保证道德评价的科学性，这就需要提高道德规范体系的科学性，提高道德评价主体的评价能力。

二、把教师职业行为作为实际根据，保证高校教师职业道德评价的系统性和公正性

道德评价的根据就是评价对象所具有的反映道德价值的要素，如评价天气要根据气温、湿度和空气质量等因素，评价人们的道德状况必须根据人们对道德的理解和实践状况。人们对于道德的理解和总体实践状况构成人们的道德品质，而具体的道德实践就是人们的道德行为。由于道德品质是在行为人的一系列行为中体现出的总体性质和习惯性特征，因此，进行道德评价主要的根据是道德行为。纯粹的道德行为是没有的，所谓道德行为就是具有一定的道德意义的各种行为，或者说，道德行为是涉及人们利益关系的有道德意义的行为。一般来说，教师的职业行为都具有道德意义，或善或恶，都可以成为道德评价的对象。把教师职业行为作为实际根据，才能保证高校教师职业道德评价的系统性和公正性。

行为由动机、目的、手段和效果等几个因素构成。动机产生于人们的社会生活需要，常以兴趣、愿望、理想和目的等形式表现出来，是趋向于一定目的的主观愿望或意向，是意识到了的行为动因即激励人们行动的主观原因。动机是人们发动和维持行为的思想动力。目的是行为所要实现的一定目标。如果说动机是意识到了的愿望，目的则是明确了的目标，它包含着对行为结果的愿望和期待，目的是人所特有的自主性、能动性的表现，是人们较为持久的行为动力。所谓手段就是人们实现目的的方式和方法，是实现目的达到一定效果的中间环节和桥梁。手段在动机和目的的支配下进行，是动机和目的的展现过程，而直接由目的来指导和控制。人们行为所产生的后果和效应即效果。当效果和动机、目的一致时，即一定的动机和目的得以实现，是好的效果；而结果违背了主观愿望和目的时，这种结果则是坏的效果。动机、目的、手段和效果间的关系在实际的行为过程中是复杂的，对行为进行道德评价要以对它们之间关系的具体分析为依据。

前面我们已经谈过，要坚持动机与效果相结合的做法评价道德行为。动机与效果是对立统一的关系。一方面，动机与效果是统一的，二者相互依存，相互联结，在一定条件下互相转化。另一方面，动机与效果又是相互区别的，动机为主观因素，发动、维持人的行为；效果属于客观事实，记录、证实人的行为。动机与效果的辩证联系通过复杂的方式表现出来，好的动机常常引出好的结果，坏的动机常常引出坏的结果；但是，有时好的动机也会产生坏的结果，即"好心办坏事"，有时坏的动机也会产生好的结果，即"歪打正着"。因此，在评价人们的行为时，要反对单纯的动机论或效果论，把动机与效果统一起来，

具体分析两者之间的关系。除此之外，我们还要坚持目的与手段相结合评价道德行为。目的与手段是统一的，一方面，道德目的决定道德手段，道德目的的性质决定道德手段的性质；另一方面，道德手段也影响道德目的，道德手段的性质也影响道德目的的性质。因此，在评价行为价值时，要坚持目的与手段相结合评价道德行为，反对单纯的目的论或手段论。在进行道德评价时，应当具体分析目的与手段的联系情况，做出正确的评价。任何行为都无外乎有好的或坏的目的两种可能，而无论什么目的都可能采取正当或不正当的手段。当目的与手段一致时，是容易评价的，即目的是好的，手段是正当的行为就是善行；相反，目的是坏的，手段是不正当的行为就是恶行。如果目的是卑劣的，即使采取正当手段的行为也不能说是善行，应给予否定的评价。如果目的是好的，采取的手段是不正当的，则必须深入分析行为的背景，才能做出恰当的评价。当行为人有条件使用正当手段而没有使用时，这种行为应予以否定。如果行为人别无选择，只能以不正当手段达到良好目的时，一般应当肯定其行为的道德价值，但是，如果不正当手段造成的负面影响大于良性目的价值时，必须予以否定。

三、完善高校教师职业道德评价环境，发挥教师自我评价的作用

高校教师职业道德评价，有了合理的标准体系和可靠的评价依据，还必须有适当的方法，而且要通过评价主体对评价环境、标准、依据和方法等评价要素进行整合，评价活动才能顺利进行，起到应有的对于职业道德建设的促进作用。这就需要完善高校教师职业道德评价环境，普遍提高学校和评价者的道德水平和评价水平，调动教师进行道德修养的自觉性，发挥教师自我评价的作用。

首先，完善高校教师职业道德评价环境。要改善工作环境，利益与环境是道德发展的客观基础；要改善道德环境，使制度和环境道德化，在公正合理的环境中，好的合乎道德的制度和管理能够带动学校和教师道德的完善。环境的作用是重要的，榜样的力量是无穷的，如果善无善报、恶无恶报，所得与德性无关，道德评价的作用就无法得到很好的发挥。教师职业道德建设离不开社会环境的大背景，但是，环境因素只是外因，只在一定程度上影响教师职业道德的发展，不是教师职业道德评价起作用的决定性因素。

其次，普遍提高学校和评价者的道德水平和评价水平。道德评价与功利评价、政治评价、法律评价、审美评价等评价形式相比，在评价主体、评价对象和评价依据及其作用等方面都有一定的特殊性。评价者也要接受评价，评价者对他人的道德评价受到自身道德水平的影响，这种影响一方面体现在评价作用的发挥上，正所谓："其身正，不令而行；其身不正，虽令不从。"一方面体现

在评价效果上。评价者依照公正合理、积极进步的评价标准，还是依照偏颇适当、消极落后的评价标准，会对同一种评价对象做出截然相反的结论，难以保证取得积极的评价效果。因此，要普遍提高学校的道德水平，建设健康向上的校园文化，培养良好的学风与校风。

在提高学校和评价者的评价水平上，要做以下几项工作。① 形成健康的道德舆论。道德舆论是道德评价的主要方式，人们常把道德评价称为"道德法庭"，这是对舆论评价的一种形象说法。道德舆论可以是无形的自发的，也可以是自觉的有组织的。国内外的一些行业、国家机关和企事业单位设立的职业道德委员会，就是有组织的"道德法庭"，对于提高从业者的职业道德水平发挥了积极的作用。道德舆论有正确与错误、健康与不健康之分，要以正确的、健康的道德舆论取代错误的、不健康的道德舆论。② 领导、教师、学生评价相结合，保证系统性、公正性。③ 采取有效的评价手段，表扬与批评相结合，树立好的典型，表扬为主，及时批评不好的行为和现象，对严重违反职业道德的行为给予纪律处分，鼓励先进帮助后进，促进发展整体提高。

最后，调动教师进行道德修养的自觉性，发挥教师自我评价的作用。环境和外在评价都是外因，高校教师职业道德评价的作用，最终要经由教师自身而起作用，"道德法庭"不具有法律评价的强制性，道德评价必须通过被评价者的内在自觉才能发挥作用，因此，道德评价作用的发挥，必须在打动被评价者上下功夫，关键是调动教师自我评价的自觉性，发挥教师自我道德评价的作用。

所谓"吾日三省吾身：为人谋而不忠乎？与朋友交而不信乎？传不习乎？"[①] 正是自我评价的写照。也有人把自我评价称为"道德反思"或"道德自律"。通过前面的论述，可以说，自我评价就是自己对自己的评价，道德主体同时是评价主体和评价客体。评价主体因清楚地了解自己的动机而可能使自我评价更及时、恰当和公正，也可能因利害关乎主体自身而使自我评价带有主观随意性。自我评价常常出现与实际相偏离的情况，自我评价有时过高，造成自我欣赏、自以为是的情况，与社会评价发生矛盾和冲突；自我评价有时过低，自责愧疚不已，丧失信心自暴自弃，这不利于自我评价功能的发挥。

自我评价的基本方式是内心信念。内心信念是人们内心坚信一定要遵循的，在人们的道德意识中根深蒂固的道德原则、规范和理想等观念。内心信念是个人道德活动的心理基础，是构成人的行为内在动机的主要因素。道德信念对人的行为有着重要的影响，是人们对自己的行为进行自我道德评价的重要方式。社会评价作用因人而异的原因就是道德行为主体内心信念的不同，社会舆论和

---

① 孔子《论语·学而》。

传统习俗作为外在的影响力量，要通过主体的内心信念才能发挥作用，道德主体的内心信念对外在的社会舆论和传统习俗有一个"过滤"和接受的过程，内心信念所接受的舆论和习俗才有发挥作用的可能。当内心信念与社会舆论、传统习俗发生矛盾时，内心信念的作用更加重要。强调内心信念的作用，也并未否定社会舆论和传统习俗的作用，内心信念始终受到它们潜移默化的影响，没有它们的影响、熏陶和规范，内心信念往往无从产生。

内心信念的树立和评价能力的培养过程是一个自觉的道德修养过程。在道德修养过程中，尤其要注意正确认识和处理自由与必然的关系。必然性是事物发展过程中不可避免的、一定要出现的趋势，即规律性，它是事物发展过程中处于支配地位的趋势，决定着事物发展的前途和方向。作为社会历史发展规律的必然性，制约着行为的自由，但不能夸大必然性的力量，否定人的自觉或自由，放弃自己对于行为的自主判断和选择能力，从而放弃自己行为的道德责任，丧失对于道德理想积极追求的热情。必须确认自由自觉的价值和作用，没有意志自由，就没有自觉活动。自由是人类进行一切活动的前提，又是人类活动所追求的目的，自由就在于根据对自然界的必然性的认识来支配我们自己和外部自然，在道德修养过程中，要充分发挥自觉能动性，在对道德必然性的认识和尊重基础上，自觉提高道德水平和自我评价能力。教师积极进行道德修养是提高职业道德的根本途径，教师的自我道德评价是职业道德评价的主要方式。

【阅读推荐】

请阅读公务员之家网发表的董鹏刚（西安理工大学）撰写的文章《高校教师师德评价指标体系研究》一文。文章中，董鹏刚老师首先提出了新时代下对高校教师师德评价的认识和理解问题：一是社会、学生、家长等对教师师德期望是高的，要求也是不断变化提升的；二是每位教师由于个人特点，各有所长、各有所短，在一定时间段内的表现肯定有所不同、有一定差异；三是在一定时间段内、一定教师群体范围内，个体师德存在不同，应该对在实际工作中学生、教职工认可的师德表现优秀的教师予以肯定和认可，予以精神褒奖。然后，董鹏刚老师又提出了新时代下高校师德评价指标体系的设计：一是高校师德评价指标体系设计的原则。以科学性、逻辑性、导向性、相对性、主客观结合、可操作性等为原则，将教育行为的内在动机与外在效果相统一，引导教师在道德价值追求上适应教育改革和发展的时代要求。二是高校师德评价指标体系设计的内容。三是高校师德评价指标体系的组织形式。不仅列举师德应该达到的目标和水平要求，而且更实际的是提出了负面评价因素和底线因素。教师自身总结一定时期内的师德情况，总结有关师德方面的工作情况和表彰，参照评价表自我评定。同时，发挥教学单位自主性，结合教师实际表现，综合评议、公示。还有，结合学生、社会意见及师德师风举报反映等情况，组织审定及公示，接受申述。文章的最后，董鹏刚老师提出了新时代下高校教师师德评价指标体系的具体应用：一是师德评价考核等级分为优秀、良好、合格、不合格；二是年度师德考核中"优秀"比例不高于35%，对推荐的年度优秀教师、教书育人先进个人、优秀本科生导师，师德考核必须为优秀；三是查明违反高校教师师德禁行行为"红七条"，给予师德考核不合格；四是因师德考核"一票否决"或者综合评定结果为"不合格"者，年度综合考核评为不合格。

思考题

1. 教师职业道德行为所体现的特点有哪些？
2. 教师的道德选择与道德评价之间的相互关系是什么？
3. 教师如何树立富有时代精神的教育观？
4. 教师道德行为评价中存在哪两对矛盾？

第八章　高校教师职业道德建设

内容提要

高校教师职业道德建设是教育道德实践活动的重要形式。本章阐述了新时代面对新问题进行教师职业道德建设的途径与方法，提出了对策与要求。

学习目标

1. 了解高校教师职业道德建设的途径与方法，掌握教师师德修养本领，进一步思考高校教师职业道德建设的机制及对策。

2. 认识高校教师职业道德建设在新时代存在的新特点、新问题，在道德实践活动中实现自我修养。

高校教师是我国人才培养的主力军，其主要包括三大职能，即为国家培养高层次、高技能的人才；推动社会、科学、技术、经济及文化等多方面的发展；服务社会。新时代，高校教师面临着新的机遇与新的挑战，作为一名高校教师，其不仅要掌握专业的技能知识，而且必须具备教书育人的能力，在生活和工作中能够做到为人师表，具备良好的职业道德。目前，高校教师职业道德建设既取得了一定成就，也存在许多问题。尤其是诸多职业道德问题，已经严重影响了高等教育事业发展，影响了大学生健康成长，影响了社会道德风气，因此，急需我们加以重视并予以解决。

第一节　高校教师职业道德建设存在的问题及对策

由于教师职业具有特殊的职业特征，即教师对学生不仅仅是传授知识，还承担着重要的思想道德教育任务。学生在接受教师传授知识的同时，也在不断地接受教师的道德、情操、作风的教育和影响。因此，崇高的师德——教师的职业道德，既是对教师个体行为的规范，也是教育学生的重要手段，对青年学生树立正确的世界观、人生观和价值观起着重要作用。这种职业特征决定了师德不仅应具有社会百业道德的共性或一般性，即全体公民都必须遵循的社会公德，还必须超越一般的职业道德范畴，优一等、高一格。"人类灵魂工程师"的光荣称号即是对教师这一特殊职业特征的形象描述。

一、高校师德存在的问题及原因

目前，就我国高校教师队伍整体而言，绝大多数教师的思想素质、品德素质是好的。长期以来，他们忠于党和人民的教育事业，爱岗敬业，教书育人，为我国教育事业做出了巨大贡献。但我们也应该清醒地看到，置身于市场经济万花筒般的社会大环境，教坛已难清静，各种不正之风时时冲击着教师的职业操守。

教育行风评议和种种迹象显示，学校教师师德师风建设方面存在着不少问题，尤其是青年教师中存在的问题较为突出，有研究者将其归纳为以下"三重三轻"现象：

（1）重业务，轻思想。在教师形象的自我定位上，不少教师较重视业务学习和能力的提高，轻视思想修养的提高。有的对政治学习不重视，在政治思想上要求不高，思想松懈，致使在世界观、人生观、价值观的导向上有失偏颇，影响健康成长；有的对自己的工作要求不严，在遵守学校的规章制度和有关规定上自觉性较差，以身作则不够；有的对集体不关心，对教学以外的工作不重视，敷衍了事。科学研究中，也出现了"学术腐败"现象。

（2）重教书，轻育人。有的教师上课比较认真，课后对学生比较冷漠，与学生谈话沟通不多，关心不够。没有意识到教书育人是一个良性循环的系统，是自己的工作责任，在教书育人上没能真正用心下功夫，或者有的没有把育人放在日常教育教学工作中的首位。

（3）重物质，轻道德。一些教师敬业奉献精神不佳，职业道德观念淡薄。由于多种原因，没有把最主要的精力放在本职工作中，不认真备课，讲课开无轨电车；有的热衷于第二职业，从事与教学、科研无关的牟利活动，影响着正常的教学工作。更有甚者，受物质利诱、对学生不公，考试随便泄题、评分送人情分，在师生中造成恶劣影响。概括地说，高校师德产生的问题：一是育人观念淡漠，未做到教书与育人的有机结合。高校教师的职责是把大学生培养成高素质的新时代人才，培养他们获取与运用知识的能力。育人更是高校教师职业道德的关键部分。但是，个别教师错误认为育人不是教学的重要目的，只是墨守成规单纯地传授专业知识。有些高校教师更是对学生不良行为不加以制止与纠正，任其发展，只教不育。二是缺乏敬业精神，价值取向产生偏差。在快速发展的市场经济影响下，机遇与利益不断冲击高校教师的价值观。部分高校教师人生的价值取向趋于现实。利益的评定标准偏重实在，趋利避害，避重就轻。个别高校教师更是投身市场赚大钱，不再致力于专研学术，直接导致教学质量下降，科研成果质量令人担忧。高校教师价值取向产生偏差，缺乏正确的世界观、人生观和价值观，直接影响教书育人的质量。同时，对大学生的世界观和人生观也造成一定的影响，不利于人才的培养，影响社会的进步。三是缺乏业务服务精神。由于缺乏业务服务精神，致使授课不够精深，教师教学的有效性不高。部分高校教师缺乏严谨的治学精神，认为授课只是一种任务，无需高度重视。因此，不愿意花时间去研究新的教学方法、新的教学策略，出现灌输式的教学形式，未能真正发挥学生的主体性作用。部分高校教师在授课前并未进行充分的备课，致使授课过程中，出现内容不连贯、思路不清晰、概念模糊等现象，严重影响课堂教学的整体质量，影响人才培养的效果。

这些现象的产生，主要原因体现在以下两大方面：

一方面，社会环境是影响教师师德建设的外在因素。首先，在社会主义市场经济体制逐步确立的转型期，人们的心理压力普遍比较大，产生种种迷茫和困惑。社会上默默奉献、顽强拼搏、廉洁奉公与巧取豪夺、欺诈造假、挥金如土现象并存，而社会道德的提升往往滞后于社会的转型，使现实生活中各种复杂的社会现象和消极现象得以滋生与蔓延，影响了不少人，其中包括部分教师。其次，改革开放以来，我国大量引进、利用西方先进科技成果和管理经验，与此同时，西方某些不良观念也不可避免地在不同程度上影响着师德建设及许多教师（特别是青年教师）的思想行为。最后，从学校来说，教师队伍管理方面长期存在着"重业务学习、轻思想道德"的不良倾向，对教师业务方面的要求很硬，既有质的指标、又有量的要求，具有可操作性。而在涉及教师切身利益的工作评优评奖、评聘专业技术职称方面，思想道德方面的要求与考核却往往流于形式，只要不明显违纪违法，几乎没有因思想品质不合格而被淘汰的（客观上，精神方面的指标比较虚，量化起来有一定的难度，不好操作）。这种管理模式当然无助于良好师德师风的形成。

另一方面，自身素质是影响教师师德建设的内在因素。目前教师队伍中相当一部分是20世纪八九十年代的大学毕业生，他们出校门进校门，缺乏社会实践的锻炼。不少教师思想道德还不可避免地带有学生时代的浪漫色彩和偏激心理，在价值调整过程中容易使主客体产生偏离以致出现错位。同时，这些青年教师中许多人没有系统学习过伦理学，教师职业道德理论装备先天不足。不少教师尽管已为人师，其道德认识能力、道德是非判断能力和道德行为选择能力也呈现出不同程度的问题。此外，部分教师职业认识上也有偏差。还没有真正认识和理解教师是人类灵魂工程师的内涵和外延，没有体会教师职业的神圣感、光荣感和责任感。容易被"票子""帽子""房子"等实际物质利益的追求所影响或左右。

二、加强高校师德建设的对策和有效策略

当前高校的师德建设仍然存在不少问题，培养和教育一大批师德高尚的优秀教师是我国教育界面临的一项长期迫切的重大任务，需要有关部门从师德教育、行政管理、制度建设等多方面寻求对策，进行综合治理和全面建设。选拔与培养结合，努力提高教师队伍的入口质量。一个人的素质决定着他的思想言行。对于教师这种综合素质要求较高的职业，从业人员的个体素质显得尤为重要，可以说相当程度上决定着他的职业道德。由于人的综合素质往往在青少年时期就已初步形成，所以，从教师入口处精心选拔、严格把关对教师队伍职业道德的提高会起到积极有效的促进作用，搞好师德建设应首先在此环节着手。

与此同时，要加强培养。职业道德教育需要长期的潜移默化，越早教育效果越好。目前，在学校的课程设置中，职业技能方面的训练课比较少，更没有安排系统的职业道德教育。在师德教育过程中，应根据教师的职业特点，贴近学生的思想和生活实际开展，切忌把师德教育变成空洞的道德说教。应通过教育，使师范生树立正确的人生观、价值观。对教书育人的重要意义和教师职业的社会地位、效益有深刻的理解，产生崇高感、荣誉感、责任感，确立忠于教育事业的理想，坚定全心全意为人民服务的信念，只有这样，才能奠定崇高师德的基石。

他律与自律结合，切实强化教师队伍的管理和监督。师德建设不能仅凭简单的说教，必须从制度上予以保障。各级教育部门要把对教师的思想道德要求，通过健全的规章制度确定下来，充分发挥法规制度的约束力，使师德建设落到实处。学校可通过建立健全学习培训制度、考评监督制度、奖励约束制度和内部自律制度等，使师德建设更加规范有效。综合一些文献材料，建议如下：

第一，建立健全师德教育的学习培训机制。开展教师职业理想教育是提高教师职业道德水平的基础和前提，必须长期坚持。为了强化教师的师德意识，有组织、有计划地对广大教师进行师德教育的学习培训十分必要。师德学习培训的内容，包括师德规范、职业理想、职业态度、职业责任和职业良心的学习和培训，更重要的是根据教师的思想实际和教育实践中的问题，有针对性地进行学习教育。学习培训的方法，可采用专题讲座、师德报告会、案例分析会等多种形式。总之，应把师德教育作为"教师继续教育工程"的必修课程，放在

应有的地位，贯穿到各个环节。

第二，建立健全教师的考核评价机制。与教师切身利益相联系的、客观公正的考评是有效的教育形式之一。为规范教师行为和提高师德水平，可建立"师德档案"，采用自评与公开评议（包括"生评师"）、定量与定性相结合等方法对教师的道德水平进行考核，记录教师职业道德方面的成绩和问题，并将其作为年终考评和提薪晋级的依据。

第三，加强师德激励约束制度。教师职业道德建设，要靠学习，也要靠激励约束。教育是基础，激励约束是一种必要的手段，激励就是表彰先进，树立榜样，建立师德标准；约束就是对违反职业道德规范的教师，按照规定严肃处理。对于品德不良、师德败坏、社会影响恶劣的教师，应坚决取消其教师资格，从而在道德和纪律的约束下，使教师自觉规范自己的言行。

第四，努力构建师德内化自律机制。内化就是教师将社会约定的职业道德规范转化为教师自身的行为准则，将外在的约束和要求转化为自身道德修养的过程。自律就是无论是否有外在的约束或监督，教师都能严格要求自己，自觉自愿地遵守规范。通过构建师德内化自律机制，使得教师在行动中遵循这些规范时，内心会感受到欣慰和愉悦；如果违背了这些规范，就会内疚和自责。教师把师德作为自己的立身之本、立业之基，并形成自己的内心信念，就会从内心勃发出自我教育的欲求，积极主动地进行自我教育，而自我教育对形成教师良好职业道德的作用，是难以估量的。

此外，社会与学校结合，不断加大师德环境建设的力度。师德建设是一项复杂的系统过程。要搞好师德建设，必须政府重视、学校负责、社会参与，形成齐抓共管的局面，才能真正抓出实效。具体来说，一要确保政府高度重视，将师德教育纳入政府工作议事日程。各级政府尤其是教育系统各部门，要扭转只重视抓业务和教学质量，忽视或无视师德教育的倾向，把师德教育纳入重要议事日程，建立师德教育领导负责制，形成齐抓共管的合力。二要确保学校领导高度负责，把师德教育放在各项工作的首位。学校有关领导不能就教学而抓教学，而应使师德教育渗透于各项工作之中，突出其首要地位。三要充分利用活动和节庆日载体开展教育。以活动为载体，吸引广大教师普遍参与。四要建立健全师德教育榜样示范机制。榜样可以产生巨大的影响力和感召力，具有教育和激励的作用和价值。如今，我们要继续学习和发扬老一辈教育家的精神和风范，及时发现、培养当代的模范教师和先进典型。宣传他们的先进事迹，开展"树典型，学先进，以身边人教育身边人"活动，使广大教师学有目标、赶有方向，不断提高职业道德水平。

同时，做好高校师德建设的有效策略，应该是丰富的。具体包括以下主要内容。

一是加强高校思想政治工作、道德教育。思想政治教育工作与道德教育工作是提高高校教师职业道德整体水平的重要手段。对此，高校通过开展道德教育工作、思想政治教育工作，创建良好的思想道德氛围，使高校教师认识自身职责的艰巨，不断提高其教书育人的能力，提高自身的综合素质，真正地实现为人师表。高校在道德教育工作、思想政治教育工作中，应经常组织教师认真学习党的十九大精神，用马克思列宁主义、毛泽东思想、邓小平理论、"三个代表"重要思想、科学发展观、习近平新时代中国特色社会主义思想武装自己，不断提高个人的政治素质，提高自身的职业道德水平。

二是提高高校教师的学习意识。随着经济社会的不断发展，高校在人才培养途径、人才培养模式等方面出现较大变动。因此，高校教师必须具备一定的学习意识，不断提高自身的学习能力，去适应高校人才培养工作出现的新变化，开拓新的局面。作为高校教师，不仅要学习政治方面的知识，而且还应学习多方面的知识，尤其是自身的专业知识。同时，不断地尝试新的教学方法，才能在教育工作中做到随心应手、游刃有余，不断提高教书育人的能力。提高自身素质，才能更好地完成自身的工作，更好地促进高校教育工作的发展。

三是提高高校教师的创新意识。创新是新时代高校对教师提出的新的要求。目前，我国改革逐渐深化，科学技术不断革新，人们的物质生活水平大大提高，这些对高校教育都有着深远的影响。高校教师必须具备创新意识，懂得与时俱进，顺应市场经济的发展，及时更新自己的知识与技能，不断丰富教学方法，用新的培养途径及新的教学方法去解决新的问题、适应新的情况，更好地开展教育工作，为国家培养更多更好的优秀人才。

四是提高高校教师的责任意识。责任是职业道德爱岗敬业提出的要求。教师的责任心是高校教育事业发展的重要保障。首先，高校教师应致力于将本职工作做好，做到爱岗敬业。其次，高校教师在教育工作中应秉着认真、谨慎的态度，无论工作是否重要，工作是否有难度，都应认真、积极地完成，努力克服工作中的困难。严禁形式主义。最后，高校教师应努力克服困难，切忌出现推诿及扯皮等不良现象。

五是提高高校教师的服务意识。服务群众、奉献社会是职业道德主要的内容，也是高校教师的核心素质之一。作为高校教师，必须树立奉献意识，不断增强自身的服务意识，明确自身在高校教育中的职责。即为国家培养更多更优秀的人才，为高校教育提供多方面的服务。高校教师只有不断增强自身的服务意识，才能更好地投入到高校教育工作中，才能不断提高自身的职业道德水平，促进高校各项教育工作的顺利开展。

高校教师职业道德在其教育工作中起着至关重要的作用，是教师核心素质之一。加强教师职业道德建设，是高校教育工作中的重要环节，可促进高校各项教育工作的顺利发展，提高高校人才培养质量。因此，高校应给予高度重视，并采取强有力的措施提高教师职业道德水平，提升高校教师的整体素质，不断壮大高校教师队伍。

三、新时代加强高校师德建设的要点

国家已颁布了《高等学校教师职业道德规范》，这无疑给高校师德建设提供了良好机遇，我们应抓住这一有利时机，加强学校师德建设。

（一）强化激励机制

激励是一种引起需要、激发动机、指导行为有效实现目标的心理过程。人都需要激励，激励的手段可以是物质的，也可以是精神的。学校教师作为成就感很强的群体，他们希望对自己的劳动价值有一个实事求是的评价。然而，教育教学是一个相当复杂的系统工程，我们在评价指标方面长期以来具有较大的片面性，评价时往往只注重科研论文，撰写专著的多少，申报科研课题的多少，致使教授不教，讲师不讲。难怪有学生发出这样的感叹！报考名牌大学就是冲着名师来的，可进了大学，名师却不见了踪影，不知他们在哪里，在忙些啥？一些教师不上课，专写文章，却升迁快，职称也上得快，这种片面的评价指标忽视了教师的育人行为，挫伤了教师育人的积极性。事实上，成果不仅包括教学科研成果，还包括师德成果，一个教师良好的师德是一笔财富。要引进激励机制给为人师表者以物质和精神奖励。如给予师德高尚、献身教育的老教师以崇高的荣誉和丰厚的物质报酬，使教师感到良好的职业道德也能有所回报。如青少年道德银行的开设，志愿者们在志愿服务、奉献爱心的同时，也使这些志愿服务者可能得到志愿服务的回报，就有利于激励更多的人从事志愿服务。学校通过对师德高尚教师的回报制度，也必将激励高校教师加强自身道德修养，自觉地投身于育人工作之中，从而在全社会树立恪守职业道德光荣、不守职业道德可耻的良好道德风尚。

（二）营造学校教师成长的良好环境

人都生活在一定的环境中，无时无刻不受环境的影响。所谓"近朱者赤，近墨者黑"，很形象地说明了环境对人的影响。学校要净化环境，在这方面，学校领导班子要承担重要责任。领导要廉洁自律，勤政为民，为师生办实事，起好表率作用。在用人制度上要任人唯贤，不能谁给送礼，给办私事，谁就能得到提拔，努力形成一种能者上、庸者下的用人机制。对那些爱岗敬业、无私奉献、埋头苦干的老实人以表彰和重视，给予崇高的荣誉和较好的物质待遇。

（三）将师德建设法制化

制度建设是师德建设的保证，师德建设只有纳入法制化的轨道，才更具有强制力。国家对教师实行资格制度，获得教师资格是从事教师工作的前提，具有良好的道德品质是获得这一资格的必要条件，也是决定是否被聘用的必备条件，从而从法律上保障了教师职业的神圣和高尚。所以，国家要逐步将师德建设法制化，建立保障机制，规范要求，从而为高等学校教师职业道德建设创造良好环境。

【阅读推荐1】

请阅读北京交通大学曹国永老师于2018年9月27日在《光明日报》14版发表的题为《新时代加强高校师德师风建设的四个着力点》一文。曹国永老师指出，我们要准确对标新时代、新形势、新要求，深刻认识师德师风建设的极端重要性，牢记立德树人的崇高使命，引导广大教师更好地以德立身、以德立学、以德施教。其中，曹国永老师认为：一是加强师德师风建设，要着力提高思想认识。准确把握新时代"四有好老师"和"四个引路人"的内涵和要求，增强每一位教师立德树人、教书育人的责任感和使命感，做到"入心见行"。二是加强师德师风建设，要着力加强制度建设。要进行顶层设计，加强制度体系建设；要落实主体责任，建好工作体系；要狠抓工作落实，加强监督。三是加强师德师风建设，要着力深化价值引领。要坚持教育者先受教育。坚持终身学习的理念。四是加强师德师风建设，要着力完善评价考核。划清红线、亮明底线。同时，要坚持教育培训与考核评价相结合，做好警示教育和防范工作。

【阅读推荐2】

请阅读华北电力大学周坚老师在《中国高等教育》发表的《全面把握新时代高校师德师风建设的新坐标》一文。其中周老师指出，习近平总书记在全国教育大会上的重要讲话，为新时代教师队伍建设指明了前进方向、提供了根本遵循。一是要把握新时代师德师风建设新坐标，坚持办学的正确政治方向，牢牢掌握党对教师队伍建设的领导权。二是把握新时代师德师风建设新坐标，构建科学的育人体系，牢牢抓住思想政治工作这条各项工作的生命线。着力形成从"思政课程"到"课程思政""专业思政""学科思政"的圈层效应，调动和利用一切育人元素，努力使每一位教师都能在立德树人的舞台上找到自己的最佳位置。三是把握新时代师德师风建设新坐标，改革完善教师评价制度，建立与立德树人根本任务相匹配的激励约束机制。在教师评价中进一步突出"育人"与

"育才"的统一,加大育人业绩的话语权。四是把握新时代师德师风建设新坐标,加大教师职业规划与培训力度,引导教师在塑造人上下真功、见实效。对教师的培训,必须从过去的以提升专业知识和教学技能为主,转向包括价值观念、人文精神、思想品质、道德情操等人文向度和精神价值属性在内的全面育人文化提升,让教师在价值取向上从注重如何"上好一节课"向如何"培养好一个人"的方向转变。五是把握新时代师德师风建设新坐标,建立和完善以师生为主体的现代大学制度环境,形成浓郁的尊师重教氛围。充分赋予教师主体地位,激发广大教师主人翁精神,热爱自己的事业,珍惜自己的荣誉,增强使命感和责任感。

第二节 高校教师职业道德建设的实施、途径和方法

教育事业的改革与发展,离不开教师队伍的建设,尤其是教师职业道德修养建设。因此,为了切实加强教师队伍建设,应该制定学校教师职业道德建设实施方案。而这一具体的实施方案要求具有相应的途径和方法。

一、高校教师职业道德建设实施方案要求

(一) 实施方案要突出强调提高认识和加强领导的重要性

近年来,高校教师全面贯彻党的教育方针,加强道德修养,爱岗敬业,为人师表,体现了较高的职业道德水准,师德修养有了进一步的提高,为不断提高教育教学质量,促进教育发展做出应有的贡献。同时,我们也清醒地认识到,由于受拜金主义、个人主义以及社会上不正之风的影响,也有个别教师还存在不注重师德修养、职业道德水准不高的现象,如治学不严谨、不注重钻研业务、不能尊重学生等现象。这些现象虽然是极个别的,但却严重影响了人民教师的形象,影响了学校的形象。因此,高度重视教师职业道德建设十分必要。抓好这项工作必将促进教师队伍整体水平的提高。为了保证教师职业道德建设工作落到实处,学校应该成立"师德建设领导小组",研究制定教师职业道德标准、教师职业道德考核细则及办法等有关条例,通过开展多种多样形式生动活泼的师德教育活动,促进全校教师师德水平的大提高。

(二) 实施方案要求以多种途径和方式开展宣传教育活动

师德建设的目标涉及:政治坚定,思想过硬;遵纪守法,依法执教;文明理性,与时俱进;爱岗敬业,甘于奉献;勤奋学习,业务精通;热爱学生,团结协作;情操高尚,为人师表;志存高远,廉洁从教。为了实现这一目标,学

校应着重抓好以下工作：

① 向全体教职工宣讲开展教师职业道德建设的意义和具体要求，以及学校有关师德建设的标准、要求、评估办法、考核细则。

② 在宣传教育的基础上，开展教师职业道德的自评、自查和教风的整顿工作。按目标要求，教师要写出自评报告，存入个人师德考核档案。

③ 定期召开全校师德教育大会。教育、引导教师树立正确的教育观和成才观。在教师中大力倡导：终身爱岗的敬业精神、勇于改革的创新精神、共同进步的协作精神、爱生如子的园丁精神、奋发向上的拼搏精神、不计得失的奉献精神。

④ 以师德建设为切入点，抓好教学常规管理。教学常规管理仍从五个方面抓起。即备课；上课；辅导；作业批改；考核与评定。突出强调：备课要钻。上课要学生为主体，教师为主导，训练为主线。讲课要精，要突出重点，找准难点。辅导要勤，要落到实处。作业批改要细，要及时。认真细致地组织好期中、期末考试。

⑤ 狠抓教风建设。结合教师的工作特点，提出更加规范的要求：上下午第一节有课的教师，必须要提前 10 分钟进校，坚决杜绝提前下课的情况。遵守课堂常规，不说与教学无关的话，不坐着讲课，不许带手机进入课堂，决不能出现课堂内响铃、接电话等教学事故发生，要虚心听取学生对教育、教学工作的意见和要求，要想尽办法教会学生学习方法和思维方法。使学生不仅知其然，更重要的还要知其所以然。教师要对学生倾注全部爱心，建立融洽和谐的师生关系。教师要努力做到：一为榜样，二为良师，三胜父母，四如朋友。

⑥ 在教师中大兴学习的风气、教研的风气，与时俱进，开拓创新，向教科研要效益。首先，"教科研是教育第一生产力"，是提高教学效益的关键性因素，是衡量学校办学现代化水平的核心标准。围绕教学中的实际问题，找准突破口，在教师中大力开展教科研工作。教科研工作要从三个方面入手。一是研究如何激发学生的学习兴趣，使其愿意学，乐于实践；二是研究如何使学生会学习，善于学习；三是研究如何培养创新精神和社会实践能力。激发学生兴趣，使学生愿意学，教师首先就要对学生倾注全部爱心；其次，教师要有丰富的学科知识，用精练有魅力有幽默感的语言表达，有生动的表情动作，有漂亮的板书。因此，要求教师除了备课、上课之外，还要加强学科知识的学习，加强教育理论、教育教学方法、学习方法的学习，加强教师自身创新精神和实践能力的培养与提高。同时，在广大教职工中形成读书学习的氛围，积极倡导"人人争做研究型教师"的良好风气。教师要下大力量学习运用计算机、多媒体网络技术。要充分利用网络资源为教育、教学服务。还要加强对心理学、教育学理

论的学习，重视研究学生心理，指导学生学习方法和学习策略，关注学生心理健康。加强对青年教师的培养，继续开展青年教师师德教育讲座，组织好公开课、上镜课、示范课、多媒体课活动；抓好青年理、化、生教师实验技能培训工作。

⑦ 建立和完善惩戒激励和制约机制。对师德高尚、成绩突出的优秀教师进行表彰奖励；对严重违反教师职业道德的教师，要坚决查处，决不姑息。对少数品行不良、素质很差、不适合担任教师的人员坚决清除出教师队伍。学校主要领导加强对学校的巡视工作，并通过多种层次的座谈会了解情况。对学生反映比较突出的问题，必须认真对待，严肃查处。

（三）实施方案要体现具体的实施步骤，具有实际的可操作性

在开学第一周，集中时间向全体教职工传达贯彻上级文件精神，布置教职工依据教师职业道德标准进行自查自纠，每人写出自查报告，连同考核登记表一并放入个人师德考核档案。在日常教育教学过程中依照教师职业道德考核细则，通过不同途径、不同方式，坚持每月对教师进行职业道德方面的教育和考评，并做好考评资料的积累工作。

学期结束时，依照教师职业道德标准、教师职业道德考核细则、教师职业道德考核办法中的具体规定，组织学生及学生家长填写教师师德调查表，将调查结果与日常考评相结合，给每位教师一学期在师德方面的表现一个客观公正的评价，记入本人师德档案。并做好先进典型的表彰奖励工作。

二、高校教师职业道德修养的途径

教师道德修养不仅是一个理论问题，而且也是实践问题。要使职业道德原则和规范成为教师行为的准则，必须依靠自己长期不懈的努力，自觉地进行修养和锻炼。因此，掌握正确的师德修养的途径和方法是十分重要的，也是十分必要的。人民教师的道德修养主要采取以下一些途径和方法实现：

（一）强化教师意识和教育信念，发挥修养动力

首先，要强化"我是一名人民教师"的意识。教师是负有神圣职责的崇高职业。教师要时刻不忘自己是一名"人民教师"，就是基于对教师职业神圣职责的深刻理解而迸发出的一种强烈的自豪感和责任感。这种高尚的情操作为强大的精神力量，会不断激励和鞭策教师忠诚于党的教育事业，履行教师的道德职责。有些教师曾言："我是教师，要尽职尽责。""如果失去的岁月可以像飞去的燕子重新归来，青春的年华可以再次度过，那么，我将依然选择教师这个太阳底下最光辉的职业。""我是一名人民教师，所以我要深深地爱着孩子。""我要无愧于'教师'这一称号，为社会做出有益之事。"这些言论都充分地体现了他们具有强烈的教师意识。当然，这种教师意识是发自内心的意识，它是教师形象和行动的理性主宰，它是一名教师的真正理念，它是教师道德修养生成的内在根本。

其次，要意识到自己的言行举止对学生的影响。教师是其对象——学生最为关注的人物。教师所表现出来的言行举止都可能在学生中产生这样或者那样的影响。苏联著名教育家加里宁曾言："教师的世界观，他的品行、他的生活、他对每一现象的态度都这样或那样地影响着全体学生。但还不仅如此，可以大胆地说，如果教师很有威信，那么这个教师的影响就在某些学生身上永远留下痕迹。"因此，教师要在学生中树立良好的道德形象和提高教育威信，就必须清醒地意识到自己的言行举止对学生产生的影响，敏感地接受来自学生的信息反馈，严格要求自己，积极进行有效的自我监督。

最后，教师要掌握自己的个性特点，自觉培养自制能力。教师的个性心理品质千差万别，且难以达到尽善尽美。然而，为了使教师的道德修养富有成效，在客观上要求教师必须塑造有利于教师道德品质形成的个性心理品质，同时也要求教师重视自制能力的培养。所谓自制能力就是自我控制和自我调节能力。自制能力是教师步入更高道德境界不可缺少的意志品质。一个教师缺乏自制力是无法步入更高道德境界的。当然，自制力需要建立在自觉的基础上，而自觉要通过自制力来体现。总之，要在自制中提高自觉性，在自觉中增强自制力。

另外，教育信念乃是师德建设的必然要求。一位作者对此曾在《中国教育报》上撰文。文中谈道："教育信念，是教师对教育事业、教育理论及基本教育主张、原则的确认和信奉。教育信念是教师的精神追求和奋斗目标，是教师提升素质的关键所在。教育信念的集中表现是教师对教育工作高度的责任感和强烈的事业心。"[①] 同时还指出："教师的教育信念具有专一性、稳定性、执着性等特点。教育信念一经确定难以改变，从而造就了教师所特有的道德人格。只有这种道德人格的魅力才是实现有效教学的最重要的力量所在。教学工作的魅力在很大程度上来自学生感受到的教师的人格魅力。教育信念是教师在教育过程中评判自己行为善恶的内在力量。当他感到自己的行为符合道德要求时，就会产生一种快乐、欣慰的情感，从而得到精神上的享受和满足，并进而产生新的力量和信心，不断进取。在教育实践中，许多优秀教师由于确立了坚定的教育信念，他们不计较个人得失，任劳任怨，敬业爱岗，教书育人，为教育事业、为学生的健康成长，奉献出自己的一切，创造出闪亮的业绩。"[②]

---

① 高中教师博客. 我的教育信念[J]. http://blog.sina.com.cn/zhangzhi3368377.
② 列宁. 列宁全集：第39卷[M]. 中央编译局, 译. 北京：人民出版社，1986：219.

(二) 认真学习理论，明确修养方向

首先，要学习马克思主义的基本理论和丰富的知识。因为马克思主义是形成世界观、人生观和道德观的理论基础。不掌握这些理论，就不可能科学地认识社会、认识人与人之间的关系。此外，还要学习丰富的自然科学和社会发展规律的知识，使我们从各种关系和联系中，清醒地认识改造世界的任务。正如列宁所说的那样："只有用人类创造的全部知识财富来丰富自己的头脑，才能成为共产主义者。"[①] 当然，这并不是说科学知识就等于道德，但我们也不能以此来否定知识对道德品质形成和发展的作用。

其次，努力学习教师道德理论，树立人民教师道德的理论人格。马克思主义作为指导思想和理论基础，不可能回答师德修养中所遇到的各种具体问题。师德修养中的具体规律，还要通过教师道德的理论来揭示。人民教师道德理论是教师进行职业道德修养的指导思想。掌握了它，才能辨别善恶、是非，才能在自己思想领域里战胜那些错误的、落后的道德观念。学习教师道德理论，主要是个人自学和教育部门组织的教师道德学习。个人自学不受时间地点限制，有一定的自我支配的灵活性、机动性，但由于受教师个人理论水平、理想觉悟和自我控制能力的影响，有时达不到预期的目的。教育部门，包括学校组织的教师道德学习，是一种有组织、有计划的教师道德教育，它克服了自学中的不利因素。树立教师道德的理想人格，就是要确立人民教师道德的理想。只有在道德修养中以教师道德的先进典型作为自己思想行为的楷模，鼓励自己，在思想意识中凝聚着教师道德原则和规范，常以崇高的道德品质作为自己行为的目标，才能使自己的道德修养不会迷失方向，才能使自己成为一个有较高教师道德修养的人民教师。

(三) 参加社会教育实践，积累情感体验，做到知行统一

参加社会实践，在实践中进行教师道德修养，是教师修养的根本办法。在教师道德修养的过程中，从教师道德认识、道德情感、道德意志、道德信念到教师的道德行为和习惯，自始至终都是在社会实践中和教育教学中完成的。教师只有在教育教学实践中，在处理师生之间、教师之间、教师与家长及教师与社会其他成员之间的关系中，才能认识自己行为的是与非，才能辨别善与恶，才能培养自己良好的教师道德品质。如果只是"闭门思过""坐而论道"，脱离实践去修养，那么教师道德修养就要成为一句空话。

首先，教师道德修养不能脱离社会教育实践。我们所坚持的师德修养是投身于教育实践中的刻苦锻炼。在锻炼中不断积累情感体验，提高道德意识水平，

---

① 列宁. 列宁选集：第4卷[M]. 中央编译局，译. 北京：人民出版社，1979：384.

并形成相应的道德行为和习惯。同时，也只有投身于社会教育实践，才能暴露出个人道德品质在某些方面的不足，并努力在实践中克服和纠正，使自己更加趋于完善。理论脱离实践，言行不一，这是一切剥削阶级道德修养的通病。社会主义的师德修养，不仅要求理论上的提高，更重要的是要坚持理论与实践的统一。实践已经证明：只有活生生的社会教育实践活动，才能促使教师把理论认识转化为内心深处的真情实感，并形成具有稳定倾向的行为习惯。徐特立说过，教书是一种很愉快的事业，你越教就会越爱自己的事业。当你看到你教出来的学生一批批走向生活，为社会做出贡献时，你会多么高兴啊！这种爱和愉快的真情实感，只有从"教"的实践中积累体验出来。

其次，社会教育实践是检验师德修养的标准。社会教育实践不仅是师德修养的现实基础，而且也是检验师德修养有无成效以及成效大小的标准。因为，师德修养一旦离开社会教育实践，不仅会因失去现实基础而成为无源之水、无本之木，而且也会因失去检验的标准而无法进行客观评价。实际的生活也表明，那种"语言的巨人，行动的矮子"，不可能成为道德高尚的人。不仅如此，教育实践的内容又是丰富和多变的。虽然教师道德原则和规范都比较明确，但付诸实践后，就不像想象的那样简单。比如在师生关系上，教师要了解、尊重学生，说起来简单明确，但实际上怎样做、做得怎样、具体的标准是什么？则只有通过教育实践经验的积累和对实践效果的考查，才能逐步做出客观的评价。

最后，社会教育实践是师德修养的目的和归宿。师德修养本身不是目的而是手段。师德修养的根本目的，在于使教师能够自觉遵照教师道德的要求，培养出适应我国经济发展和社会进步需要的品质。这里包括两层意思：一是为教育实践服务；二是追求理想人格的自我完善。这两者是有机的统一。这就是说，教师的自我修养一旦离开教育实践活动，不但师德修养无法完成，而且也会因失去目的而变得毫无价值。一句话，社会教育实践是师德修养的目的和归宿。与此同时，教师的理想人格，也只有在教育实践中才能得到不断的充实、提高和完善。

三、高校教师职业道德修养的具体方法

（一）开展批评和自我批评

这是促进个人进步的内在动力和外在推动力，是教师道德修养的根本方法。由于教师工作的艰辛、繁重、复杂，教师在道德修养上会出现反复或曲折，也会因种种原因产生这样那样的缺点或错误，都是在所难免的。对于这个问题，关键是如何对待自己在道德实践中出现的违背教师道德的言论和行为。正确的

解决方法是开展批评和自我批评。

(二) 学习先进教师的优秀道德品质

在师德修养中，不仅要向书本学习，还要向优秀教师学习。因为一切优秀教师的道德实践，都是师德理论的具体化，具有鲜明、生动、形象的特点。先进教师是存在于社会之中，生活在教师队伍里的活生生的人，它能够以直观形式启发教育和感染教师，可见可信，进而影响教师的思想和行为，监督和促使他们以先进人物为榜样，取长补短，提高道德修养水平。这是从书本上得不到的。学习先进教师的优秀品质，主要有两个途径：一是多读教育界名人的传记和模范教师的先进事迹。这些名人身上都具有优秀的道德品质，体现着高尚的道德情操，多接触他们，以便受到感染和鼓舞，使自己的行为趋于道德原则和规范的要求。二是学习身边的模范教师，他们生活在自己身边，看得见、摸得着，影响更直接、更深刻、更快捷。

(三) 博采古今师德，努力推陈出新

就是既要继承和发扬我国教师的传统美德，借鉴国外一切好的东西，又要在当今的历史条件下，敢立敢破，开拓创新，促进教师职业道德的建设。一方面，要继承和发扬古今中外师德的优良传统。教师道德具有历史的继承性。列宁在论及文化继承问题时说过："无产阶级文化应当是人类创造出来的全部知识的合乎规律的发展，无产阶级的思想体系不但没有抛弃资产阶级时代最宝贵的财富，而且还吸收和改造了几千年来人类思想和文化发展中一切有价值的东西。"[①] 教师道德的形成和发展也不可能脱离人类文明大道，它需要批判地继承我国历史上和国外师德中合理的因素，并在社会主义条件下加以改造和充实。因此，进行师德修养就要博采古今中外师德中一切有价值的东西，使之发扬光大。

我国是一个历史悠久的文明古国，历代的教育家都十分重视师德修养，并为我们留下了极其丰富的宝贵遗产。春秋末年的教育家孔子，从教40年，开我国古代收徒讲学之先河，他在师德修养中提出的以身作则、学而不厌、诲人不倦等师德规范，直到今天仍然具有现实意义。被誉为"人民教育家"的陶行知，不为高官厚禄所诱，矢志办学育才，从教30年，践行着"捧着一颗心来，不带半根草去"的高尚情怀。无产阶级教育家徐特立，18岁开始教师生涯，经历艰难险阻，始终以教书为职业，以教育为事业，被誉为现代圣人、人民师表。在国外也有诸如勤奋学习，热爱学生，严格要求学生，以及与现代化社会要求相适应的许多教师榜样和新的师德观念。这一切都值得我们继承和借鉴。当然，

---

① 列宁. 列宁选集：第4卷[M]. 中央编译局, 译. 北京：人民出版社, 1979: 348.

我们的继承和借鉴是批判地继承和借鉴，是古为今用，洋为中用的。

另一方面，要坚持在实践中推陈出新。教师道德必须随着社会生产和教育实践的发展而不断深化和提高。因此，教师的自我修养也应该在继承传统的基础上不断推陈出新。具体说来，教师应该在坚持基本路线和党的教育方针的前提下，在发展社会主义教育事业的伟大实践中，认真总结现实生活中涌现出来的新的师德要求和规范，为丰富和完善社会主义教师道德体系做出贡献；不断充实和提高自己，使自己在教师道德修养上体现出更鲜明的时代特色。

（四）不断自我激励，磨练修养毅力

自我激励，就是教师在自我认识的基础上，鼓励自己为达到更高师德水平而努力的过程。自我激励是教师进行师德修养的重要保障。它的作用和目的在于激发教师进行自我修养的内在动力，强化和磨练克服各种障碍和阻力的毅力。自我激励的具体形式主要有以下几种：一是目标激励。人们在认识和改造客观世界的征途中，不能没有目标。同样，人们在认识和改造主观世界的过程中，也不能没有奋斗目标。当奋斗目标作为一种职业道德理想而出现，它就成为教师如何做人的一面旗帜，就会给教师指明前进的方向，并成为教师生活中的精神支柱，随时给教师以力量，不断地推动教师和鼓励教师朝着既定的奋斗目标前进。这种通过确立奋斗目标来激励自己不断进取的方法，我们称为目标激励法。二是成果激励。任何一个教师只要在本职工作中郑重地进行师德修养和锻炼，坚持下去，必有收获。这种收获，一方面可以通过学生的健康成长和社会各方面的肯定评价反映出来；另一方面，也可以通过教师自身心理上的满足、欣慰和幸福感反映出来。反过来，这一切又会转化为宝贵的精神动力，进一步激发和鼓励教师去争取更大的收获。因此，不断总结经验、肯定成绩、增强信心，也是进行师德修养的好方法。这种通过总结成功经验来激励自己进取的方法，我们称为成果激励法。三是反思激励。教师在自我修养的过程中，往往会遇到一些困难和障碍，也常常会因主观和客观的不一致遭到挫折和失败，还会因为一些人的不解或嫉妒而受到讥讽、误解或非难。当然，这一切并不奇怪。重要的是我们不能因此就消沉、抱怨、妥协和退缩，而应当从对挫折和失败的反思中，从克服困难和阻力的磨练中，提高抗挫折能力，使自己更加成熟起来，从而走上成功之路。这种通过总结和吸取失败教训来激励自己进取的方法，我们称为反思激励法。四是对比激励。对比是认识客观事物时普遍采用的方法。这种方法也适用于师德修养。教师的自我修养是在社会关系中进行的，而生活中的教师，在师德修养的程度上必然会存在差异。一般说来，每个教师都是既有优点又有缺点；既有长处，又有短处的。因此，一个虚心进行师德修养的教师，应该既善于向优秀教师学习，又善于向身边的普通教师学习。要在与他们的对比中，寻找自己的不足和差距，认真进行积极的思想斗争。当然，正确地进行对比是一件不容易的事情。它不仅需要正确对待别人，严格解剖自己；还要认真深刻，方法对头。我们把这种通过自己与别人的对比激励自己进取的方法称为对比激励法。

【阅读推荐1】

请阅读江苏第二师范学院王仁雷老师在2018年1月23日的《光明日报》上发表的文章《新时代加强师德建设的战略思考》一文。王仁雷老师指出，我们要充分认识新时代加强师德建设的战略意义，以高度的战略思维和战略设计持续有效地推进师德建设。其中，其主要思想观点如下：

一、加强师德建设要理论与实践相结合。

大力开展师德建设研究。坚持问题导向，掌握一线教师师德状况，提出具有针对性和前瞻性的对策建议。

着力推进师德建设实践。将职业道德养成融入师范生培养和教师专业成长。多渠道、分层次开展思想政治、理想道德、心理健康、学术规范等师德教育，使教师职业道德实践从单一走向多元、从封闭走向开放。

二、加强师德建设要自律与他律相结合。

以完善机制强化他律。完善教师资格认定、新教师聘用等准入机制，将思想政治素质、思想道德品质作为必备条件和重要考查内容。完善师德考评奖惩和教师退出机制；完善师德问题报告机制和舆论监督机制。

以价值引领促进自律。把师德风范转化为内在理念和自觉行动。引导教师自觉担当起全社会对教师的更高要求；引导教师坚持"以天下为己任"的理念。

三、加强师德建设要传承与创新相结合。

强化传统师道传承。加强中国传统师德课程建设，又顺应时代的新型师范文化。努力达到既做"经师"，又做"人师"的更高境界。

推进师德建设创新。按照"立足新背景，研判新形势，适应新常态"的要求，大力创新师德建设的理念、主体、方法和路径，推进师德建设理论创新、师德实践路径创新。

加强师德建设，要紧密结合教师职业特点，切实做到"学高身正，仁爱厚生，敬业乐教，淳朴弘毅，传承创新"。

【阅读推荐 2】

阅读贵州省教育厅原厅长邹联克在 2018 年 10 月 16 日《贵州日报》上发表的《加强新时代师德师风建设要把握"五个度"》一文。文章指出，一是要从讲政治的高度加强新时代师德师风建设。要切实提高政治站位，准确对标新时代新形势新要求，引导教师树立正确的历史观、民族观、国家观、文化观。二是要从明形势的角度加强新时代师德师风建设。教师队伍的道德素质和精神风貌，直接关系到教育的形象和学生的健康成长，关系到国家的前途命运和民族的未来。三是要从强修养的维度加强新时代师德师风建设。教师既要精于"授业""解惑"，更要"明道""信道""传道"。立师德是教师的终生之责。要以德立身、以德立学、以德施教，彰显新时代的师德风采。要明白"为了谁、依靠谁、我是谁"，树立正确的价值取向和政治方向。四是要从建制度的深度加强新时代师德师风建设。要加强教师法制教育和心理健康教育等各类教育培训，引导教师增强政治认同、家国情怀和社会责任感。要建立健全激励制度；建立健全考核制度，制定具体的实施细则。构建学校、教师、学生、家长和社会广泛参与的师德师风监督体系。要建立行之有效、多种形式的师德投诉、举报平台，建立健全惩处制度。五是要从扛责任的力度加强新时代师德师风建设。应当真正地形成尊师重教的氛围，让教师能真正地安安心心、心无旁骛从事教育教学工作。文章最后指出，只有把深化改革同维护教师合法权益有机结合起来，才能更好地调动教师的积极性。有爱才有责任，有爱才有教育。

第三节 高校教师职业道德建设的类型与机制

高校师德建设是一个系统工程，它包括"一次教育"和"继续教育"两种类型。同时，要卓有成效地开展师德教育，需要建立健全师德建设的机制。

一、高校教师职业道德教育的两种类型

教师职业道德教育应包括"一次教育"和"继续教育"两种类型。

（一）对初进学校参加工作的教师进行职业道德的一次教育

一次教育主要是针对那些初次参加教师工作的人而言的，在其未上岗工作之前，有必要进行教师职业道德的一次教育。

1. 开设《教师职业道德修养》课

这是进行职业道德教育的最佳方式。学校培养目标就是要有良好思想道德素养和较高知识才能的人才，我们既要提高学生的人文素养，还要提高他们的思想道德修养，即"欲成才先成人"。学生的特点是思想较单纯，求知欲强烈，兴趣广泛。这时是他们人生观形成的关键时期，也正是进行职业道德教育的良好时机。因此，对他们进行职业道德教育的最佳途径是开设《教师职业道德修养》课程，把开设这门课作为培养他们职业道德的主要手段，优点是很明显的，它较其他任何手段都要系统全面。通过这门课程的教学，使他们在道德品质形成过程中，端正道德认识，正确地理解教师工作职业道德的基础理论和基本知识以及教师在从事教学中的行为规范。逐步养成良好的职业行为和习惯，从而树立牢固的专业思想，忠诚于教育事业，为他们真正走上教师工作岗位打下坚实的基础。

除《教师职业道德修养》理论课的教学外，实践性教学也是非常必要的，只有这样才能做到理论联系实际。具体的办法有：① 教育他们向优秀教师学习，学习优秀教师"甘为人梯，无私奉献"的精神。仔细观察那些专业精通、业务精湛、职业道德修养好的教师是怎样进行教学工作的。同时，认真体会教育工作的性质、任务和特点。② 还可以以个别职业道德较差的教师为反面教材，认识到自己还欠缺哪些优良品质。

2. 岗前培训

在任教之前，必须实施岗前培训。而教师的职业道德教育是岗前培训中必不可少的一项内容。既要在培训教学计划中开设，也要采取由业务水平高、职业道德修养好、长期从事教育工作的优秀教师、老教师做报告，举办专题讲座，参观学习等方式。总之，学校应保证每一个初次参加教师工作的人均接受系统而全面的职业道德教育。

（二）在岗教师职业道德的继续教育

如果想仅靠上岗前的专门培训就能够一劳永逸地解决教师职业道德的教育问题是不可能的。随着科学技术的发展，教育事业的发展也十分迅速。教师只凭原有的专业知识，采取一成不变的教学方式，势必要落伍于社会。职业道德教育和其他专业知识教育一样，不是"一次教育"就可以受用终身的。一个人，从确定道德观念到形成道德品质都离不开社会实践的锻炼和检验。道德修养，是靠每个教师在日常生活工作实践中逐步培养起来的。因此，我们要有"终身教育"的思想。通过"终身教育"把教师职业道德的准则转化为受教育者个体的思想品德。"一次教育"所完成的主要是职业道德理论的教育，要全面实现高校教师职业道德教育的目标更主要的是靠职业道德的再教育。

教师职业道德的再教育是指对正在从事教学工作的教师所进行的职业道德

教育。它的突出特点是受教育的对象都有一段时间的工作经历和一定的教学经验，了解学校教育工作的性质、任务和特点，有比较成形的世界观。并且，这部分人的结构复杂，知识水平及心理素质不一。文化层次的不同，年龄结构的不同，表现为人员素质不同，对教育事业的理解和热爱程度的不同，因而工作态度和事业心也不同。

教师不能忽视师德、师道，正确高尚的师德、师道观能保证教师职责的完成，促进教师成为"良师"。

教师的职责不仅限于为学生解知识、学问之惑，还包括解做人处事之惑，即人生价值之惑。职业道德再教育的途径主要有：

① 要同思想政治工作和精神文明建设结合起来，进行职业道德的宣传和教育。

② 要同提高教师的业务水平和文化素质结合起来，提高文化素养、掌握业务技能是加强职业道德建设的手段。

③ 加强学校教师工作各项制度、章程、守则、公约、须知及条例等的制订、完善和宣传贯彻工作，因为这些都是教师职业道德的具体表达，并且便于教师接受和实践。

④ 经常性地组织教师，尤其是年轻教师听优秀教师和有经验的老教师做专题报告，实行传、帮、带。

⑤ 开设《教师职业道德修养》课，在对教师进行专业技术再教育的同时，系统全面地进行职业道德教育。

⑥ 定期考核，能较好地督促和鞭策高校教师职业道德修养。

二、高校教师职业道德建设的机制

高校师德建设是一个系统工程，要卓有成效地开展师德教育，需要建立健全师德建设的机制。根据这方面材料的总结和概括，得出以下四种师德建设机制。

首先，学习培训机制的建设。在加强教师职业道德规范的学习和培训中，开展教师职业理想教育是提高教师职业道德水平的基础和前提。建立师德教育的学习培训机制，就是要求把师德教育作为教师继续教育的首要内容，将教师学习职业道德规范制度化、规范化；就是要求将师德教育纳入学校日常教育工作，时时讲，处处讲；就是要求教师自觉加强职业道德规范的学习，知道哪些行为教师可为，哪些行为教师不可为，主动提高道德修养，自觉运用规范约束自己的教育教学活动。只有在日常思想政治学习中，加强教师的职业理想、职业形象、职业责任、职业纪律和职业道德的教育，才能让广大教师掌握了解教师职业道德规范的内涵和要求,理解遵守职业道德的目的和意义,教育教师热爱本职工作、忠于职守,引导教师树立正确的教育价值观、质量观和人才观;加强尊重学生、爱护学生、保护学生的责任意识,才能帮助教师不断提高思想政治素质和业务素质,才能遵守规范,充分发挥工作的积极性和创造性。

其次,考评监督机制的建设。充分发挥教师职业道德考评和社会监督的作用,这是提高教师职业道德水平的重要保证。教师的学期考评或年度考评,是对教师德才表现和工作实绩的综合检查,是激励督促教师提高自身素质、认真履行职责的有效途径。教师职业道德考评是教师考评的重要内容,为了保证考评工作的客观公正和民主公开,充分发挥考评工作的积极导向作用,有必要建立师德的考评监督机制。为此,学校可依据教师职业道德考核测评标准,积极建立个人自评、教师互评、学生评价、家长评价和组织评价相结合的师德考评机制。这样既可确保学校师德考评工作落到实处,不流于形式;同时又有利于发挥教师、学生、家长和组织等方面的监督作用。

再次,激励约束机制的建设。教师职业道德建设,既靠教育,也靠激励和约束。教育是基础,激励约束是手段。激励就是表彰先进、树立榜样,对依法执教、敬业爱岗、无私奉献、为人师表的教师及其优秀事迹大力表彰,同时利用报纸、杂志、广播、电视,以及网络的广泛宣传,在教师队伍中营造争优创优的声势和气氛。先进人物事迹的道德感召和情操感染,使得人们对美好道德向往的需求间接地获得满足,并在内心产生一种愉悦而高尚的内心体验。这种道德情感渗透在教师的道德认识和道德行为中,将促使他们向着积极的方面努力,从而达到提高职业道德素质的目的。在坚持正面宣传教育为主的同时,又要注意强化政策导向,严肃法纪,严格将教师职业道德表现与教师的奖惩、培训、聘任、辞退以及教师职务晋升、工资晋升挂钩,加强对违反职业道德规范的教师的处理。凡是违反教师职业道德规范的,都要按照规定严肃查处。对于品行不良、师德败坏、侮辱学生、社会影响恶劣的坚决取消教师资格,坚决清理出教师队伍,纯洁教师队伍。在道德压力和纪律约束下,教师在内心深处对规范就会产生敬畏心理,知道违背职业道德带来的后果,从而自觉约束自己的行为和思想,遵守规范和准则。

最后,内化自律机制的建设。进行师德建设,提高师德水平,关键在于建立内化自律机制。无论是学习培训,还是考评奖惩,目的都是为了促进教师建立起内化自律机制。内化就是教师将社会约定的职业道德规范转化为教师自身的行为准则,将外在的约束和要求转化为自身道德修养的过程。自律就是无论是否有外在的约束和监督,教师都能严格要求自己,自觉自愿地遵守规范。内化自律机制的建立,使得教师在行动中遵循这些规范时,内心会感到欣慰和愉悦;如果违背了自己的原则,就会内疚和自我谴责。这种机制,可以通过学习教育,帮助教师增强教书育人、以身立教的社会责任感和神圣使命感来建立;可以通过奖励表彰先进事迹的精神感召力,促进教师获得内在的道德满足感和上进心来建立;可以通过监督和约束产生内疚感和自责感来建立。这样,教师就会将自己的思想意识、言行举止纳入规范之中,自觉监督自己的行为,执行行为规则,并且一有逾矩,心中自有约束。建立内化自律机制,使教师从满足社会的希望到履行自己内心的道德准则,这是师德建设的目的,也是师德建设的最高境界。

【阅读推荐1】

请阅读人民网上题为《当代教师职业道德建设的新内涵》一文。其中,文章指出,一是要牢固树立以学生为本的理念。以学生为本,是现代教育的基本价值取向。坚持以学生为本,关键是尊重学生的主体地位。坚持把解决学生的思想问题与解决学生的实际问题结合起来。二是着力培养职业精神。增强教师的职业幸福感,促进教师在教书育人中实现人生价值。增强教师的职业幸福感,需要引导广大教师培养职业精神。不断培养自我成就感、自我满足感、自我实现感,使敬业爱岗成为一种内在的自觉要求。三是精心塑造大爱师魂。教育是做人的工作的,而人是有理性的,现代教育理论表明,爱心是教师职业道德素质的核心因素,也是教师从业的基本要求。学生只有感受到爱才能感动,只有感动才能更好地行动。

【阅读推荐2】

请阅读"公务员之家网"上华中师范大学张建红的文章《高校师德建设长效机制分析》一文。首先,张建红老师指出新形势下高校师德建设长效机制的重要性。一是高校师德建设长效机制是确保中国特色社会主义事业后继有人的需要。二是高校师德建设长效机制是提升高等教育发展水平的必备条件。三是高校师德建设长效机制是大学守护社会文明发展的重要基础。其次,张建红老师指出新形势下建立健全高校师德建设的障碍。一是评价机制不健全制约了高校师德建设长效机制的运行。二是个别社会环境一定程度影响了高校师德建设长效机制作用的发挥。最后,张建红老师提出新形势下建立健全高校师德建设长效机制的策略。一是完善相关制度,整合高校师德建设力量。二是以完善教师评价机制为抓手，推动高校师德建设长远发展。三是以尊重道德发展基本规律为前提，走"自律"与"他律"相结合的师德建设之路。四是以社会道德治理为基础，为高校师德建设营造良好的环境。

【阅读推荐3】

请阅读华东政法大学李进付在2018年12月19日《中国社会科学报》上发表的题为《善用法治思维和方式推进新时代高校师德师风建设》一文。其中，李进付老师认为，有效预防和处理高校师德师风问题，亟待管理者善用法治思维和法治方式。一是要加强师德师风制度建设。高校要根据政策文件精神量身定制师德师风建设制度。二是要健全师德问题的处理程序。师德问题的处理中不仅要讲究方式方法，还要严格执行依法处理的程序。三是要厘清师德问题的处理职责。有条件的高校成立党委教师工作部，统筹做好教师思想教育和管理服务工作。四是要建立师德"一票否决"落地机制，但不宜用"一棍子打死"的方式来简单处理。同时，还需要建立教师师德问题处理的救济机制。在处理过程中，决不能将师德问题泛政治化、泛社会化。

思考题

1. 培养教师职业道德修养的途径有哪些？
2. 培养教师职业道德修养的方法有哪些？
3. 社会主义市场经济条件下，师德建设有哪些新特点？
4. 教师职业道德建设的类型与机制是什么？
5. 新时代加强师德建设应突出解决哪几个问题？

附 录

中华人民共和国教育法

1995年3月18日八届全国人大三次会议通过，1995年9月1日起实施。

目录

第一章　总　则

第二章　教育基本制度

第三章　学校及其他教育机构

第四章　教师和其他教育工作者

第五章　受教育者

第六章　教育与社会

第七章　教育投入与条件保障

第八章　教育对外交流与合作

第九章　法律责任

第十章　附　则

第一章　总　则

第一条　为了发展教育事业，提高全民族的素质，促进社会主义物质文明和精神文明建设，根据宪法，制定本法。

第二条　在中华人民共和国境内的各级各类教育，适用本法。

第三条　国家坚持以马克思列宁主义、毛泽东思想和建设有中国特色社会主义理论为指导，遵循宪法确定的基本原则，发展社会主义的教育事业。

第四条　教育是社会主义现代化建设的基础，国家保障教育事业优先发展。全社会应当关心和支持教育事业的发展。全社会应当尊重教师。

第五条　教育必须为社会主义现代化建设服务，必须与生产劳动相结合，培养德、智、体等方面全面发展的社会主义事业的建设者和接班人。

第六条　国家在受教育者中进行爱国主义、集体主义、社会主义的教育，进行理想、道德、纪律、法制、国防和民族团结的教育。

第七条　教育应当继承和弘扬中华民族优秀的历史文化传统，吸收人类文明发展的一切优秀成果。

第八条　教育活动必须符合国家和社会公共利益。国家实行教育与宗教相分离。任何组织和个人不得利用宗教进行妨碍国家教育制度的活动。

第九条　中华人民共和国公民有受教育的权利和义务。公民不分民族、种族、性别、职业、财产状况、宗教信仰等，依法享有平等的受教育机会。

第十条　国家根据各少数民族的特点和需要，帮助各少数民族地区发展教育事业。国家扶持边远贫困地区发展教育事业。国家扶持和发展残疾人教育事业。

第十一条　国家适应社会主义市场经济发展和社会进步的需要，推进教育改革，促进各级各类教育协调发展，建立和完善终身教育体系。

国家支持、鼓励和组织教育科学研究，推广教育科学研究成果，促进教育质量提高。

第十二条　汉语言文字为学校及其他教育机构的基本教学语言文字。少数民族学生为主的学校及其他教育机构，可以使用本民族或者当地民族通用的语言文字进行教学。

学校及其他教育机构进行教学，应当推广使用全国通用的普通话和规范字。

第十三条　国家对发展教育事业做出突出贡献的组织和个人，给予奖励。

第十四条　国务院和地方各级人民政府根据分级管理、分工负责的原则，领导和管理教育工作。中等及中等以下教育在国务院领导下，由地方人民政府管理。高等教育由国务院和省、自治区、直辖市人民政府管理。

第十五条　国务院教育行政部门主管全国教育工作，统筹规划、协调管理全国的教育事业。

县级以上地方各级人民政府教育行政部门主管本行政区域内的教育工作。

县级以上各级人民政府其他有关部门在各自的职责范围内，负责有关的教育工作。

第十六条　国务院和县级以上地方各级人民政府应当向本级人民代表大会或者其常务委员会报告教育工作和教育经费预算、决算情况，接受监督。

第二章　教育基本制度

第十七条　国家实行学前教育、初等教育、中等教育、高等教育的学校教育制度。

国家建立科学的学制系统。学制系统内的学校和其他教育机构的设置、教育形式、修业年限、招生对象、培养目标等，由国务院或者由国务院授权教育行政部门规定。

第十八条　国家实行九年制义务教育制度。

各级人民政府采取各种措施保障适龄儿童、少年就学。适龄儿童、少年的父母或者其他监护人以及有关社会组织和个人有义务使适龄儿童、少年接受并完成规定年限的义务教育。

第十九条　国家实行职业教育制度和成人教育制度。

各级人民政府、有关行政部门以及企业事业组织应当采取措施，发展并保障公民接受职业学校教育或者各种形式的职业培训。

国家鼓励发展多种形式的成人教育，使公民接受适当形式的政治、经济、文化、科学、技术、业务教育和终身教育。

第二十条　国家实行国家教育考试制度。国家教育考试由国务院教育行政部门确定种类，并由国家批准的实施教育考试的机构承办。

第二十一条　国家实行学业证书制度。

经国家批准设立或者认可的学校及其他教育机构按照国家有关规定，颁发学历证书或者其他学业证书。

第二十二条　国家实行学位制度。

学位授予单位依法对达到一定学术水平或者专业技术水平的人员授予相应的学位，颁发学位证书。

第二十三条　各级人民政府、基层群众性自治组织和企业事业组织应当采取各种措施，开展扫除文盲的教育工作。按照国家规定具有接受扫除文盲教育能力的公民，应当接受扫除文盲的教育。

第二十四条　国家实行教育督导制度和学校及其他教育机构教育评估制度。

第三章　学校及其他教育机构

第二十五条　国家制定教育发展规划，并举办学校及其他教育机构。

国家鼓励企业事业组织、社会团体、其他社会组织及公民个人依法举办学校及其他教育机构。任何组织和个人不得以营利为目的举办学校及其他教育机构。

第二十六条　设立学校及其他教育机构，必须具备下列基本条件：

（一）有组织机构和章程；

（二）有合格的教师；

（三）有符合规定标准的教学场所及设施、设备等；

（四）有必备的办学资金和稳定的经费来源。

第二十七条　学校及其他教育机构的设立、变更和终止，应当按照国家有关规定办理审核、批准、注册或者备案手续。

第二十八条　学校及其他教育机构行使下列权利：

（一）按照章程自主管理；

（二）组织实施教育教学活动；

（三）招收学生或者其他受教育者；

（四）对受教育者进行学籍管理，实施奖励或者处分；

（五）对受教育者颁发相应的学业证书；

（六）聘任教师及其他职工，实施奖励或者处分；

（七）管理、使用本单位的设施和经费；

（八）拒绝任何组织和个人对教育教学活动的非法干涉；

（九）法律、法规规定的其他权利。

国家保护学校及其他教育机构的合法权益不受侵犯。

第二十九条　学校及其他教育机构应当履行下列义务：

（一）遵守法律、法规；

（二）贯彻国家的教育方针，执行国家教育教学标准，保证教育教学质量；

（三）维护受教育者、教师及其他职工的合法权益；

（四）以适当方式为受教育者及其监护人了解受教育者的学业成绩及其他有关情况提供便利；

（五）遵照国家有关规定收取费用并公开收费项目；

（六）依法接受监督。

第三十条　学校及其他教育机构的举办者按照国家有关规定，确定其所举办的学校或者其他教育机构的管理体制。

学校及其他教育机构的校长或者主要行政负责人必须由具有中华人民共和国国籍、在中国境内定居、并具备国家规定任职条件的公民担任，其任免按照国家有关规定办理。学校的教学及其他行政管理，由校长负责。

学校及其他教育机构应当按照国家有关规定，通过以教师为主体的教职工代表大会等组织形式，保障教职工参与民主管理和监督。

第三十一条　学校及其他教育机构具备法人条件的，自批准设立或者登记注册之日起取得法人资格。

学校及其他教育机构在民事活动中依法享有民事权利，承担民事责任

学校及其他教育机构中的国有资产属于国家所有。

学校及其他教育机构兴办的校办产业独立承担民事责任。

第四章　教师和其他教育工作者

第三十二条　教师享有法律规定的权利，履行法律规定的义务，忠诚于人民的教育事业。

第三十三条　国家保护教师的合法权益，改善教师的工作条件和生活条件，提高教师的社会地位。教师的工资报酬、福利待遇，依照法律、法规的规定办理。

第三十四条　国家实行教师资格、职务、聘任制度，通过考核、奖励、培养和培训，提高教师素质，加强教师队伍建设。

第三十五条　学校及其他教育机构中的管理人员，实行教育职员制度。

学校及其他教育机构中的教学辅助人员和其他专业技术人员，实行专业技术职务聘任制度。

第五章　受教育者

第三十六条　受教育者在入学、升学、就业等方面依法享有平等权利。

学校和有关行政部门应当按照国家有关规定，保障女子在入学、升学、就业、授予学位、派出留学等方面享有同男子平等的权利。

第三十七条　国家、社会对符合入学条件、家庭经济困难的儿童、少年、青年，提供各种形式的资助。

第三十八条　国家、社会、学校及其他教育机构应当根据残疾人身心特性和需要实施教育，并为其提供帮助和便利。

第三十九条　国家、社会、家庭、学校及其他教育机构应当为有违法犯罪行为的未成年人接受教育创造条件。

第四十条　从业人员有依法接受职业培训和继续教育的权利和义务。

国家机关、企业事业组织和其他社会组织，应当为本单位职工的学习和培训提供条件和便利。

第四十一条　国家鼓励学校及其他教育机构、社会组织采取措施，为公民接受终身教育创造条件。

第四十二条　受教育者享有下列权利：

（一）参加教育教学计划安排的各种活动，使用教育教学设施、设备、图书资料；

（二）按照国家有关规定获得奖学金、贷学金、助学金；

（三）在学业成绩和品行上获得公正评价，完成规定的学业后获得相应的学业证书、学位证书；

（四）对学校给予的处分不服向有关部门提出申诉，对学校、教师侵犯其人身权、财产权等合法权益，提出申诉或者依法提起诉讼；

（五）法律、法规规定的其他权利。

第四十三条　受教育者应当履行下列义务：

（一）遵守法律、法规；

（二）遵守学生行为规范，尊敬师长，养成良好的思想品德和行为习惯；

（三）努力学习，完成规定的学习任务；

（四）遵守所在学校或者其他教育机构的管理制度。

第四十四条　教育、体育、卫生行政部门和学校及其他教育机构应当完善体育、卫生保健设施，保护学生的身心健康。

第六章　教育与社会

第四十五条　国家机关、军队、企业事业组织、社会团体及其他社会组织和个人，应当依法为儿童、少年、青年学生的身心健康成长创造良好的社会环境。

第四十六条　国家鼓励企业事业组织、社会团体及其他社会组织同高等学校、中等职业学校在教学、科研、技术开发和推广等方面进行多种形式的合作。

企业事业组织、社会团体及其他社会组织和个人，可以通过适当形式，支持学校的建设，参与学校管理。

第四十七条　国家机关、军队、企业事业组织及其他社会组织应当为学校组织的学生实习、社会实践活动提供帮助和便利。

第四十八条　学校及其他教育机构在不影响正常教育教学活动的前提下，应当积极参加当地的社会公益活动。

第四十九条　未成年人的父母或者其他监护人应当为其未成年子女或者其他被监护人受教育提供必要条件。

未成年人的父母或者其他监护人应当配合学校及其他教育机构，对其未成年子女或者其他被监护人进行教育。学校、教师可以对学生家长提供家庭教育指导。

第五十条　图书馆、博物馆、科技馆、文化馆、美术馆、体育馆（场）等社会公共文化体育设施，以及历史文化古迹和革命纪念馆（地），应当对教师、学生实行优待，为受教育者接受教育提供便利。

广播、电视台（站）应当开设教育节目，促进受教育者思想品德、文化和科学技术素质的提高。

第五十一条　国家、社会建立和发展对未成年人进行校外教育的设施。

学校及其他教育机构应当同基层群众性自治组织、企业事业组织、社会团体相互配合，加强对未成年人的校外教育工作。

第五十二条　国家鼓励社会团体、社会文化机构及其他社会组织和个人开展有益于受教育者身心健康的社会文化教育活动。

第七章　教育投入与条件保障

第五十三条　国家建立以财政拨款为主、其他多种渠道筹措教育经费为辅的体制，逐步增加对教育的投入，保证国家举办的学校教育经费的稳定来源。

企业事业组织、社会团体及其他社会组织和个人依法举办的学校及其他教育机构，办学经费由举办者负责筹措，各级人民政府可以给予适当支持。

第五十四条　国家财政性教育经费支出占国民生产总值的比例应当随着国民经济的发展和财政收入的增长逐步提高。具体比例和实施步骤由国务院规定。

全国各级财政支出总额中教育经费所占比例应当随着国民经济的发展逐步提高。

第五十五条　各级人民政府的教育经费支出，按照事权和财权相统一的原则，在财政预算中单独列项。

各级人民政府教育财政拨款的增长应当高于财政经常性收入的增长，并使按在校学生人数平均的教育费用逐步增长，保证教师工资和学生人均公用经费逐步增长。

第五十六条　国务院及县级以上地方各级人民政府应当设立教育专项资金，重点扶持边远贫困地区、少数民族地区实施义务教育。

第五十七条　税务机关依法足额征收教育费附加，由教育行政部门统筹管理，主要用于实施义务教育。

省、自治区、直辖市人民政府根据国务院的有关规定，可以决定开征用于教育的地方附加费，专款专用。

农村乡统筹中的教育费附加，由乡人民政府组织收取，由县级人民政府教育行政部门代为管理或者由乡人民政府管理，用于本乡范围内乡、村两级教育事业。农村教育费附加在乡统筹中所占具体比例和具体管理办法，由省、自治区、直辖市人民政府规定。

第五十八条　国家采取优惠措施，鼓励和扶持学校在不影响正常教育教学的前提下开展勤工俭学和社会服务，兴办校办产业。

第五十九条　经县级人民政府批准，乡、民族乡、镇的人民政府根据自愿、量力的原则，可以在本行政区域内集资办学，用于实施义务教育学校的危房改造和修缮、新建校舍，不得挪作他用。

第六十条　国家鼓励境内、境外社会组织和个人捐资助学。

第六十一条　国家财政性教育经费、社会组织和个人对教育的捐赠，必须用于教育，不得挪用、克扣。

第六十二条　国家鼓励运用金融、信贷手段，支持教育事业的发展。

第六十三条　各级人民政府及其教育行政部门应当加强对学校及其他教育

机构教育经费的监督管理，提高教育投资效益。

第六十四条　地方各级人民政府及其有关行政部门必须把学校的基本建设纳入城乡建设规划，统筹安排学校的基本建设用地及所需物资，按照国家有关规定实行优先、优惠政策。

第六十五条　各级人民政府对教科书及教学用图书资料的出版发行，对教学仪器、设备的生产和供应，对用于学校教育教学和科学研究的图书资料、教学仪器、设备的进口，按照国家有关规定实行优先、优惠政策。

第六十六条　县级以上人民政府应当发展卫星电视教育和其他现代化教学手段，有关行政部门应当优先安排，给予扶持。

国家鼓励学校及其他教育机构推广运用现代化教学手段。

第八章　教育对外交流与合作

第六十七条　国家鼓励开展教育对外交流与合作。

教育对外交流与合作坚持独立自主、平等互利、相互尊重的原则，不得违反中国法律，不得损害国家主权、安全和社会公共利益。

第六十八条　中国境内公民出国留学、研究、进行学术交流或者任教，依照国家有关规定办理。

第六十九条　中国境外个人符合国家规定的条件并办理有关手续后，可以进入中国境内学校及其他教育机构学习、研究、进行学术交流或者任教，其合法权益受国家保护。

第七十条　中国对境外教育机构颁发的学位证书、学历证书及其他学业证书的承认，依照中华人民共和国缔结或者加入的国际条约办理，或者按照国家有关规定办理。

第九章　法律责任

第七十一条　违反国家有关规定，不按照预算核拨教育经费的，由同级人民政府限期核拨；情节严重的，对直接负责的主管人员和其他直接责任人员，依法给予行政处分。

违反国家财政制度、财务制度，挪用、克扣教育经费的，由上级机关责令限期归还被挪用、克扣的经费，并对直接负责的主管人员和其他直接责任人员，依法给予行政处分；构成犯罪的，依法追究刑事责任。

第七十二条　结伙斗殴，寻衅滋事，扰乱学校及其他教育机构教育教学秩序或者破坏校舍、场地及其他财产的，由公安机关给予治安管理处罚；构成犯罪的，依法追究刑事责任。

侵占学校及其他教育机构的校舍、场地及其他财产的，依法承担民事责任。

第七十三条　明知校舍或者教育教学设施有危险，而不采取措施，造成人员伤亡或者重大财产损失的，对直接负责的主管人员和其他直接责任人员，依法追究刑事责任。

第七十四条 违反国家有关规定，向学校或者其他教育机构收取费用的，由政府责令退还所收费用；对直接负责的主管人员和其他直接责任人员，依法给予行政处分。

第七十五条 违反国家有关规定，举办学校或者其他教育机构的，由教育行政部门予以撤销；有违法所得的，没收违法所得；对直接负责的主管人员和其他直接责任人员，依法给予行政处分。

第七十六条 违反国家有关规定招收学员的，由教育行政部门责令退回招收的学员，退还所收费用；对直接负责的主管人员和其他直接责任人员，依法给予行政处分。

第七十七条 在招收学生工作中徇私舞弊的，由教育行政部门责令退回招收的人员；对直接负责的主管人员和其他直接责任人员，依法给予行政处分；构成犯罪的，依法追究刑事责任。

第七十八条 学校及其他教育机构违反国家有关规定向受教育者收取费用的，由教育行政部门责令退还所收费用；对直接负责的主管人员和其他直接责任人员，依法给予行政处分。

第七十九条 在国家教育考试中作弊的，由教育行政部门宣布考试无效，对直接负责的主管人员和其他直接责任人员，依法给予行政处分。

非法举办国家教育考试的，由教育行政部门宣布考试无效；有违法所得的，没收违法所得；对直接负责的主管人员和其他直接责任人员，依法给予行政处分。

第八十条 违反本法规定，颁发学位证书、学历证书或者其他学业证书的，由教育行政部门宣布证书无效，责令收回或者予以没收；有违法所得的，没收违法所得；情节严重的，取消其颁发证书的资格。

第八十一条 违反本法规定，侵犯教师、受教育者、学校或者其他教育机构的合法权益，造成损失、损害的，应当依法承担民事责任。

第十章 附则

第八十二条 军事学校教育由中央军事委员会根据本法的原则规定。

宗教学校教育由国务院另行规定。

第八十三条 境外的组织和个人在中国境内办学和合作办学的办法，由国务院规定。

第八十四条 本法自1995年9月1日起施行。

中华人民共和国教师法

1993年10月31日第八届全国人民代表大会常务委员会第四次会议通过，1993年10月31日中华人民共和国主席令第15号公布，自1994年1月1日起施行。

第一章　总　则

第一条　为了保障教师的合法权益，建设具有良好思想品德修养和业务素质的教师队伍，促进社会主义教育事业的发展，制定本法。

第二条　本法适用于在各级各类学校和其他教育机构中专门从事教育教学工作的教师。

第三条　教师是履行教育教学职责的专业人员，承担教书育人，培养社会主义事业建设者和接班人、提高民族素质的使命。教师应当忠诚于人民的教育事业。

第四条　各级人民政府应当采取措施，加强教师的思想政治教育和业务培训，改善教师的工作条件和生活条件，保障教师的合法权益，提高教师的社会地位。全社会都应当尊重教师。

第五条　国务院教育行政部门主管全国的教师工作。

国务院有关部门在各自职权范围内负责有关的教师工作。

学校和其他教育机构根据国家规定，自主进行教师管理工作。

第六条　每年九月十日为教师节。

第二章　权利和义务

第七条　教师享有下列权利：

（一）进行教育教学活动，开展教育教学改革和实验；

（二）从事科学研究、学术交流，参加专业的学术团体，在学术活动中充分发表意见；

（三）指导学生的学习和发展，评定学生的品行和学业成绩；

（四）按时获取工资报酬，享受国家规定的福利待遇以及寒暑假期的带薪休假；

（五）对学校教育教学、管理工作和教育行政部门的工作提出意见和建议，通过教职工代表大会或者其他形式，参与学校的民主管理；

（六）参加进修或者其他方式的培训。

第八条　教师应当履行下列义务：

（一）遵守宪法、法律和职业道德，为人师表；

（二）贯彻国家的教育方针，遵守规章制度，执行学校的教学计划，履行教师聘约，完成教育教学工作任务；

（三）对学生进行宪法所确定的基本原则的教育和爱国主义、民族团结的教育，法制教育以及思想品德、文化、科学技术教育，组织、带领学生开展有益的社会活动；

（四）关心、爱护全体学生，尊重学生人格，促进学生在品德、智力、体质等方面全面发展；

（五）制止有害于学生的行为或者其他侵犯学生合法权益的行为，批评和抵制有害于学生健康成长的现象；

（六）不断提高思想政治觉悟和教育教学业务水平。

第九条　为保障教师完成教育教学任务，各级人民政府、教育行政部门、有关部门、学校和其他教育机构应当履行下列职责：

（一）提供符合国家安全标准的教育教学设施和设备；

（二）提供必需的图书、资料及其他教育教学用品；

（三）对教师在教育教学、科学研究中的创造性工作给以鼓励和帮助；

（四）支持教师制止有害于学生的行为或者其他侵犯学生合法权益的行为。

第三章　资格和任用

第十条　国家实行教师资格制度。

中国公民凡遵守宪法和法律，热爱教育事业，具有良好的思想品德，具备本法规定的学历或者经国家教师资格考试合格，有教育教学能力，经认定合格的，可以取得教师资格。

第十一条　取得教师资格应当具备的相应学历是：

（一）取得幼儿园教师资格，应当具备幼儿师范学校毕业及其以上学历；

（二）取得小学教师资格，应当具备中等师范学校毕业及其以上学历；

（三）取得初级中学教师、初级职业学校文化、专业课教师资格，应当具备高等师范专科学校或者其他大学专科毕业及其以上学历；

（四）取得高级中学教师资格和中等专业学校、技工学校、职业高中文化课、专业课教师资格，应当具备高等师范院校本科或者其他大学本科毕业及其以上学历；取得中等专业学校、技工学校和职业高中学生实习指导教师资格应当具备的学历，由国务院教育行政部门规定；

（五）取得高等学校教师资格，应当具备研究生或者大学本科毕业学历；

（六）取得成人教育教师资格，应当按照成人教育的层次、类别，分别具备高等、中等学校毕业及其以上学历。不具备本法规定的教师资格学历的公民，申请获取教师资格，必须通过国家教师资格考试。国家教师资格考试制度由国务院规定。

第十二条　本法实施前已经在学校或者其他教育机构中任教的教师，未具备本法规定学历的，由国务院教育行政部门规定教师资格过渡办法。

第十三条　中小学教师资格由县级以上地方人民政府教育行政部门认定。中等专业学校、技工学校的教师资格由县级以上地方人民政府教育行政部门组织有关主管部门认定。普通高等学校的教师资格由国务院或者省、自治区、直辖市教育行政部门或者由其委托的学校认定。具备本法规定的学历或者经国家教师资格考试合格的公民，要求有关部门认定其教师资格的，有关部门应当依照本法规定的条件予以认定。取得教师资格的人员首次任教时，应当有试用期。

第十四条　受到剥夺政治权利或者故意犯罪受到有期徒刑以上刑事处罚的，不能取得教师资格；已经取得教师资格的，丧失教师资格。

第十五条　各级师范学校毕业生，应当按照国家有关规定从事教育教学工作。国家鼓励非师范高等学校毕业生到中小学或者职业学校任教。

第十六条　国家实行教师职务制度，具体办法由国务院规定。

第十七条　学校和其他教育机构应当逐步实行教师聘任制。教师的聘任应当遵循双方地位平等的原则，由学校和教师签订聘任合同，明确规定双方的权利、义务和责任。实施教师聘任制的步骤、办法由国务院教育行政部门规定。

第四章　培养和培训

第十八条　各级人民政府和有关部门应当办好师范教育，并采取措施，鼓励优秀青年进入各级师范学校学习。各级教师进修学校承担培训中小学教师的任务。非师范学校应当承担培养和培训中小学教师的任务。各级师范学校学生享受专业奖学金。

第十九条　各级人民政府教育行政部门、学校主管部门和学校应当制定教师培训规划，对教师进行多种形式的思想政治、业务培训。

第二十条　国家机关、企业事业单位和其他社会组织应当为教师的社会调查和社会实践提供方便，给予协助。

第二十一条　各级人民政府应当采取措施，为少数民族地区和边远贫困地区培养、培训教师。

第五章　考核

第二十二条　学校或者其他教育机构应当对教师的政治思想、业务水平、工作态度和工作成绩进行考核。教育行政部门对教师的考核工作进行指导、监督。

第二十三条　考核应当客观、公正、准确，充分听取教师本人、其他教师以及学生的意见。

第二十四条　教师考核结果是受聘任教、晋升工资、实施奖惩的依据。

第六章　待遇

第二十五条　教师的平均工资水平应当不低于或者高于国家公务员的平均工资水平，并逐步提高。建立正常晋级增薪制度，具体办法由国务院规定。

第二十六条　中小学教师和职业学校教师享受教龄津贴和其他津贴，具体办法由国务院教育行政部门会同有关部门制定。

第二十七条　地方各级人民政府对教师以及具有中专以上学历的毕业生到少数民族地区和边远贫困地区从事教育教学工作的，应当予以补贴。

第二十八条　地方各级人民政府和国务院有关部门，对城市教师住房的建设、租赁、出售实行优先、优惠。县、乡两级人民政府应当为农村中小学教师解决住房提供方便。

第二十九条　教师的医疗同当地国家公务员享受同等的待遇；定期对教师进行身体健康检查，并因地制宜安排教师进行休养。医疗机构应当对当地教师的医疗提供方便。

第三十条　教师退休或者退职后，享受国家规定的退休或者退职待遇。县级以上地方人民政府可以适当提高长期从事教育教学工作的中小学退休教师的退休金比例。

第三十一条　各级人民政府应当采取措施，改善国家补助、集体支付工资的中小学教师的待遇，逐步做到在工资收入上与国家支付工资的教师同工同酬，具体办法由地方各级人民政府根据本地区的实际情况规定。

第三十二条　社会力量所办学校的教师的待遇，由举办者自行确定并予以保障。

第七章　奖励

第三十三条　教师在教育教学、培养人才、科学研究、教学改革、学校建设、社会服务、勤工俭学等方面成绩优异的，由所在学校予以表彰、奖励。国务院和地方各级人民政府及其有关部门对有突出贡献的教师，应当予以表彰、奖励。对有重大贡献的教师，依照国家有关规定授予荣誉称号。

第三十四条　国家支持和鼓励社会组织或者个人向依法成立的奖励教师的基金组织捐助资金，对教师进行奖励。

第八章　法律责任

第三十五条　侮辱、殴打教师的，根据不同情况，分别给予行政处分或者行政处罚；造成损害的，责令赔偿损失；情节严重，构成犯罪的，依法追究刑事责任。

第三十六条　对依法提出申诉、控告、检举的教师进行打击报复的,由其所在单位或者上级机关责令改正;情节严重的,可以根据具体情况给予行政处分。国家工作人员对教师打击报复构成犯罪的,依照刑法第一百四十六条的规定追究刑事责任。

第三十七条　教师有下列情形之一的,由所在学校、其他教育机构或者教育行政部门给予行政处分或者解聘。

（一）故意不完成教育教学任务给教育教学工作造成损失的;

（二）体罚学生,经教育不改的;

（三）品行不良、侮辱学生,影响恶劣的。

教师有前款第(二)项、第(三)项所列情形之一,情节严重,构成犯罪的,依法追究刑事责任。

第三十八条　地方人民政府对违反本法规定,拖欠教师工资或者侵犯教师其他合法权益的,应当责令其限期改正。违反国家财政制度、财务制度,挪用国家财政用于教育的经费,严重妨碍教育教学工作,拖欠教师工资,损害教师合法权益的,由上级机关责令限期归还被挪用的经费,并对直接责任人员给予行政处分;情节严重,构成犯罪的,依法追究刑事责任。

第三十九条　教师对学校或者其他教育机构侵犯其合法权益的,或者对学校或者其他教育机构作出的处理不服的,可以向教育行政部门提出申诉,教育行政部门应当在接到申诉的三十日内,作出处理。教师认为当地人民政府有关行政部门侵犯其根据本法规定享有的权利的,可以向同级人民政府或者上一级人民政府有关部门提出申诉,同级人民政府或者上一级人民政府有关部门应当作出处理。

第九章　附则

第四十条　本法下列用语的含义是:

（一）各级各类学校,是指实施学前教育、普通初等教育、普通中等教育、职业教育、普通高等教育以及特殊教育、成人教育的学校。

（二）其他教育机构,是指少年宫以及地方教研室、电化教育机构等。

（三）中小学教师,是指幼儿园、特殊教育机构、普通中小学、成人初等中等教育机构、职业中学以及其他教育机构的教师。

第四十一条　学校和其他教育机构中的教育教学辅助人员,其他类型的学校的教师和教育教学辅助人员,可以根据实际情况参照本法的有关规定执行。军队所属院校的教师和教育教学辅助人员,由中央军事委员会依照本法制定有关规定。

第四十二条　外籍教师的聘任办法由国务院教育行政部门规定。

第四十三条　本法自1994年1月1日起施行。

中华人民共和国高等教育法

1998年8月29日第九届全国人民代表大会常务委员会第四次会议通过，1998年8月29日中华人民共和国主席令第七号公布，自1999年1月1日起施行。

第一章　总则

第一条　为了发展高等教育事业，实施科教兴国战略，促进社会主义物质文明和精神文明建设，根据宪法和教育法，制定本法。

第二条　在中华人民共和国境内从事高等教育活动，适用本法。

本法所称高等教育，是指在完成高级中等教育基础上实施的教育。

第三条　国家坚持以马克思列宁主义、毛泽东思想、邓小平理论为指导，遵循宪法确定的基本原则，发展社会主义的高等教育事业。

第四条　高等教育必须贯彻国家的教育方针，为社会主义现代化建设服务，与生产劳动相结合，使受教育者成为德、智、体等方面全面发展的社会主义事业的建设者和接班人。

第五条　高等教育的任务是培养具有创新精神和实践能力的高级专门人才，发展科学技术文化，促进社会主义现代化建设。

第六条　国家根据经济建设和社会发展的需要，制定高等教育发展规划，举办高等学校，并采取多种形式积极发展高等教育事业。

国家鼓励企业事业组织、社会团体及其他社会组织和公民等社会力量依法举办高等学校，参与和支持高等教育事业的改革和发展。

第七条　国家按照社会主义现代化建设和发展社会主义市场经济的需要，根据不同类型、不同层次高等学校的实际，推进高等教育体制改革和高等教育教学改革，优化高等教育结构和资源配置，提高高等教育的质量和效益。

第八条　国家根据少数民族的特点和需要，帮助和支持少数民族地区发展高等教育事业，为少数民族培养高级专门人才。

第九条　公民依法享有接受高等教育的权利。

国家采取措施，帮助少数民族学生和经济困难的学生接受高等教育。

高等学校必须招收符合国家规定的录取标准的残疾学生入学，不得因其残疾而拒绝招收。

第十条　国家依法保障高等学校中的科学研究，文学艺术创作和其他文化活动的自由。

在高等学校中从事科学研究、文学艺术创作和其他文化活动,应当遵守法律。

第十一条 高等学校应当面向社会,依法自主办学,实行民主管理。

第十二条 国家鼓励高等学校之间、高等学校与科学研究机构以及企业事业组织之间开展协作,实行优势互补,提高教育资源的使用效益。

国家鼓励和支持高等教育事业的国际交流与合作。

第十三条 国务院统一领导和管理全国高等教育事业。

省、自治区、直辖市人民政府统筹协调本行政区域内的高等教育事业,管理主要为地方培养人才和国务院授权管理的高等学校。

第十四条 国务院教育行政部门主管全国高等教育工作,管理由国务院确定的主要为全国培养人才的高等学校。国务院其他有关部门在国务院规定的职责范围内,负责有关的高等教育工作。

第二章 高等教育基本制度

第十五条 高等教育包括学历教育和非学历教育。

高等教育采用全日制和非全日制教育形式。

国家支持采用广播、电视、函授及其他远程教育方式实施高等教育。

第十六条 高等学历教育分为专科教育、本科教育和研究生教育。

高等学历教育应当符合下列学业标准:

(一)专科教育应当使学生掌握本专业必备的基础理论、专门知识,具有从事本专业实际工作的基本技能和初步能力;

(二)本科教育应当使学生比较系统地掌握本学科、专业必需的基础理论、基本知识,掌握本专业必要的基本技能、方法和相关知识,具有从事本专业实际工作和研究工作的初步能力;

(三)硕士研究生教育应当使学生掌握本学科坚实的基础理论、系统的专业知识,掌握相应的技能、方法和相关知识,具有从事本专业实际工作和科学研究工作的能力。博士研究生教育应当使学生掌握本学科坚实宽广的基础理论、系统深入的专业知识、相应的技能和方法,具有独立从事本学科创造性科学研究工作和实际工作的能力。

第十七条 专科教育的基本修业年限为二至三年,本科教育的基本修业年限为四至五年,硕士研究生教育的基本修业年限为二至三年,博士研究生教育的基本修业年限为三至四年。非全日制高等学历教育的修业年限应当适当延长。高等学校根据实际需要,报主管的教育行政部门批准,可以对本学校的修业年限作出调整。

第十八条 高等教育由高等学校和其他高等教育机构实施。

大学、独立设置的学院主要实施本科及本科以上教育。高等专科学校实施专科教育。经国务院教育行政部门批准，科学研究机构可以承担研究生教育的任务。

其他高等教育机构实施非学历高等教育。

第十九条　高级中等教育毕业或者具有同等学力的，经考试合格，由实施相应学历教育的高等学校录取，取得专科生或者本科生入学资格。

本科毕业或者具有同等学力的，经考试合格，由实施相应学历教育的高等学校或者经批准承担研究生教育任务的科学研究机构录取，取得硕士研究生入学资格。

硕士研究生毕业或者具有同等学力的，经考试合格，由实施相应学历教育的高等学校或者经批准承担研究生教育任务的科学研究机构录取，取得博士研究生入学资格。

允许特定学科和专业的本科毕业生直接取得博士研究生入学资格，具体办法由国务院教育行政部门规定。

第二十条　接受高等学历教育的学生，由所在高等学校或者经批准承担研究生教育任务的科学研究机构根据其修业年限、学业成绩等，按照国家有关规定，发给相应的学历证书或者其他学业证书。

接受非学历高等教育的学生，由所在高等学校或者其他高等教育机构发给相应的结业证书。结业证书应当载明修业年限和学业内容。

第二十一条　国家实行高等教育自学考试制度，经考试合格的，发给相应的学历证书或者其他学业证书。

第二十二条　国家实行学位制度。学位分为学士、硕士和博士。

公民通过接受高等教育或者自学，其学业水平达到国家规定的学位标准，可以向学位授予单位申请授予相应的学位。

第二十三条　高等学校和其他高等教育机构应当根据社会需要和自身办学条件，承担实施继续教育的工作。

第三章　高等学校的设立

第二十四条　设立高等学校，应当符合国家高等教育发展规划，符合国家利益和社会公共利益，不得以营利为目的。

第二十五条　设立高等学校，应当具备教育法规定的基本条件。

大学或者独立设置的学院还应当具有较强的教学、科学研究力量，较高的教学、科学研究水平和相应规模，能够实施本科及本科以上教育。大学还必须设有三个以上国家规定的学科门类为主要学科。设立高等学校的具体标准由国务院制定。

设立其他高等教育机构的具体标准，由国务院授权的有关部门或者省、自治区、直辖市人民政府根据国务院规定的原则制定。

第二十六条　设立高等学校，应当根据其层次、类型、所设学科类别、规模、教学和科学研究水平，使用相应的名称。

第二十七条　申请设立高等学校的，应当向审批机关提交下列材料：

（一）申办报告；

（二）可行性论证材料；

（三）章程；

（四）审批机关依照本法规定要求提供的其他材料。

第二十八条　高等学校的章程应当规定以下事项：

（一）学校名称、校址；

（二）办学宗旨；

（三）办学规模；

（四）学科门类的设置；

（五）教育形式；

（六）内部管理体制；

（七）经费来源、财产和财务制度；

（八）举办者与学校之间的权利、义务；

（九）章程修改程序；

（十）其他必须由章程规定的事项。

第二十九条　设立高等学校由国务院教育行政部门审批，其中设立实施专科教育的高等学校，经国务院授权，也可以由省、自治区、直辖市人民政府审批；设立其他高等教育机构，由国务院授权的有关部门或者省、自治区、直辖市人民政府审批。对不符合规定条件审批设立的高等学校和其他高等教育机构，国务院教育行政部门有权予以撤销。

审批高等学校的设立，应当聘请由专家组成的评议机构评议。

高等学校和其他高等教育机构分立、合并、终止，变更名称、类别和其他重要事项，由原审批机关审批；章程的修改，应当报原审批机关核准。

第四章　高等学校的组织和活动

第三十条　高等学校自批准设立之日起取得法人资格。高等学校的校长为高等学校的法定代表人。

高等学校在民事活动中依法享有民事权利，承担民事责任。

第三十一条　高等学校应当以培养人才为中心，开展教学、科学研究和社会服务，保证教育教学质量达到国家规定的标准。

第三十二条　高等学校根据社会需求、办学条件和国家核定的办学规模，制定招生方案，自主调节系科招生比例。

第三十三条　高等学校依法自主设置和调整学科、专业。

第三十四条　高等学校根据教学需要，自主制定教学计划、选编教材、组织实施教学活动。

第三十五条　高等学校根据自身条件，自主开展科学研究、技术开发和社会服务。

国家鼓励高等学校同企业事业组织、社会团体及其他社会组织在科学研究、技术开发和推广等方面进行多种形式的合作。

国家支持具备条件的高等学校成为国家科学研究基地。

第三十六条　高等学校按照国家有关规定，自主开展与境外高等学校之间的科学技术文化交流与合作。

第三十七条　高等学校根据实际需要和精简、效能的原则，自主确定教学、科学研究、行政职能部门等内部组织机构的设置和人员配备；按照国家有关规定，评聘教师和其他专业技术人员的职务，调整津贴及工资分配。

第三十八条　高等学校对举办者提供的财产、国家财政性资助、受捐赠财产依法自主管理和使用。

高等学校不得将用于教学和科学研究活动的财产挪作他用。

第三十九条　国家举办的高等学校实行中国共产党高等学校基层委员会领导下的校长负责制。中国共产党高等学校基层委员会按照中国共产党章程和有关规定，统一领导学校工作，支持校长独立负责地行使职权，其领导职责主要是：执行中国共产党的路线、方针、政策，坚持社会主义办学方向，领导学校的思想政治工作和德育工作，讨论决定学校内部组织机构的设置和内部组织机构负责人的人选，讨论决定学校的改革、发展和基本管理制度等重大事项，保证以培养人才为中心的各项任务的完成。

社会力量举办的高等学校的内部管理体制按照国家有关社会力量办学的规定确定。

第四十条　高等学校的校长，由符合教育法规定的任职条件的公民担任。高等学校的校长、副校长按照国家有关规定任免。

第四十一条　高等学校的校长全面负责本学校的教学、科学研究和其他行政管理工作，行使下列职权：

（一）拟订发展规划，制定具体规章制度和年度工作计划并组织实施；

（二）组织教学活动、科学研究和思想品德教育；

（三）拟订内部组织机构的设置方案，推荐副校长人选，任免内部组织机构的负责人；

（四）聘任与解聘教师以及内部其他工作人员，对学生进行学籍管理并实施奖励或者处分；

（五）拟订和执行年度经费预算方案，保护和管理校产，维护学校的合法权益；

（六）章程规定的其他职权。

高等学校的校长主持校长办公会议或者校务会议，处理前款规定的有关事项。

第四十二条 高等学校设立学术委员会，审议学科、专业的设置，教学、科学研究计划方案，评定教学、科学研究成果等有关学术事项。

第四十三条 高等学校通过以教师为主体的教职工代表大会等组织形式，依法保障教职工参与民主管理和监督，维护教职工合法权益。

第四十四条 高等学校的办学水平、教育质量，接受教育行政部门的监督和由其组织的评估。

第五章 高等学校教师和其他教育工作者

第四十五条 高等学校的教师及其他教育工作者享有法律规定的权利，履行法律规定的义务，忠诚于人民的教育事业。

第四十六条 高等学校实行教师资格制度。中国公民凡遵守宪法和法律，热爱教育事业，具有良好的思想品德，具备研究生或者大学本科毕业学历，有相应的教育教学能力，经认定合格，可以取得高等学校教师资格。不具备研究生或者大学本科毕业学历的公民，学有所长，通过国家教师资格考试，经认定合格，也可以取得高等学校教师资格。

第四十七条 高等学校实行教师职务制度。高等学校教师职务根据学校所承担的教学、科学研究等任务的需要设置。教师职务设助教、讲师、副教授、教授。

高等学校的教师取得前款规定的职务应当具备下列基本条件：

（一）取得高等学校教师资格；

（二）系统地掌握本学科的基础理论；

（三）具备相应职务的教育教学能力和科学研究能力；

（四）承担相应职务的课程和规定课时的教学任务。

教授、副教授除应当具备以上基本任职条件外，还应当对本学科具有系统而坚实的基础理论和比较丰富的教学、科学研究经验，教学成绩显著，论文或者著作达到较高水平或者有突出的教学、科学研究成果。

高等学校教师职务的具体任职条件由国务院规定。

第四十八条　高等学校实行教师聘任制。教师经评定具备任职条件的，由高等学校按照教师职务的职责、条件和任期聘任。

高等学校的教师的聘任，应当遵循双方平等自愿的原则，由高等学校校长与受聘教师签订聘任合同。

第四十九条　高等学校的管理人员，实行教育职员制度。高等学校的教学辅助人员及其他专业技术人员，实行专业技术职务聘任制度。

第五十条　国家保护高等学校教师及其他教育工作者的合法权益，采取措施改善高等学校教师及其他教育工作者的工作条件和生活条件。

第五十一条　高等学校应当为教师参加培训、开展科学研究和进行学术交流提供便利条件。

高等学校应当对教师、管理人员和教学辅助人员及其他专业技术人员的思想政治表现、职业道德、业务水平和工作实绩进行考核，考核结果作为聘任或者解聘、晋升、奖励或者处分的依据。

第五十二条　高等学校的教师、管理人员和教学辅助人员及其他专业技术人员，应当以教学和培养人才为中心做好本职工作。

第六章　高等学校的学生

第五十三条　高等学校的学生应当遵守法律、法规，遵守学生行为规范和学校的各项管理制度，尊敬师长，刻苦学习，增强体质，树立爱国主义、集体主义和社会主义思想，努力学习马克思列宁主义、毛泽东思想、邓小平理论，具有良好的思想品德，掌握较高的科学文化知识和专业技能。

高等学校学生的合法权益，受法律保护。

第五十四条　高等学校的学生应当按照国家规定缴纳学费。

家庭经济困难的学生，可以申请补助或者减免学费。

第五十五条　国家设立奖学金，并鼓励高等学校、企业事业组织、社会团体以及其他社会组织和个人按照国家有关规定设立各种形式的奖学金，对品学兼优的学生、国家规定的专业的学生以及到国家规定的地区工作的学生给予奖励。

国家设立高等学校学生勤工助学基金和贷学金，并鼓励高等学校、企业事业组织、社会团体以及其他社会组织和个人设立各种形式的助学金，对家庭经济困难的学生提供帮助。

获得贷学金及助学金的学生，应当履行相应的义务。

第五十六条　高等学校的学生在课余时间可以参加社会服务和勤工助学活动，但不得影响学业任务的完成。

高等学校应当对学生的社会服务和勤工助学活动给予鼓励和支持，并进行引导和管理。

第五十七条　高等学校的学生，可以在校内组织学生团体。学生团体在法律、法规规定的范围内活动，服从学校的领导和管理。

第五十八条　高等学校的学生思想品德合格，在规定的修业年限内学完规定的课程，成绩合格或者修满相应的学分，准予毕业。

第五十九条　高等学校应当为毕业生、结业生提供就业指导和服务。

国家鼓励高等学校毕业生到边远、艰苦地区工作。

第七章　高等教育投入和条件保障

第六十条　国家建立以财政拨款为主、其他多种渠道筹措高等教育经费为辅的体制，使高等教育事业的发展同经济、社会发展的水平相适应。

国务院和省、自治区、直辖市人民政府依照教育法第五十五条的规定，保证国家举办的高等教育的经费逐步增长。

国家鼓励企业事业组织、社会团体及其他社会组织和个人向高等教育投入。

第六十一条　高等学校的举办者应当保证稳定的办学经费来源，不得抽回其投入的办学资金。

第六十二条　国务院教育行政部门会同国务院其他有关部门根据在校学生年人均教育成本，规定高等学校年经费开支标准和筹措的基本原则；省、自治区、直辖市人民政府教育行政部门会同有关部门制订本行政区域内高等学校年经费开支标准和筹措办法，作为举办者和高等学校筹措办学经费的基本依据。

第六十三条　国家对高等学校进口图书资料、教学科研设备以及校办产业实行优惠政策。高等学校所办产业或者转让知识产权以及其他科学技术成果获得的收益，用于高等学校办学。

第六十四条　高等学校收取的学费应当按照国家有关规定管理和使用，其他任何组织和个人不得挪用。

第六十五条　高等学校应当依法建立、健全财务管理制度，合理使用、严格管理教育经费，提高教育投资效益。

高等学校的财务活动应当依法接受监督。

第八章　附则

第六十六条　对高等教育活动中违反教育法规定的，依照教育法的有关规定给予处罚。

第六十七条　中国境外个人符合国家规定的条件并办理有关手续后，可以进入中国境内高等学校学习、研究、进行学术交流或者任教，其合法权益受国家保护。

第六十八条　本法所称高等学校是指大学、独立设置的学院和高等专科学校，其中包括高等职业学校和成人高等学校。

本法所称其他高等教育机构是指除高等学校和经批准承担研究生教育任务的科学研究机构以外的从事高等教育活动的组织。

本法有关高等学校的规定适用于其他高等教育机构和经批准承担研究生教育任务的科学研究机构，但是对高等学校专门适用的规定除外。

第六十九条　本法自 1999 年 1 月 1 日起施行。

高等学校教师职业道德规范

一、爱国守法。热爱祖国，热爱人民，拥护中国共产党领导，拥护中国特色社会主义制度。遵守宪法和法律法规，贯彻党和国家教育方针，依法履行教师职责，维护社会稳定和校园和谐。不得有损害国家利益和不利于学生健康成长的言行。

二、敬业爱生。忠诚人民教育事业，树立崇高职业理想，以人才培养、科学研究、社会服务和文化传承创新为己任。恪尽职守，甘于奉献。终身学习，刻苦钻研。真心关爱学生，严格要求学生，公正对待学生，做学生良师益友。不得损害学生和学校的合法权益。

三、教书育人。坚持育人为本，立德树人。遵循教育规律，实施素质教育。注重学思结合，知行合一，因材施教，不断提高教育质量。严慈相济，教学相长，诲人不倦。尊重学生个性，促进学生全面发展。不拒绝学生的合理要求。不得从事影响教育教学工作的兼职。

四、严谨治学。弘扬科学精神，勇于探索，追求真理，修正错误，精益求精。实事求是，发扬民主，团结合作，协同创新。秉持学术良知，恪守学术规范。尊重他人劳动和学术成果，维护学术自由和学术尊严。诚实守信，力戒浮躁。坚决抵制学术失范和学术不端行为。

五、服务社会。勇担社会责任，为国家富强、民族振兴和人类进步服务。传播优秀文化，普及科学知识。热心公益，服务大众。主动参与社会实践，自觉承担社会义务，积极提供专业服务。坚决反对滥用学术资源和学术影响。

六、为人师表。学为人师，行为世范。淡泊名利，志存高远。树立优良学风教风，以高尚师德、人格魅力和学识风范教育感染学生。模范遵守社会公德，维护社会正义，引领社会风尚。言行雅正，举止文明。自尊自律，清廉从教，以身作则。自觉抵制有损教师职业声誉的行为。

教育部关于高校教师师德失范行为处理的指导意见

教师〔2018〕17号

各省、自治区、直辖市教育厅（教委），新疆生产建设兵团教育局，有关部门（单位）教育司（局），部属各高等学校、部省合建各高等学校：

为进一步规范高校教师履职履责行为，落实立德树人根本任务，弘扬新时代高校教师道德风尚，努力建设有理想信念、有道德情操、有扎实学识、有仁爱之心的高校教师队伍，现就教师违反《高等学校教师职业道德规范》《教育部关于建立健全高校师德建设长效机制的意见》和《新时代高校教师职业行为十项准则》等规定，发生师德失范行为的处理提出如下指导意见。

一、各高校要严格落实师德建设主体责任，建立完善党委统一领导、党政齐抓共管、牵头部门明确、院（系）具体落实、教师自我约束的工作机制。党委书记和校长抓师德同责，是师德建设第一责任人。院（系）行政主要负责人对本单位师德建设负直接领导责任，院（系）党组织主要负责人也负有直接领导责任。

二、高校教师要自觉加强师德修养，严格遵守师德规范，严以律己，为人师表，把教书育人和自我修养结合起来，坚持以德立身、以德立学、以德施教、以德育德。发生师德失范行为，本人要承担相应责任。

三、对高校教师师德失范行为实行"一票否决"。高校教师出现违反师德行为的，根据情节轻重，给予相应处理或处分。情节较轻的，给予批评教育、诫勉谈话、责令检查、通报批评，以及取消其在评奖评优、职务晋升、职称评定、岗位聘用、工资晋级、干部选任、申报人才计划、申报科研项目等方面的资格。担任研究生导师的，还应采取限制招生名额、停止招生资格直至取消导师资格的处理。以上取消相关资格处理的执行期限不得少于24个月。情节较重应当给予处分的，还应根据《事业单位工作人员处分暂行规定》给予行政处分，包括警告、记过、降低岗位等级或撤职、开除，需要解除聘用合同的，按照《事业单位人事管理条例》相关规定进行处理。情节严重、影响恶劣的，应当依据《教师资格条例》报请主管教育部门撤销其教师资格。是中共党员的，同时给予党纪处分。涉嫌违法犯罪的，及时移送司法机关依法处理。

四、对师德失范行为的处理，应坚持公平公正、教育与惩处相结合的原则，做到事实清楚、证据确凿、定性准确、处理适当、程序合法、手续完备。

五、高校要建立健全师德失范行为受理与调查处理机制，指定或设立专门组织负责，明确受理、调查、认定、处理、复核、监督等处理程序。在教师师德失范行为调查过程中，应听取教师本人的陈述和申辩，同时当事各方均不应公开调查的有关内容。教师对处理决定不服的，按照国家有关规定提出复核、申诉。对高校教师的处理，在期满后根据悔改表现予以延期或解除，处理决定和处理解除决定都应完整存入个人人事档案。

六、高校师德师风建设要坚持权责对等、分级负责、层层落实、失责必问、问责必严的原则。对于相关单位和责任人不履行或不正确履行职责，有下列情形之一的，根据职责权限和责任划分进行问责：

（一）师德师风制度建设、日常教育监督、舆论宣传、预防工作不到位；

（二）师德失范问题排查发现不及时；

（三）对已发现的师德失范行为处置不力、方式不当；

（四）已作出的师德失范行为处理决定落实不到位，师德失范行为整改不彻底；

（五）多次出现师德失范问题或因师德失范行为引起不良社会影响；

（六）其他应当问责的失职失责情形。

七、教师出现师德失范问题，所在院（系）行政主要负责人和党组织主要负责人需向学校分别做出检讨，由学校依据有关规定视情节轻重采取约谈、诫勉谈话、通报批评、纪律处分和组织处理等方式进行问责。

八、教师出现师德失范问题，学校需向上级主管部门做出说明，并引以为戒，进行自查自纠与落实整改。如有学校反复出现师德失范问题，分管校领导应向学校做出检讨，学校应在上级主管部门督导下进行整改。

九、各地各校应当依据本意见制定高校教师师德失范行为负面清单及处理办法，并报上级主管部门备案。

十、民办高校的劳动人事管理执行《中华人民共和国劳动合同法》规定，对教师师德失范行为的处理，遵照本指导意见执行。

教育部
2018 年 11 月 8 日

教育部关于全面落实研究生导师立德树人职责的意见

教研〔2018〕1号

各省、自治区、直辖市教育厅(教委),新疆生产建设兵团教育局,有关部门(单位)教育司(局),中央军委训练管理部职业教育局,部属各高等学校:

研究生教育作为国民教育体系的顶端,是培养高层次专门人才的主要途径,是国家人才竞争的重要支柱,是建设创新型国家的核心要素。研究生导师是我国研究生培养的关键力量,肩负着培养国家高层次创新人才的使命与重任。为贯彻全国高校思想政治工作会议精神,努力造就一支有理想信念、道德情操、扎实学识、仁爱之心的研究生导师队伍,全面落实研究生导师立德树人职责,制定本意见。

一、指导思想和总体要求

1. 指导思想。高举中国特色社会主义伟大旗帜,以马克思列宁主义、毛泽东思想、邓小平理论、"三个代表"重要思想、科学发展观、习近平新时代中国特色社会主义思想为指导,增强中国特色社会主义道路自信、理论自信、制度自信、文化自信。全面贯彻党的教育方针,把立德树人作为研究生导师的首要职责,为实现"两个一百年"奋斗目标、实现中华民族伟大复兴的中国梦,培养德才兼备、全面发展的高层次专门人才。

2. 总体要求。落实导师是研究生培养第一责任人的要求,坚持社会主义办学方向,坚持教书和育人相统一,坚持言传和身教相统一,坚持潜心问道和关注社会相统一,坚持学术自由和学术规范相统一,以德立身、以德立学、以德施教。遵循研究生教育规律,创新研究生指导方式,潜心研究生培养,全过程育人、全方位育人,做研究生成长成才的指导者和引路人。

二、强化研究生导师基本素质要求

3. 政治素质过硬。坚持正确的政治方向,拥护中国共产党的领导,不断提高思想政治觉悟;贯彻党的教育方针,严格执行国家教育政策,坚持教育为人民服务,为中国共产党治国理政服务,为巩固和发展中国特色社会主义制度服务,为改革开放和社会主义现代化建设服务;自觉维护祖国统一、民族团结,具有高度的政治责任感,将思想教育与专业教育有机统一,成为社会主义核心价值观的坚定信仰者、积极传播者、模范实践者。

4. 师德师风高尚。模范遵守教师职业道德规范,为人师表,爱岗敬业,以高尚的道德情操和人格魅力感染、引导学生，成为先进思想文化的传承者和社会进步的积极推动者；谨遵学术规范，恪守学术道德，自觉维护公平正义和风清气正的学术环境；科学选才，规范招生，正确行使导师权力，确保招生录取公平公正；有责任心和使命感，尽职尽责，确保足够的时间和精力及时给予研究生启发和指导；有仁爱之心，以德育人，以文化人。

5. 业务素质精湛。具有深厚的学术造诣和执着的学术追求，关注社会需求，推动知识文化传承发展；熟悉国家招生政策，胜任考试招生工作。秉承先进教育理念，重视课程前沿引领，创新教学模式，丰富教学手段；不断提升指导能力，着力培养研究生创新能力，实现理论教学与实践指导之间的平衡，助力研究生成长成才。

三、明确研究生导师立德树人职责

6. 提升研究生思想政治素质。引导研究生正确认识世界和中国发展大势，正确认识中国特色和国际比较，正确认识时代责任和历史使命，正确认识远大抱负和脚踏实地；树立正确的世界观、人生观、价值观，坚定为共产主义远大理想和中国特色社会主义共同理想而奋斗的信念，成为德智体美全面发展的高层次专门人才。

7. 培养研究生学术创新能力。按照因材施教和个性化培养理念，积极参与制定执行研究生培养计划，统筹安排实践与科研活动，强化学术指导；定期与研究生沟通交流，指导研究生确定研究方向，深入开展研究；营造和谐的学术环境，培养研究生的创新意识和创新能力，激发研究生创新潜力；引导研究生跟踪学科前沿，直面学术问题，开拓学术视野，在学术研究上开展创新性工作。

8. 培养研究生实践创新能力。鼓励研究生积极参加国内外学术和专业实践活动，指导研究生发表各类研究成果，培养研究生提出问题、分析问题和解决问题的能力，强化理论与实践相结合；支持和指导研究生将科研成果转化应用，推动产学研用紧密结合，提升创新创业能力。

9. 增强研究生社会责任感。鼓励研究生将个人的发展进步与国家和民族的发展需要相结合，为国家富强和民族复兴贡献智慧和力量；支持和鼓励研究生参与各种社会实践和志愿服务活动，在服务人民与奉献社会的过程中实现自己的人生价值；培养研究生的国际视野和家国情怀，积极致力于构建人类命运共同体，努力成为世界文明进步的积极推动者。

10. 指导研究生恪守学术道德规范。培养研究生严谨认真的治学态度和求真务实的科学精神，自觉遵守科研诚信与学术道德，自觉维护学术事业的神圣性、纯洁性与严肃性，杜绝学术不端行为；在研究生培养的各个环节，强化学术规范训练，加强职业伦理教育，提升学术道德涵养；培养研究生尊重他人劳动成果，提高知识产权保护意识。

11. 优化研究生培养条件。根据不同学科、类别的研究生培养要求，积极为研究生的学习和成长创造条件，为研究生开展科学研究提供有利条件；鼓励研究生参与各种社会实践和学术交流；积极创设良好的学术交流平台，增加研究生参与社会实践和学术交流的机会；鼓励研究生积极参与课题研究，并根据实际情况，为研究生提供相应的经费支持。

12. 注重对研究生人文关怀。要加强人文关怀和心理疏导，加强校规校纪教育，把解决思想问题同解决实际问题结合起来，了解学生成长环境和过程，在关心帮助研究生的过程中做好教育和引导工作。加强与研究生的交流与沟通，建立良好的师生互动机制，关注研究生的学业压力，营造良好的学习氛围，提供相应的支持和鼓励，保护研究生合法权益；关注研究生的就业压力，引导研究生做好职业生涯规划，关心研究生生活和身心健康，不断提升研究生敢于面对困难挫折的良好心理素质。

四、健全研究生导师评价激励机制

13. 完善评价考核机制。坚持立德树人，把教书育人作为研究生导师评价的核心内容，突出教育教学业绩评价，将人才培养中心任务落到实处。教育行政部门要把立德树人纳入教学评估和学科评估指标体系，加强对研究生导师立德树人职责落实情况的评价；研究生培养单位要结合自身办学实际和学科特色，制订研究生导师立德树人职责考核办法，以年度考核为依托，坚持学术委员会评价、教学督导评价、研究生评价和导师自我评价相结合，建立科学、公平、公正、公开的考核体系。

14. 明确表彰奖励机制。研究生培养单位要将研究生导师立德树人评价考核结果，作为人才引进、职称评定、职务晋升、绩效分配、评优评先的重要依据，充分发挥考核评价的鉴定、引导、激励和教育功能。强化示范引领，对于立德树人成绩突出的研究生导师，研究生培养单位要给予表彰与奖励，推广复制优秀导师、优秀团队的成功经验。

15. 落实督导检查机制。教育行政部门和研究生培养单位要把研究生导师立德树人职责落实情况纳入教学督导范畴，加强督导检查。对于未能履行立德树人职责的研究生导师，研究生培养单位视情况采取约谈、限招、停招、取消导师资格等处理措施；对有违反师德行为的，实行一票否决，并依法依规给予相应处理。

五、强化组织保障

16. 各级教育主管部门加强组织领导。尊重高校办学自主权，优化管理，强化服务，加强宏观指导；统筹协调各方资源，切实保障各项投入，为研究生导师队伍建设积极创造条件；强化督导检查，确保政策落实；突出制度建设，形成落实导师立德树人职责的长效机制。

17. 研究生培养单位全面贯彻落实。制定和完善相关规章制度，强化落实，确保实效；安排专项经费用于导师队伍建设，定期组织交流、研讨，提升导师学术研究水平和研究生指导能力；尊重和保障导师自主性，维护和规范导师在招生、培养、资助、学术评价等环节中的权利；保障导师待遇，加强导师培训，支持导师参加学术交流活动和行业企业实践，逐步实现学术休假制度；改善导师治学环境，提供必要的工作场所、实验设施等条件；积极听取导师意见，营造良好校园文化环境，提升导师工作满意度。

18. 倡导全社会共同关心协同参与。积极营造全社会尊师重教的良好氛围，动员各界力量关心导师队伍建设；大力宣传导师立德树人先进典型，加强榜样示范教育；倡导全社会共同关心、协同参与，促进导师立德树人工作机制的常态化科学化。

各省级教育主管部门和研究生培养单位，要根据本意见制定相关的实施细则。

教育部

2018 年 1 月 17 日

中共中央、国务院关于全面深化新时代教师队伍建设改革的意见

2018年1月20日

百年大计，教育为本；教育大计，教师为本。为深入贯彻落实党的十九大精神，造就党和人民满意的高素质专业化创新型教师队伍，落实立德树人根本任务，培养德智体美全面发展的社会主义建设者和接班人，全面提升国民素质和人力资源质量，加快教育现代化，建设教育强国，办好人民满意的教育，为决胜全面建成小康社会、夺取新时代中国特色社会主义伟大胜利、实现中华民族伟大复兴的中国梦奠定坚实基础，现就全面深化新时代教师队伍建设改革提出如下意见。

一、坚持兴国必先强师，深刻认识教师队伍建设的重要意义和总体要求

1. 战略意义。教师承担着传播知识、传播思想、传播真理的历史使命，肩负着塑造灵魂、塑造生命、塑造人的时代重任，是教育发展的第一资源，是国家富强、民族振兴、人民幸福的重要基石。党和国家历来高度重视教师工作。党的十八大以来，以习近平同志为核心的党中央将教师队伍建设摆在突出位置，作出一系列重大决策部署，各地区各部门和各级各类学校采取有力措施认真贯彻落实，教师队伍建设取得显著成就。广大教师牢记使命、不忘初衷，爱岗敬业、教书育人，改革创新、服务社会，作出了重要贡献。

当今世界正处在大发展大变革大调整之中，新一轮科技和工业革命正在孕育，新的增长动能不断积聚。中国特色社会主义进入了新时代，开启了全面建设社会主义现代化国家的新征程。我国社会主要矛盾已经转化为人民日益增长的美好生活需要和不平衡不充分的发展之间的矛盾，人民对公平而有质量的教育的向往更加迫切。面对新方位、新征程、新使命，教师队伍建设还不能完全适应。有的地方对教育和教师工作重视不够，在教育事业发展中重硬件轻软件、重外延轻内涵的现象还比较突出，对教师队伍建设的支持力度亟须加大；师范教育体系有所削弱，对师范院校支持不够；有的教师素质能力难以适应新时代人才培养需要，思想政治素质和师德水平需要提升，专业化水平需要提高；教师特别是中小学教师职业吸引力不足，地位待遇有待提高；教师城乡结构、学科结构分布不尽合理，准入、招聘、交流、退出等机制还不够完善，管理体制机制亟须理顺。时代越是向前，知识和人才的重要性就愈发突出，教育和教师的地位和作用就愈发凸显。各级党委和政府要从战略和全局高度充分认识教师

工作的极端重要性，把全面加强教师队伍建设作为一项重大政治任务和根本性民生工程切实抓紧抓好。

2. 指导思想。全面贯彻落实党的十九大精神，以习近平新时代中国特色社会主义思想为指导，紧紧围绕统筹推进"五位一体"总体布局和协调推进"四个全面"战略布局，坚持和加强党的全面领导，坚持以人民为中心的发展思想，坚持全面深化改革，牢固树立新发展理念，全面贯彻党的教育方针，坚持社会主义办学方向，落实立德树人根本任务，遵循教育规律和教师成长发展规律，加强师德师风建设，培养高素质教师队伍，倡导全社会尊师重教，形成优秀人才争相从教、教师人人尽展其才、好教师不断涌现的良好局面。

3. 基本原则。

——确保方向。坚持党管干部、党管人才，坚持依法治教、依法执教，坚持严格管理监督与激励关怀相结合，充分发挥党委（党组）的领导和把关作用，确保党牢牢掌握教师队伍建设的领导权，保证教师队伍建设正确的政治方向。

——强化保障。坚持教育优先发展战略，把教师工作置于教育事业发展的重点支持战略领域，优先谋划教师工作，优先保障教师工作投入，优先满足教师队伍建设需要。

——突出师德。把提高教师思想政治素质和职业道德水平摆在首要位置，把社会主义核心价值观贯穿教书育人全过程，突出全员全方位全过程师德养成，推动教师成为先进思想文化的传播者、党执政的坚定支持者、学生健康成长的指导者。

——深化改革。抓住关键环节，优化顶层设计，推动实践探索，破解发展瓶颈，把管理体制改革与机制创新作为突破口，把提高教师地位待遇作为真招实招，增强教师职业吸引力。

——分类施策。立足我国国情，借鉴国际经验，根据各级各类教师的不同特点和发展实际，考虑区域、城乡、校际差异，采取有针对性的政策举措，定向发力，重视专业发展，培养一批教师；加大资源供给，补充一批教师；创新体制机制，激活一批教师；优化队伍结构，调配一批教师。

4. 目标任务。经过5年左右努力，教师培养培训体系基本健全，职业发展通道比较畅通，事权人权财权相统一的教师管理体制普遍建立，待遇提升保障机制更加完善，教师职业吸引力明显增强。教师队伍规模、结构、素质能力基本满足各级各类教育发展需要。

到2035年，教师综合素质、专业化水平和创新能力大幅提升，培养造就数以百万计的骨干教师、数以十万计的卓越教师、数以万计的教育家型教师。教师管理体制机制科学高效，实现教师队伍治理体系和治理能力现代化。教师主动适应信息化、人工智能等新技术变革，积极有效开展教育教学。尊师重教蔚然成风，广大教师在岗位上有幸福感、事业上有成就感、社会上有荣誉感，教师成为让人羡慕的职业。

二、着力提升思想政治素质，全面加强师德师风建设

5. 加强教师党支部和党员队伍建设。将全面从严治党要求落实到每个教师党支部和教师党员，把党的政治建设摆在首位，用习近平新时代中国特色社会主义思想武装头脑，充分发挥教师党支部教育管理监督党员和宣传引导凝聚师生的战斗堡垒作用，充分发挥党员教师的先锋模范作用。选优配强教师党支部书记，注重选拔党性强、业务精、有威信、肯奉献的优秀党员教师担任教师党支部书记，实施教师党支部书记"双带头人"培育工程，定期开展教师党支部书记轮训。坚持党的组织生活各项制度，创新方式方法，增强党的组织生活活力。健全主题党日活动制度，加强党员教师日常管理监督。推进"两学一做"学习教育常态化制度化，开展"不忘初心、牢记使命"主题教育，引导党员教师增强政治意识、大局意识、核心意识、看齐意识，自觉爱党护党为党，敬业修德，奉献社会，争做"四有"好教师的示范标杆。重视做好在优秀青年教师、海外留学归国教师中发展党员工作。健全把骨干教师培养成党员，把党员教师培养成教学、科研、管理骨干的"双培养"机制。

配齐建强高等学校思想政治工作队伍和党务工作队伍，完善选拔、培养、激励机制，形成一支专职为主、专兼结合、数量充足、素质优良的工作力量。把从事学生思想政治教育计入高等学校思想政治工作兼职教师的工作量，作为职称评审的重要依据，进一步增强开展思想政治工作的积极性和主动性。

6. 提高思想政治素质。加强理想信念教育，深入学习领会习近平新时代中国特色社会主义思想，引导教师树立正确的历史观、民族观、国家观、文化观，坚定中国特色社会主义道路自信、理论自信、制度自信、文化自信。引导教师准确理解和把握社会主义核心价值观的深刻内涵，增强价值判断、选择、塑造能力，带头践行社会主义核心价值观。引导广大教师充分认识中国教育辉煌成就，扎根中国大地，办好中国教育。

加强中华优秀传统文化和革命文化、社会主义先进文化教育，弘扬爱国主义精神，引导广大教师热爱祖国、奉献祖国。创新教师思想政治工作方式方法，开辟思想政治教育新阵地，利用思想政治教育新载体，强化教师社会实践参与，推动教师充分了解党情、国情、社情、民情，增强思想政治工作的针对性和实效性。要着眼青年教师群体特点，有针对性地加强思想政治教育。落实党的知识分子政策，政治上充分信任，思想上主动引导，工作上创造条件，生活上关心照顾，使思想政治工作接地气、入人心。

7. 弘扬高尚师德。健全师德建设长效机制，推动师德建设常态化长效化，创新师德教育，完善师德规范，引导广大教师以德立身、以德立学、以德施教、以德育德，坚持教书与育人相统一、言传与身教相统一、潜心问道与关注社会相统一、学术自由与学术规范相统一，争做"四有"好教师，全心全意做学生锤炼品格、学习知识、创新思维、奉献祖国的引路人。

实施师德师风建设工程。开展教师宣传国家重大题材作品立项，推出一批让人喜闻乐见、能够产生广泛影响、展现教师时代风貌的影视作品和文学作品，发掘师德典型、讲好师德故事，加强引领，注重感召，弘扬楷模，形成强大正能量。注重加强对教师思想政治素质、师德师风等的监察监督，强化师德考评，体现奖优罚劣，推行师德考核负面清单制度，建立教师个人信用记录，完善诚信承诺和失信惩戒机制，着力解决师德失范、学术不端等问题。

三、大力振兴教师教育，不断提升教师专业素质能力

8. 加大对师范院校支持力度。实施教师教育振兴行动计划，建立以师范院校为主体、高水平非师范院校参与的中国特色师范教育体系，推进地方政府、高等学校、中小学"三位一体"协同育人。研究制定师范院校建设标准和师范类专业办学标准，重点建设一批师范教育基地，整体提升师范院校和师范专业办学水平。鼓励各地结合实际，适时提高师范专业生均拨款标准，提升师范教育保障水平。切实提高生源质量，对符合相关政策规定的，采取到岗退费或公费培养、定向培养等方式，吸引优秀青年踊跃报考师范院校和师范专业。完善教育部直属师范大学师范生公费教育政策，履约任教服务期调整为6年。改革招生制度，鼓励部分办学条件好、教学质量高院校的师范专业实行提前批次录取或采取入校后二次选拔方式，选拔有志于从教的优秀学生进入师范专业。加强教师教育学科建设。教育硕士、教育博士授予单位及授权点向师范院校倾斜。强化教师教育师资队伍建设，在专业发展、职称晋升和岗位聘用等方面予以倾斜支持。师范院校评估要体现师范教育特色，确保师范院校坚持以师范教育为主业，严控师范院校更名为非师范院校。开展师范类专业认证，确保教师培养质量。

9. 支持高水平综合大学开展教师教育。创造条件，推动一批有基础的高水平综合大学成立教师教育学院，设立师范专业，积极参与基础教育、职业教育教师培养培训工作。整合优势学科的学术力量，凝聚高水平的教学团队。发挥专业优势，开设厚基础、宽口径、多样化的教师教育课程。创新教师培养形态，突出教师教育特色，重点培养教育硕士，适度培养教育博士，造就学科知识扎实、专业能力突出、教育情怀深厚的高素质复合型教师。

10. 全面提高中小学教师质量，建设一支高素质专业化的教师队伍。提高教师培养层次，提升教师培养质量。推进教师培养供给侧结构性改革，为义务教育学校侧重培养素质全面、业务见长的本科层次教师，为高中阶段教育学校侧重培养专业突出、底蕴深厚的研究生层次教师。大力推动研究生层次教师培养，增加教育硕士招生计划，向中西部地区和农村地区倾斜。根据基础教育改革发展需要，以实践为导向优化教师教育课程体系，强化"钢笔字、毛笔字、粉笔字和普通话"等教学基本功和教学技能训练，师范生教育实践不少于半年。加强紧缺薄弱学科教师、特殊教育教师和民族地区双语教师培养。开展中小学教师全员培训，促进教师终身学习和专业发展。转变培训方式，推动信息技术与教师培训的有机融合，实行线上线下相结合的混合式研修。改进培训内容，紧密结合教育教学一线实际，组织高质量培训，使教师静心钻研教学，切实提升教学水平。推行培训自主选学，实行培训学分管理，建立培训学分银行，搭建教师培训与学历教育衔接的"立交桥"。建立健全地方教师发展机构和专业培训者队伍，依托现有资源，结合各地实际，逐步推进县级教师发展机构建设与改革，实现培训、教研、电教、科研部门有机整合。继续实施教师国培计划。鼓励教师海外研修访学。

　　加强中小学校长队伍建设，努力造就一支政治过硬、品德高尚、业务精湛、治校有方的校长队伍。面向全体中小学校长，加大培训力度，提升校长办学治校能力，打造高品质学校。实施校长国培计划，重点开展乡村中小学骨干校长培训和名校长研修。支持教师和校长大胆探索，创新教育思想、教育模式、教育方法，形成教学特色和办学风格，营造教育家脱颖而出的制度环境。

　　11. 全面提高幼儿园教师质量，建设一支高素质善保教的教师队伍。办好一批幼儿师范专科学校和若干所幼儿师范学院，支持师范院校设立学前教育专业，培养热爱学前教育事业，幼儿为本、才艺兼备、擅长保教的高水平幼儿园教师。创新幼儿园教师培养模式，前移培养起点，大力培养初中毕业起点的五年制专科层次幼儿园教师。优化幼儿园教师培养课程体系，突出保教融合，科学开设儿童发展、保育活动、教育活动类课程，强化实践性课程，培养学前教育师范生综合能力。

　　建立幼儿园教师全员培训制度，切实提升幼儿园教师科学保教能力。加大幼儿园园长、乡村幼儿园教师、普惠性民办幼儿园教师的培训力度。创新幼儿园教师培训模式，依托高等学校和优质幼儿园，重点采取集中培训与跟岗实践相结合的方式培训幼儿园教师。鼓励师范院校与幼儿园协同建立幼儿园教师培养培训基地。

　　12. 全面提高职业院校教师质量，建设一支高素质双师型的教师队伍。继续实施职业院校教师素质提高计划，引领带动各地建立一支技艺精湛、专兼结合的双师型教师队伍。加强职业技术师范院校建设，支持高水平学校和大中型企业共建双师型教师培养培训基地，建立高等学校、行业企业联合培养双师型教师的机制。切实推进职业院校教师定期到企业实践，不断提升实践教学能力。建立企业经营管理者、技术能手与职业院校管理者、骨干教师相互兼职制度。

13. 全面提高高等学校教师质量，建设一支高素质创新型的教师队伍。着力提高教师专业能力，推进高等教育内涵式发展。搭建校级教师发展平台，组织研修活动，开展教学研究与指导，推进教学改革与创新。加强院系教研室等学习共同体建设，建立完善传帮带机制。全面开展高等学校教师教学能力提升培训，重点面向新入职教师和青年教师，为高等学校培养人才培育生力军。重视各级各类学校辅导员专业发展。结合"一带一路"建设和人文交流机制，有序推动国内外教师双向交流。支持孔子学院教师、援外教师成长发展。

服务创新型国家和人才强国建设、世界一流大学和一流学科建设，实施好千人计划、万人计划、长江学者奖励计划等重大人才项目，着力打造创新团队，培养引进一批具有国际影响力的学科领军人才和青年学术英才。加强高端智库建设，依托人文社会科学重点研究基地等，汇聚培养一大批哲学社会科学名家名师。高等学校高层次人才遴选和培育中要突出教书育人，让科学家同时成为教育家。

四、深化教师管理综合改革，切实理顺体制机制

14. 创新和规范中小学教师编制配备。适应加快推进教育现代化的紧迫需求和城乡教育一体化发展改革的新形势，充分考虑新型城镇化、全面二孩政策及高考改革等带来的新情况，根据教育发展需要，在现有编制总量内，统筹考虑、合理核定教职工编制，盘活事业编制存量，优化编制结构，向教师队伍倾斜，采取多种形式增加教师总量，优先保障教育发展需要。落实城乡统一的中小学教职工编制标准，有条件的地方出台公办幼儿园人员配备规范、特殊教育学校教职工编制标准。创新编制管理，加大教职工编制统筹配置和跨区域调整力度，省级统筹、市域调剂、以县为主，动态调配。编制向乡村小规模学校倾斜，按照班师比与生师比相结合的方式核定。加强和规范中小学教职工编制管理，严禁挤占、挪用、截留编制和有编不补。实行教师编制配备和购买工勤服务相结合，满足教育快速发展需求。

15. 优化义务教育教师资源配置。实行义务教育教师"县管校聘"。深入推进县域内义务教育学校教师、校长交流轮岗，实行教师聘期制、校长任期制管理，推动城镇优秀教师、校长向乡村学校、薄弱学校流动。实行学区(乡镇)内走教制度，地方政府可根据实际给予相应补贴。

逐步扩大农村教师特岗计划实施规模，适时提高特岗教师工资性补助标准。

鼓励优秀特岗教师攻读教育硕士。鼓励地方政府和相关院校因地制宜采取定向招生、定向培养、定期服务等方式，为乡村学校及教学点培养"一专多能"教师，优先满足老少边穷地区教师补充需要。实施银龄讲学计划，鼓励支持乐于奉献、身体健康的退休优秀教师到乡村和基层学校支教讲学。

16. 完善中小学教师准入和招聘制度。完善教师资格考试政策，逐步将修习教师教育课程、参加教育教学实践作为认定教育教学能力、取得教师资格的必备条件。新入职教师必须取得教师资格。严格教师准入，提高入职标准，重视思想政治素质和业务能力，根据教育行业特点，分区域规划，分类别指导，结合实际，逐步将幼儿园教师学历提升至专科，小学教师学历提升至师范专业专科和非师范专业本科，初中教师学历提升至本科，有条件的地方将普通高中教师学历提升至研究生。建立符合教育行业特点的中小学、幼儿园教师招聘办法，遴选乐教适教善教的优秀人才进入教师队伍。按照中小学校领导人员管理暂行办法，明确任职条件和资格，规范选拔任用工作，激发办学治校活力。

17. 深化中小学教师职称和考核评价制度改革。适当提高中小学中级、高级教师岗位比例，畅通教师职业发展通道。完善符合中小学特点的岗位管理制度，实现职称与教师聘用衔接。将中小学教师到乡村学校、薄弱学校任教 1 年以上的经历作为申报高级教师职称和特级教师的必要条件。推行中小学校长职级制改革，拓展职业发展空间，促进校长队伍专业化建设。

进一步完善职称评价标准，建立符合中小学教师岗位特点的考核评价指标体系，坚持德才兼备、全面考核，突出教育教学实绩，引导教师潜心教书育人。加强聘后管理，激发教师的工作活力。完善相关政策，防止形式主义的考核检查干扰正常教学。不简单用升学率、学生考试成绩等评价教师。实行定期注册制度，建立完善教师退出机制，提升教师队伍整体活力。加强中小学校长考核评价，督促提高素质能力，完善优胜劣汰机制。

18. 健全职业院校教师管理制度。根据职业教育特点，有条件的地方研究制定中等职业学校人员配备规范。完善职业院校教师资格标准，探索将行业企业从业经历作为认定教育教学能力、取得专业课教师资格的必要条件。落实职业院校用人自主权，完善教师招聘办法。推动固定岗和流动岗相结合的职业院校教师人事管理制度改革。支持职业院校专设流动岗位，适应产业发展和参与全球产业竞争需求，大力引进行业企业一流人才，吸引具有创新实践经验的企业家、高科技人才、高技能人才等兼职任教。完善职业院校教师考核评价制度，双师型教师考核评价要充分体现技能水平和专业教学能力。

19. 深化高等学校教师人事制度改革。积极探索实行高等学校人员总量管理。严把高等学校教师选聘入口关，实行思想政治素质和业务能力双重考察。

严格教师职业准入，将新入职教师岗前培训和教育实习作为认定教育教学能力、取得高等学校教师资格的必备条件。适应人才培养结构调整需要，优化高等学校教师结构，鼓励高等学校加大聘用具有其他学校学习工作和行业企业工作经历教师的力度。配合外国人永久居留制度改革，健全外籍教师资格认证、服务管理等制度。帮助高等学校青年教师解决住房等困难。

推动高等学校教师职称制度改革，将评审权直接下放至高等学校，由高等学校自主组织职称评审、自主评价、按岗聘任。条件不具备、尚不能独立组织评审的高等学校，可采取联合评审的方式。推行高等学校教师职务聘任制改革，加强聘期考核，准聘与长聘相结合，做到能上能下、能进能出。教育、人力资源社会保障等部门要加强职称评聘事中事后监管。深入推进高等学校教师考核评价制度改革，突出教育教学业绩和师德考核，将教授为本科生上课作为基本制度。坚持正确导向，规范高层次人才合理有序流动。

五、不断提高地位待遇，真正让教师成为令人羡慕的职业

20. 明确教师的特别重要地位。突显教师职业的公共属性，强化教师承担的国家使命和公共教育服务的职责，确立公办中小学教师作为国家公职人员特殊的法律地位，明确中小学教师的权利和义务，强化保障和管理。各级党委和政府要切实负起中小学教师保障责任，提升教师的政治地位、社会地位、职业地位，吸引和稳定优秀人才从教。公办中小学教师要切实履行作为国家公职人员的义务，强化国家责任、政治责任、社会责任和教育责任。

21. 完善中小学教师待遇保障机制。健全中小学教师工资长效联动机制，核定绩效工资总量时统筹考虑当地公务员实际收入水平，确保中小学教师平均工资收入水平不低于或高于当地公务员平均工资收入水平。完善教师收入分配激励机制，有效体现教师工作量和工作绩效，绩效工资分配向班主任和特殊教育教师倾斜。实行中小学校长职级制的地区，根据实际实施相应的校长收入分配办法。

22. 大力提升乡村教师待遇。深入实施乡村教师支持计划，关心乡村教师生活。认真落实艰苦边远地区津贴等政策，全面落实集中连片特困地区乡村教师生活补助政策，依据学校艰苦边远程度实行差别化补助，鼓励有条件的地方提高补助标准，努力惠及更多乡村教师。加强乡村教师周转宿舍建设，按规定将符合条件的教师纳入当地住房保障范围，让乡村教师住有所居。拿出务实举措，帮助乡村青年教师解决困难，关心乡村青年教师工作生活，巩固乡村青年教师队伍。在培训、职称评聘、表彰奖励等方面向乡村青年教师倾斜，优化乡村青年教师发展环境，加快乡村青年教师成长步伐。为乡村教师配备相应设施，丰富精神文化生活。

23. 维护民办学校教师权益。完善学校、个人、政府合理分担的民办学校教师社会保障机制，民办学校应与教师依法签订合同，按时足额支付工资，保障其福利待遇和其他合法权益，并为教师足额缴纳社会保险费和住房公积金。依法保障和落实民办学校教师在业务培训、职务聘任、教龄和工龄计算、表彰奖励、科研立项等方面享有与公办学校教师同等权利。

24. 推进高等学校教师薪酬制度改革。建立体现以增加知识价值为导向的收入分配机制，扩大高等学校收入分配自主权，高等学校在核定的绩效工资总量内自主确定收入分配办法。高等学校教师依法取得的科技成果转化奖励收入，不纳入本单位工资总额基数。完善适应高等学校教学岗位特点的内部激励机制，对专职从事教学的人员，适当提高基础性绩效工资在绩效工资中的比重，加大对教学型名师的岗位激励力度。

25. 提升教师社会地位。加大教师表彰力度。大力宣传教师中的"时代楷模"和"最美教师"。开展国家级教学名师、国家级教学成果奖评选表彰，重点奖励贡献突出的教学一线教师。做好特级教师评选，发挥引领作用。做好乡村学校从教 30 年教师荣誉证书颁发工作。各地要按照国家有关规定，因地制宜开展多种形式的教师表彰奖励活动，并落实相关优待政策。鼓励社会团体、企事业单位、民间组织对教师出资奖励，开展尊师活动，营造尊师重教良好社会风尚。

建设现代学校制度，体现以人为本，突出教师主体地位，落实教师知情权、参与权、表达权、监督权。建立健全教职工代表大会制度，保障教师参与学校决策的民主权利。推行中国特色大学章程，坚持和完善党委领导下的校长负责制，充分发挥教师在高等学校办学治校中的作用。维护教师职业尊严和合法权益，关心教师身心健康，克服职业倦怠，激发工作热情。

六、切实加强党的领导，全力确保政策举措落地见效

26. 强化组织保障。各级党委和政府要满腔热情关心教师，充分信任、紧紧依靠广大教师。要切实加强领导，实行一把手负责制，紧扣广大教师最关心、最直接、最现实的重大问题，找准教师队伍建设的突破口和着力点，坚持发展抓公平、改革抓机制、整体抓质量、安全抓责任、保证抓党建，把教师工作记在心里、扛在肩上、抓在手中，摆上重要议事日程，细化分工，确定路线图、任务书、时间表和责任人。主要负责同志和相关责任人要切实做到实事求是、求真务实、善始善终、善作善成，把准方向、敢于担当，亲力亲为、抓实工作。

各省、自治区、直辖市党委常委会每年至少研究一次教师队伍建设工作。建立教师工作联席会议制度，解决教师队伍建设重大问题。相关部门要制定切实提高教师待遇的具体措施。研究修订教师法。统筹现有资源，壮大全国教师工作力量，培育一批专业机构，专门研究教师队伍建设重大问题，为重大决策提供支撑。

27. 强化经费保障。各级政府要将教师队伍建设作为教育投入重点予以优先保障，完善支出保障机制，确保党和国家关于教师队伍建设重大决策部署落实到位。优化经费投入结构，优先支持教师队伍建设最薄弱、最紧迫的领域，重点用于按规定提高教师待遇保障、提升教师专业素质能力。加大师范教育投入力度。健全以政府投入为主、多渠道筹集教育经费的体制，充分调动社会力量投入教师队伍建设的积极性。制定严格的经费监管制度，规范经费使用，确保资金使用效益。

各级党委和政府要将教师队伍建设列入督查督导工作重点内容，并将结果作为党政领导班子和有关领导干部综合考核评价、奖惩任免的重要参考，确保各项政策措施全面落实到位，真正取得实效。

教育部关于建立健全高校师德建设长效机制的意见

教师〔2014〕10号

各省、自治区、直辖市教育厅(教委)，有关部门(单位)教育司(局)，新疆生产建设兵团教育局，部属各高等学校：

为深入贯彻习近平总书记9月9日在北京师范大学师生代表座谈会上的重要讲话精神，积极引导广大高校教师做有理想信念、有道德情操、有扎实学识、有仁爱之心的党和人民满意的好老师，大力加强和改进师德建设，努力培养造就一支师德高尚、业务精湛、结构合理、充满活力的高素质专业化高校教师队伍，现就建立健全高校师德建设长效机制提出如下意见：

一、深刻认识新时期建立健全高校师德建设长效机制的重要性和紧迫性

高校教师的思想政治素质和道德情操直接影响着青年学生世界观、人生观、价值观的养成，决定着人才培养的质量，关系着国家和民族的未来。加强和改进高校师德建设工作，对于全面提高高等教育质量、推进高等教育事业科学发展，培养中国特色社会主义事业的建设者和接班人、实现中华民族伟大复兴的中国梦，具有重大而深远的意义。

长期以来，广大高校教师忠诚党的教育事业，呕心沥血、默默奉献，潜心治学、教书育人，敢于担当、锐意创新，为高等教育改革发展做出了巨大贡献，赢得了全社会广泛赞誉和普遍尊重。但是，当前社会变革转型时期所带来的负面现象也对教师产生影响。少数高校教师理想信念模糊，育人意识淡薄，教学敷衍，学风浮躁，甚至学术不端、言行失范、道德败坏等，严重损害了高校教师的社会形象和职业声誉。一些地方和高校对新时期师德建设重视不够，工作方法陈旧、实效性不强。各地各高校要充分认识新时期加强和改进高校师德建设工作的重要性和紧迫性，建立健全高校师德建设长效机制，从根本上遏制和杜绝高校师德失范现象的发生，切实提高高校师德建设水平，全面提升高校教师师德素养。

二、建立健全高校师德建设长效机制的原则和要求

建立健全高校师德建设长效机制的基本原则：坚持价值引领，以社会主义核心价值观为高校教师崇德修身的基本遵循，促进高校教师带头培育和践行社会主义核心价值观。坚持师德为上，以立德树人为出发点和立足点，找准与高校教师思想的共鸣点，增强高校师德建设的针对性和贴近性，培育高校教师高尚道德情操。坚持以人为本，关注高校教师发展诉求和价值愿望，落实高校教师主体地位，激发高校教师的责任感使命感。坚持改进创新，不断探索新时期高校师德建设的规律特点，善于运用高校教师喜闻乐见的方式方法，增强高校师德建设的实际效果。

建立健全高校师德建设长效机制的工作要求：充分尊重高校教师主体地位，注重宣传教育、示范引领、实践养成相统一，政策保障、制度规范、法律约束相衔接，建立教育、宣传、考核、监督与奖惩相结合的高校师德建设工作机制，引导广大高校教师自尊自律自强，做学生敬仰爱戴的品行之师、学问之师，做社会主义道德的示范者、诚信风尚的引领者、公平正义的维护者。

三、建立健全高校师德建设长效机制的主要举措

创新师德教育，引导教师树立崇高理想。将师德教育摆在高校教师培养首位，贯穿高校教师职业生涯全过程。青年教师入职培训必须开设师德教育专题。要将师德教育作为优秀教师团队培养，骨干教师、学科带头人和学科领军人物培育的重要内容。重点加强社会主义核心价值观教育，重视理想信念教育、法制教育和心理健康教育。创新教育理念、模式和手段。建立师德建设专家库，把高校师德重大典型、全国教书育人楷模、一线优秀教师等请进课堂，用他们的感人事迹诠释师德内涵。举行新教师入职宣誓仪式和老教师荣休仪式。结合教学科研、社会服务活动开展师德教育，鼓励广大高校教师参与调查研究、学习考察、挂职锻炼、志愿服务等实践活动，切实增强师德教育效果。

加强师德宣传，培育重德养德良好风尚。把握正确舆论导向，坚持师德宣传制度化、常态化，将师德宣传作为高校宣传思想工作的重要组成部分。系统宣讲《教育法》《高等教育法》《教师法》和教育规划纲要等法规文件中有关师德的要求，宣传普及《高校教师职业道德规范》。把培育良好师德师风作为大学校园文化建设的核心内容，挖掘和提炼名家名师为人为学为师的大爱师魂，生动展现当代高校教师的精神风貌。充分利用教师节等重大节庆日、纪念日契机，通过电视、广播、报纸、网站及微博、微信、微电影等新媒体形式，集中宣传高校优秀教师的典型事迹，努力营造崇尚师德、争创师德典型的良好舆论环境和社会氛围。对于高校师德建设中出现的热点难点问题，要及时应对并有效引导。

健全师德考核，促进教师提高自身修养。将师德考核作为高校教师考核的重要内容。师德考核要充分尊重教师主体地位，坚持客观公正、公平公开原则，采取个人自评、学生测评、同事互评、单位考评等多种形式进行。考核结果应通知教师本人，考核优秀的应当予以公示表彰，确定考核不合格者应当向教师说明理由，听取教师本人意见。考核结果存入教师档案。师德考核不合格者年度考核应评定为不合格，并在教师职务（职称）评审、岗位聘用、评优奖励等环

节实行一票否决。高校结合实际制定师德考核的具体实施办法。

强化师德监督，有效防止师德失范行为。将师德建设作为高校教育质量督导评估重要内容。高校要建立健全师德建设年度评议、师德状况调研、师德重大问题报告和师德舆情快速反应制度，及时研究加强和改进师德建设的政策措施。构建高校、教师、学生、家长和社会多方参与的师德监督体系。健全完善学生评教机制。充分发挥教职工代表大会、工会、学术委员会、教授委员会等在师德建设中的作用。高校及主管部门建立师德投诉举报平台，及时掌握师德信息动态，及时纠正不良倾向和问题。对师德问题做到有诉必查，有查必果，有果必复。

注重师德激励，引导教师提升精神境界。完善师德表彰奖励制度，将师德表现作为评奖评优的首要条件。在同等条件下，师德表现突出的，在教师职务（职称）晋升和岗位聘用，研究生导师遴选，骨干教师、学科带头人和学科领军人物选培，各类高层次人才及资深教授、荣誉教授等评选中优先考虑。

严格师德惩处，发挥制度规范约束作用。建立健全高校教师违反师德行为的惩处机制。高校教师不得有下列情形：损害国家利益，损害学生和学校合法权益的行为；在教育教学活动中有违背党的路线方针政策的言行；在科研工作中弄虚作假、抄袭剽窃、篡改侵吞他人学术成果、违规使用科研经费以及滥用学术资源和学术影响；影响正常教育教学工作的兼职兼薪行为；在招生、考试、学生推优、保研等工作中徇私舞弊；索要或收受学生及家长的礼品、礼金、有价证券、支付凭证等财物；对学生实施性骚扰或与学生发生不正当关系；其他违反高校教师职业道德的行为。有上述情形的，依法依规分别给予警告、记过、降低专业技术职务等级、撤销专业技术职务或者行政职务、解除聘用合同或者开除。对严重违法违纪的要及时移交相关部门。建立问责机制，对教师严重违反师德行为监管不力、拒不处分、拖延处分或推诿隐瞒，造成不良影响或严重后果的，要追究高校主要负责人的责任。

四、充分激发高校教师加强师德建设的自觉性

广大高校教师要充分认识自己所承担的庄严而神圣的使命，发扬主人翁精神，自觉捍卫职业尊严，珍惜教师声誉，提升师德境界。要将师德修养自觉纳入职业生涯规划，明确师德发展目标。要通过自主学习，自我改进，将师德规范转化为稳定的内在信念和行为品质。要将师德规范积极主动融入教育教学、科学研究和服务社会的实践中，提高师德践行能力。要弘扬重内省、重慎独的优良传统，在细微处见师德，在日常中守师德，养成师德自律习惯。

高校要健全教师主体权益保障机制，根据《教育法》《高等教育法》《教师法》等法律法规和高等学校章程，明确并落实教师在高校办学中的主体地位。完善教师参与治校治学机制，在干部选拔任用、专业技术职务评聘、学术评价和各种评优选拔活动中，充分保障教师的知情权、参与权、表达权和监督权。创设公平正义、风清气正的环境条件。充分尊重教师的专业自主权，保障教师依法行使学术权利和学业评定权利。保护教师正当的申辩、申诉权利，依法建立教师权益保护机制，维护教师合法权益。健全教师发展制度，构建完整的职业发展体系，鼓励支持教师参加培训、开展学术交流合作。

五、切实明确高校师德建设工作的责任主体

高校是师德建设的责任主体，主要负责人是师德建设的第一责任人。高校要明确师德建设的牵头部门，成立组织、宣传、纪检监察、人事、教务、科研、工会、学术委员会等相关责任部门和组织协同配合的师德建设委员会；建立和完善党委统一领导、党政齐抓共管、院系具体落实、教师自我约束的领导体制和工作机制，形成师德建设合力。要建立一岗双责的责任追究机制。要加大师德建设经费投入力度，为师德建设提供坚实保障。

高校主管部门要把师德建设摆在教师队伍建设的首位，主要领导亲自负责，并落实具体职能机构和人员。建立和完善师德建设督导评估制度，不断加大督导检查力度。支持高校设立师德建设研修基地，搭建教育交流平台，积极探索师德建设的特点和规律，不断提升师德建设科学化水平。

各地各校要根据实际制订具体的实施办法。

教育部

2014 年 9 月 29 日

新时代高校教师职业行为十项准则

教师〔2018〕16 号

教师是人类灵魂的工程师,是人类文明的传承者。长期以来,广大教师贯彻党的教育方针,教书育人,呕心沥血,默默奉献,为国家发展和民族振兴作出了重大贡献。新时代对广大教师落实立德树人根本任务提出新的更高要求,为进一步增强教师的责任感、使命感、荣誉感,规范职业行为,明确师德底线,引导广大教师努力成为有理想信念、有道德情操、有扎实学识、有仁爱之心的好老师,着力培养德智体美劳全面发展的社会主义建设者和接班人,特制定以下准则。

一、坚定政治方向。坚持以习近平新时代中国特色社会主义思想为指导,拥护中国共产党的领导,贯彻党的教育方针;不得在教育教学活动中及其他场合有损害党中央权威、违背党的路线方针政策的言行。

二、自觉爱国守法。忠于祖国,忠于人民,恪守宪法原则,遵守法律法规,依法履行教师职责;不得损害国家利益、社会公共利益,或违背社会公序良俗。

三、传播优秀文化。带头践行社会主义核心价值观,弘扬真善美,传递正能量;不得通过课堂、论坛、讲座、信息网络及其他渠道发表、转发错误观点,或编造散布虚假信息、不良信息。

四、潜心教书育人。落实立德树人根本任务,遵循教育规律和学生成长规律,因材施教,教学相长;不得违反教学纪律,敷衍教学,或擅自从事影响教育教学本职工作的兼职兼薪行为。

五、关心爱护学生。严慈相济,诲人不倦,真心关爱学生,严格要求学生,做学生良师益友;不得要求学生从事与教学、科研、社会服务无关的事宜。

六、坚持言行雅正。为人师表,以身作则,举止文明,作风正派,自重自爱;不得与学生发生任何不正当关系,严禁任何形式的猥亵、性骚扰行为。

七、遵守学术规范。严谨治学,力戒浮躁,潜心问道,勇于探索,坚守学术良知,反对学术不端;不得抄袭剽窃、篡改侵吞他人学术成果,或滥用学术资源和学术影响。

八、秉持公平诚信。坚持原则,处事公道,光明磊落,为人正直;不得在招生、考试、推优、保研、就业及绩效考核、岗位聘用、职称评聘、评优评奖等工作中徇私舞弊、弄虚作假。

九、坚守廉洁自律。严于律己,清廉从教;不得索要、收受学生及家长财物，不得参加由学生及家长付费的宴请、旅游、娱乐休闲等活动，或利用家长资源谋取私利。

十、积极奉献社会。履行社会责任，贡献聪明才智，树立正确义利观；不得假公济私，擅自利用学校名义或校名、校徽、专利、场所等资源谋取个人利益。

2018 年 11 月 8 日

参 考 文 献

[1] 李建华. 高校教师职业道德修养[M]. 长沙：湖南人民出版社，2010.
[2] 张乐天. 教育政策法规的理论与实践[M]. 上海：华东师范大学出版社，2009.
[3] 罗国杰. 伦理学教程[M]. 北京：中国人民大学出版社，1985.
[4] 钟启泉，黄志成. 西方德育原理[M]. 西安：陕西人民教育出版社，1998.
[5] 傅维利. 教师职业道德教育指南[M]. 北京：高等教育出版社，2009.
[6] 李家祥，王雯. 职业道德教育[M]. 昆明：云南大学出版社，2006.
[7] 张伟. 职业道德与法律教学参考书[M]. 北京：高等教育出版社，2009.
[8] 钱焕琦. 教师职业道德[M]. 上海：华东师范大学出版社，2008.
[9] 黄正平，刘守旗. 教师职业道德新编[M]. 南京：南京大学出版社，2010.
[10] 黄晓光. 教师职业道德修养[M]. 长春：东北师范大学出版社，2009.
[11] 赵国柱，陈旭光. 师德新说[M]. 北京：开明出版社，2009.
[12] 李春秋. 高等学校教师职业道德修养[M]. 北京：北京师范大学出版社，2000.
[13] 李道仁. 德育学[M]. 西安：陕西人民教育出版社，1986.
[14] 陈永明，钟启泉. 现代教师论[M]. 上海：上海教育出版社，1999.
[15] 傅道春. 教师的成长与发展[M]. 北京：教育科学出版社，2001.
[16] 朱永新. 我的教育理想[M]. 南京：南京师范大学出版社，2000.
[17] 魏英敏. 新伦理学教程[M]. 北京：北京大学出版社，1993.
[18] 龚乐进，张贵仁，王忠桥. 教师职业道德[M]. 北京：中国环境科学出版社，1992.
[19] （德）沃尔夫冈布列钦卡. 教育科学的基本概念[M]. 胡劲松，译. 上海：华东师范大学出版社，2001.
[20] 罗国杰. 伦理学[M]. 北京：人民出版社，1989.

后 记

本书是由吉林省高等学校师资培训中心组织编写的高等学校教师岗位培训教材之一。本教材由吉林师范大学马克思主义学院王柏文教授、吉林省高师培训中心刘纯龙主任、通化师范学院学生思想政治教育教师王迈悦三人主编，以及多位经验丰富的从事高师研究的教师和研究人员参编。王柏文教授设计拟定了大纲，全书的编写分工如下：王柏文（第一、二、七章）、刘纯龙（第三、四、八章）、王迈悦（第五、六章）。王柏文教授进行了全书统稿、刘纯龙主任做了全书审定。

本书在编写过程中查阅了大量的相关中外文献纸质资料和网络资料，引用了诸多研究成果。其中，大部分文献和成果已在书后的参考文献、书中的引文标注、注释说明及具体行文中列出，在此一并表示衷心的感谢！如有未列出或未标注的文献及作者，敬请予以谅解！

本书重新修订，尽量使其完美。但是，鉴于编者水平有限，书中观点难免有偏颇之处，敬请各位读者和同仁给予斧正，以便在今后的修订工作中进一步完善。

王柏文
2019年3月于长春

郑重声明

高等教育出版社依法对本书享有专有出版权。任何未经许可的复制、销售行为均违反《中华人民共和国著作权法》，其行为人将承担相应的民事责任和行政责任；构成犯罪的，将被依法追究刑事责任。为了维护市场秩序，保护读者的合法权益，避免读者误用盗版书造成不良后果，我社将配合行政执法部门和司法机关对违法犯罪的单位和个人进行严厉打击。社会各界人士如发现上述侵权行为，希望及时举报，我社将奖励举报有功人员。

反盗版举报电话　　（010）58581999　58582371
反盗版举报邮箱　　dd@hep.com.cn
通信地址　北京市西城区德外大街4号　高等教育出版社法律事务部
邮政编码　100120

读者意见反馈

为收集对教材的意见建议，进一步完善教材编写并做好服务工作，读者可将对本教材的意见建议通过如下渠道反馈至我社。

咨询电话　400-810-0598
反馈邮箱　gjdzfwb@pub.hep.cn
通信地址　北京市朝阳区惠新东街4号富盛大厦1座
　　　　　高等教育出版社总编辑办公室
邮政编码　100029